終極控制權、股東性質與資本成本

王雪梅 著

序 Preface

　　從1796年，Smith就提出經營者與所有者之間思想可能不一致，之後被Berle和Means（1932）發展，到1976年，Ross正式提出了委託代理問題，但是真正將資本結構與委託代理問題聯繫起來並提出代理成本概念的是Jensen和Meckling（1976）；之後，有大量學者探討經理人持股比例與公司價值之間的關係及股權集中度與公司業績之間的關係，結論不一而從。直到1999年，La Porta等提出企業直接股權結構雖然看起來分散，但是實際上企業背後存在一個終極控制股東來相對控股，終極股權是相對集中的，並因此衍生了第二類代理問題：終極控制股東與中小股東之間的代理問題，並展開了終極股權集中度與公司業績之間的相關研究，提出了利益侵害假設，但是這跳過了"代理成本"，終極股權結構究竟對企業的資本成本產生怎樣的影響研究相對較少，並且很多研究都沒有將中國的企業納入研究範疇。那麼，隨著中國金融市場的不斷完善，中國已經初步具備了進行相關研究的基礎，基於此，書中將展開終極股權結構相關變量與資本成本的相互關係研究，並對比研究直接股權結構變量與資本成本的關係。

　　第一章主要是對研究背景、研究意義、研究方法、研究方法、研究架構及技術路線等進行簡單介紹，幫助讀者瞭解通篇內容。

　　第二章主要涉及兩個方面的內容。一部分是對終極股權結構變量與公司價值、資本成本等相關文獻進行回顧，發現：因為樣本選擇的差異，計量方法的不同，結論差別較大。一部分是對常用的資本成本估算方法的回顧。

第三章整理了終極控制權、控制層級對資本成本產生影響的理論支撐——信息不對稱理論、尋租理論等，以此為基礎提出了研究假設並構建了研究模型。

第四章從終極股權結構的角度和直接股權結構角度分別對中國上市公司的股權結構現狀進行了統計描述。書中選用股權結構圖譜公布首年（2004 年）至 2011 年的數據作為研究樣本。首先，篩選掉沒有終極控制股東和數據不全的樣本，最終得到 11,321 個有效樣本。通過大樣本研究發現：有終極控制股東的上市公司的終極所有權與終極控制權之間存在兩權分離，原因之一是控制層級超過 1，也有近 1/3 的上市公司受多鏈條控制。中國政府更傾向於利用單鏈條實現對上市公司的控制，個人或家族終極控股的上市公司更傾向於選擇金字塔結構。從數量上來看，從 2004 年到 2011 年，個人或家族終極控股的上市公司所占比重呈逐年遞增的趨勢，甚至在 2011 年，超過政府終極控股的上市公司數量。從直接股權結構來看，第一大股東是國家或國有法人的樣本公司仍然占了一半以上，略低於終極控制股東是政府的上市公司所占的比重；此外，第一大股東的平均控股比例較高，為 40.08%，整體上呈上升趨勢，股權制衡度隨年份呈 U 形變化，國有股比例遞減，管理人員持股比例遞增。

第五章採用 William. F. Sharpe 等提出的資本資產定價模型（CAPM）、Ohlson 和 Juettner 提出的 OJ 模型和 Easton 提出的 ES 模型等對資本成本進行估算，並進行了統計分析。三模型估算的股權資本成本中，OJ 模型估算的結果最高，CAPM 模型估算的結果最低，ES 模型估算結果居中。篩選三模型共同樣本，共得到 2,254 個有效樣本，經計算得出中國上市公司的平均股權資本成本水平為 13.7%，這遠高於一年定期存款的利率。進一步檢驗終極控股比例區間、終極控制股東性質、政府層級、控股鏈條數、控制層級對平均股權資本成本劃分的顯著性，結果發現：不同政府層級控股的上市公司的平均股權資本成本是有顯著差異的，省級政府資本成本水平最高，中央政府資本成本水平最低。並通過檢驗得出：金字塔結構的股權資本成本水平顯著高於水平結構。第一大股東性質不同，上市公司的股權資本成本是沒有顯著差異的。根據第一大股東的持股比例，將第一股東分為不控股、相對控股和絕對控股，不同控股情況下，平均資本成本是有顯著差異的。無論國家絕對控股、相對控股還是不控股，股權資本成本沒有顯著差異。

第六章包含兩部分內容。第一部分是檢驗終極股權結構變量終極控制股東性質、終極控制權、控制層級、控股鏈條數、兩權分離度等與資本成本的關係；第二部分是檢驗直接股權結構變量——第一大股東持股比例、股權制衡度、國有股比例和管理人員持股比例對資本成本的影響。通過多元線性迴歸發現：終極控制股東性質不同，結論就有差異。個人或家族終極控股的上市公司的平均股權資本成本與兩權分離度在方向上是負向關係，與控制層級在方向上是正向關係；政府終極控股的上市公司的平均股權資本成本與兩權分離度顯著正線性相關，與控制層級顯著負線性相關。終極控制權、控股鏈條數與平均股權資本成本的相關性不顯著，並且穩健性檢驗得出的結論支持上述分析結果；同時，將股權資本成本與第一大股東持股比例、股權制衡度等進行多元線性迴歸，發現它們之間存在顯著的正線性相關關係。

第七章主要是檢驗各直接股權結構變量、終極股權結構變量對公司價值的影響，一方面是考察與以往結論的一致性，另一方面檢驗與第六章結論的一致性。儘管按照股利折現模型，股權資本成本與公司價值是負向關係，但是根據資本成本與各直接股權結構變量和終極股權結構變量的關係推理假設：公司價值與各直接股權結構、終極股權結構變量的關係，得出的實證結論卻是與假設有差異的。如：終極控制股東性質不會對 EVA 產生顯著影響，不同控制層級的 EVA 和托賓 Q 都是有顯著差異的。第一大股東性質不同，EVA 和托賓 Q 值都是有顯著差異的。管理人員持股比例與 EVA 沒有顯著的線性關係等。但是有些又是符合理論推理的。如：控制鏈條是單鏈條和多鏈條的 EVA 和托賓 Q 值是有顯著差異的；終極控制權與 EVA 沒有顯著的線性關係等。此外，採用不同的公司價值評價指標 EVA 和托賓 Q，結論是有一定差異的，這一部分解釋了目前學術界結論千差萬別的原因。

前面幾章的研究都是假設股權結構是外生變量，並依此在第六章、第七章進行了實證檢驗，第八章得出部分股權結構變量沒有對資本成本和公司價值產生顯著影響，所以第八章分析了假設股權結構內生情況下，股權結構的影響因素，為目前推行的國企混合所有制改革提供有益建議。

第九章是對本書全部研究結論的歸納總結，並提出研究的不足及對未來研究方向的展望。儘管書中詳細討論了終極控制股東問題，但是忽略了不同長度的控制鏈條可能導致控制力的差異；同時，因為控制鏈條相關資料的缺乏和計算難度，書中沒有明確控制鏈條的計量；儘管討論了影響混合所有制改革的影響因子，但是沒有明確賦予各因子權重，這些內容都是未來研究有待完善並進一步進行深入討論的。

此外，感謝首都經濟貿易大學的汪平、高闖、咸聿東教授等對本書部分內容給予的指導，感謝重慶工商大學各位同仁及讀博期間博士同學給予的幫助，感謝各位編審老師對正文內容的耐心審閱、指正。本書仍然存在不足之處，歡迎各位讀者提出寶貴意見和建議。

目錄

第一章　引言　/1

　第一節　研究背景與意義　/1

　　1.1.1　研究背景　/1

　　1.1.2　研究意義　/7

　第二節　研究目標與研究方法　/8

　　1.2.1　研究目標　/8

　　1.2.2　研究方法　/9

　　1.2.3　相關概念的界定　/10

　第三節　研究架構及技術路線　/26

　　1.3.1　研究架構　/26

　　1.3.2　技術路線　/29

第二章　文獻綜述　/32

　第一節　股權結構理論　/35

　　2.1.1　企業產權理論　/35

　第二節　終極控制股東性質、終極控制權與資本成本的關係　/38

　　2.2.1　終極控制股東性質與資本成本的關係　/40

　　2.2.2　終極控制權與資本成本的關係　/42

　　2.2.3　小結　/45

1

第三節　控制層級、兩權分離度與資本成本的關係　/46
　2.3.1　控制層級、控股鏈條數與資本成本的關係　/46
　2.3.2　兩權分離度與資本成本的關係　/49
　2.3.3　小結　/52
第四節　政府層級與資本成本的關係　/52
第五節　股權資本成本估算技術　/53
　2.5.1　CAPM模型及其發展　/54
　2.5.2　股利折現模型　/58
　2.5.3　小結　/64
第六節　文獻評價與本章小結　/64

第三章　終極控制權、控制層級與資本成本關係機理　/66
第一節　複雜的股權結構的相關理論　/68
　3.1.1　股權結構複雜化的支持理論　/68
　3.1.2　控制層級、實現控股鏈條數的兩權分離效應　/70
第二節　兩權分離的代理成本效應　/74
　3.2.1　信息不對稱對控股股東和中小股東的影響　/77
　3.2.2　終極控制股東尋租行為的發生　/78
第三節　終極控制權、控制層級與資本成本關係模型的構建　/79
　3.3.1　需要控制的影響股權資本成本的因素　/79
　3.3.2　自變量和因變量定義　/85
　3.3.3　模型構建　/88

第四章　中國上市公司股權結構現狀分析　/90

第一節　有終極控制股東的上市公司股權結構案例分析　/92

4.1.1　有終極控制股東的上市公司的股權結構研究　/92
4.1.2　有終極控制股東的上市公司股權結構案例　/93

第二節　中國上市公司的數量分佈特徵　/96

第三節　中國上市公司的股權結構隨年份的變化趨勢　/100

第四節　上市公司的股權結構特徵描述　/109

4.4.1　終極控制股東性質對股權結構特徵的影響　/109
4.4.2　控股鏈條數對上市公司的股權結構特徵的影響　/123
4.4.3　控制層級對上市公司的股權結構特徵的影響　/127

第五節　上市公司的直接股權結構特徵　/130

4.5.1　上市公司的直接股權結構特徵變量選擇及數據來源　/134
4.5.2　上市公司的股權結構特徵描述　/135
4.5.3　上市公司的直接股權結構特徵隨年份的變化趨勢　/148

第六節　小結　/162

第五章　有終極控制股東上市公司的股權資本成本現狀　/166

第一節　有終極控制股東的上市公司的資本成本　/166

5.1.1　樣本選擇　/167
5.1.2　股權資本成本估算結果　/170

第二節　有終極控制股東的上市公司的股權資本成本現狀分析　/175

第三節 股權資本成本比較 /179

5.3.1 不同終極控股比例區間的股權資本成本 /179

5.3.2 水平結構與金字塔結構的股權資本成本 /181

5.3.3 不同終極控制股東控股的上市公司的股權資本成本 /185

5.3.4 國有不同層級政府控股的上市公司的股權資本成本 /189

5.3.5 不同控制層級的股權資本成本 /191

5.3.6 不同第一大控股股東性質的股權資本成本 /196

第四節 小結 /215

第六章 終極股權結構、直接股權結構與資本成本關係分析 /219

第一節 所有變量基本情況描述 /219

第二節 終極控制權、終極股權結構與資本成本的相關性分析 /221

第三節 終極股權結構、直接股權結構與資本成本的迴歸分析 /225

6.3.1 終極股權結構與資本成本的迴歸分析 /225

6.3.2 個人或家族控股公司的終極股權結構與資本成本的迴歸分析 /228

6.3.3 政府控股公司的終極股權結構變量與資本成本的迴歸分析 /231

第四節 穩健性檢驗 /232

6.4.1 樣本改變後的終極控股結構與資本成本的迴歸分析 /232

6.4.2 終極股權結構與五模型估算的平均股權資本成本
的迴歸分析 /234

第五節 直接股權結構變量對股權資本成本的影響 /237

6.5.1 直接股權結構變量與其他變量的相關性分析 /238

6.5.1 直接股權結構變量與三模型估算的股權資本成本
的迴歸分析 /244

第六節 小結 /251

第七章 股權結構與公司價值關係分析 /255

第一節 公司價值的界定 /255

第二節 文獻回顧 /259

7.2.1 資本成本與公司價值的相關關係 /259

7.2.2 股東性質與公司績效的相關關係研究 /259

7.2.3 股權集中度與公司績效的相關關係研究 /262

7.2.4 股權制衡度與公司價值的相關關係研究 /263

7.2.5 控制層級與公司績效的相關關係研究 /264

第三節 數據來源及研究設計 /266

7.3.1 數據來源 /266

7.3.2 變量及研究方法 /266

第四節 實證研究 /267

7.4.1 不同性質終極控制股東的公司價值差異的顯著性
檢驗 /267

7.4.2 終極控股權、第一大股東持股比例、國有股比例和
管理人員持股比例與公司價值的相關性檢驗 /271

7.4.3 控制層級、控股鏈條數對公司價值的影響 /273

7.4.4 迴歸分析 /279

第五節　小結　/283

第八章　企業股權結構的影響因素分析　/286
第一節　企業股權結構影響因素研究的背景　/286
第二節　企業股權結構相關文獻迴歸　/289
第三節　股權結構的影響因素　/294
第四節　小結　/300

第九章　研究結論、局限與展望　/301
第一節　研究結論　/303
9.1.1　中國上市公司的終極股權結構和直接股權結構特徵總結　/303
9.1.2　對有終極控制股東的上市公司資本成本水平的解讀　/308
9.1.3　終極股權結構對股權資本成本和公司價值的影響　/309
9.1.4　直接股權結構變量對股權資本成本和公司價值的影響　/311
9.1.5　國企混合所有制改革需要考慮的因子　/311
9.1.6　結論啟示和政策建議　/312
第二節　研究局限與未來展望　/316

參考文獻　/319

第一章

引言

第一節　研究背景與意義

1.1.1　研究背景

從黨的十四屆三中全會開始就曾涉及"混合所有";十五大首次提出"混合所有制經濟";十六屆三中全會就清晰地指出:進一步增強公有制經濟的活力,大力發展國有資本、集體資本和非公有資本等參股的混合所有制經濟,實現投資主體多元化,使股份制成為公有制的主要實現形式。十七大報告曾提出:推進集體企業改革,發展多種形式的集體經濟、合作經濟。推進公平准入制度,改善融資條件,破除體制障礙,促進個體、私營經濟和中小企業發展。以現代產權制度為基礎,發展混合所有制經濟。十八屆三中全會《中共中央關於全面深化改革若干重大問題的決定》(以下簡稱《決定》)提出積極發展國有資本、集體資本、非公有資本等交叉持股、相互融合的混合所有制經濟,是基本經濟制度的重要實現形式,有利於國有資本放大功能、保值增值、提高競爭力,有利於各種所有制資本取長補短、相互促進、共同發展。《2014年政府工作報告》進一步提出優化國有經濟佈局和結構，加快發展混合所有制經濟，建立健全現代企業制度和公司法人治理結構。這說明國企、民企資本融合成為新一輪國資國企改革重頭戲，國企上市是實現混合所有制的有效手段。研究已實現混合所有制不同類型企業的股權結構現狀，並考察其為股東帶來的預期收益具有一定的現實指導意義。

隨著三十多年來國企改革的逐步進行，為減少國家對國企的政治干預，讓國企順利實現市場化經營，國家逐步轉入幕後，通過控制鏈條實現對國有企業的終極控制。民營企業為了利用較少的資金投入獲得較大的控制權，也建立了多層級、多鏈條的股權結構來實現對上市公司的終極控制。十八屆三中全會的召開把國企體制改革放在了一個全新的起點，因為國企改革必將繼續推進混合所有制、完善治理結構，這就意味著對企業的產權結構深入研究有現實需要。尤其是在中國這樣一個證券市場不成熟、監管力度不到位、中小股東利益保護程度低的國家，終極控制股東很可能利用其超額控制權侵占中小股東利益，而且通過較多的控制層級和控制鏈條，將侵占行為很好地掩蓋。基於此，很多學者就終極控制權對公司價值的影響展開研究，儘管目前得到的答案並非完全一致，但普遍認為終極股權結構對公司價值產生影響。一旦公司價值受到影響，投資者的利益也將受到株連，所以這有可能影響到投資者要求報酬率的高低。站在企業的角度，這將影響到企業的股權資本成本。

然而，一旦提及終極控股股東[①]，就涉及股權結構的問

[①] 證監會頒布的《公開發行證券的公司信息披露內容與格式準則第2號（2004年修訂）》中，規範了對實際控制人的信息披露要求，規定上市公司在年報中必須以方框圖的形式披露公司與其實際控制人之間的產權和控制關係。同時，要求上市公司詳細介紹控股股東的情況和公司實際控制人的情況，且實際控制人應當披露至自然人、國有資產管理部門或者其他最終控制人。這為我們追溯上市公司的終極控制股東提供了便利。

題，自然不可迴避控制層級這一概念，因為只有依據一級一級的控制層才能追溯到終極控股股東。"層級"一詞最早用在生態系統中，有關層級的理論為大家所熟知的就是管理層級，管理層級屬於管理結構的範疇，此處的控制層級屬於股權結構的範疇。按照角雪嶺（2007）的說法是，控制層級指從終極控制股東到上市公司之間所包含的股權結構層次數，實際指的是終極控制股東控制上市公司跨越的鏈條長度（簡稱控制層級）[①]。這與以往何威風（2009）[②]、劉星和安靈（2010）[③] 認為的控制層級有明顯不同，他們認為控制層級是指最終控股股東所處的政府級別（中央、省、市、縣），事實上他們所謂的"控制層級"應該是"政府層級"。

　　圍繞終極控制股東的研究，大部分學者集中在終極控制股東性質、終極控制股東必須保有的控制比例、終極控制股東所有權（現金流權）與控制權[④]（投票權）的分離度等方面。終極控制股東性質指終極控制股東的身分特徵；終極控股比例指該上市公司的終極所有者所能操縱的投票權（La Porta et al.，1999）[⑤]；兩權分離度指終極控制股東所能操控的投票權與其因持有股票而享有的現金流權的差值或比值。

　　從 1932 年 Berle 和 Means[⑥] 研究所有權和控制權之間的分

[①] 角雪嶺. 中國上市公司金字塔持股結構特徵研究［J］. 會計之友，2007（12）.

[②] 何威風. 政府控股、控制層級與代理問題的實證研究［J］. 中國軟科學，2009（2）.

[③] 劉星，安靈. 大股東控制、政府控制層級與公司價值創造［J］. 會計研究，2010（1）.

[④] 終極所有權是指終極控制股東所擁有的現金流權，終極控股權指終極控制股東的投票權，同一終極控制股東的終極控股權一定大於或等於終極所有權。

[⑤] La Porta, R., Lopez-de-Silanes, F., Shleifer, A. Corporate Ownership around the World［J］. Journal of Finance, 1999.

[⑥] Berle, A., Means, G. The Modern Corporation and Private Property［M］. New York: MacMillan, 1932.

離問題以來，大量的實證檢驗結果證明股權是分散的（Berle and Means, 1932[①]; Barelay, 1989[②]; Jensen et al., 1976[③]; Grossman et al., 1988[④]）。有關股權集中度的討論一直持續至今，近年來的實證研究結果表明股權是集中的（La Porta et al., 1999[⑤]; La Porta et al., 2000[⑥]; Claessens, 2000[⑦]）。基於對股權集中與分散問題的研究展開對公司治理的兩個核心問題的研究：一是，當公司的控股權分散的條件下，公司管理者（內部經理人）與公司股東之間的代理問題；二是，基於控股股東存在的大前提下，擁有控制權的大股東與中小股東之間的代理問題。雖然第一個核心問題仍備受關注，但是第二個問題近期吸引了更多學者的目光。1999年La Porta et al.[⑧] 通過對全球多個國家企業的調查研究發現大部分公司擁有終極控制股東，而且終極控制股東會通過採用金字塔結構持股方式、交叉持股、發行雙重投票權股票等股權結構安排或者是制定或委派

[①] Berle, A., Means, G. The Modern Corporation and Private Property [M]. New York: MacMillan, 1932.

[②] Barelay, M. J., Holderness, C. G. Private Benefits from Control of Public Corporation [J]. Journal of Financial Economics, 1989, 25 (12).

[③] Jensen, M. C., Meckling, W. H. Theory of the Firm: Managerial Behavior, Agency Cost and Ownership Structure [J]. Journal of Financial Economics, 1976, 3 (4).

[④] Grossman, S. J., Hart O. D. One Share-one Vote and The Market for Corporate Control [J]. Journal of Financial Economics, 1988 (20).

[⑤] La Porta, R., Lopez-de-Silanes, F., Shleifer, A. Corporate Ownership around the World [J]. Journal of Finance, 1999, LIV (2).

[⑥] La Porta, R., Lopez-de-Silanes, F., Shleifer, A., Vishny, R. Investor Protection and Corporate Governance [J]. Journal of Financial Economics, 2000 (58).

[⑦] Claessens, S., Djankov, S., Lang, P. H. L. The Separation of Ownership from Control of East Asian Firms [J]. Journal of Financial Economics, 2000, 58 (1-2).

[⑧] La Porta, R., Lopez-de-Silanes, F., Shleifer, A. Corporate Ownership around the World [J]. Journal of Finance, 1999, LIV (2).

管理者的方式強化其對公司的控制。而且有學者（Hail et al.，2003[①]）通過檢驗發現在全球範圍內除個別股東利益保護好的國家之外，其他國家的股權都相對集中，且存在終極控制股東。按照市場化的規律，控股股東只能按照所有權的大小對下屬公司進行控制，但是所有權與控制權之間並非完全一致，它們之間存在偏離的現象。正如前面所述，大股東可以通過很多途徑來使其獲得超額控制權，即獲得超過其所有權的控制權。

Claessens et al.（2000）[②]的研究表明：控制層級越多，兩權分離的可能性越大，中小股東利益受損的可能性也越大，中小股東要求的報酬率就越高，即企業要負擔的資本成本越多。但是，他們並未把中國的情況納入研究範圍，主要是由於中國很多上市公司的控制層級雖然多，但所有權為國家百分百持有，不存在兩權分離的情況。

隨著國企的改革，民營企業的異軍突起，中國上市公司的股權結構逐漸複雜化。中國上市公司的股權結構也呈現控制層級多、兩權分離度變大、超額控制現象嚴重，大股東有動力和能力侵占中小股東利益，甚至有學者（毛世平等，2008）[③]認為中國大部分上市公司的股權結構是金字塔結構，大股東能通過金字塔結構實現對中小股東的利益侵占。同時，以往中國學者劃分第一大股東的性質主要是從所有者的性質角度來區分，這種劃分方式主要是針對直接持股人而非終極持股股東，不能明確終極持股股東的屬性，是不科學的。本書將從終極控制股

[①] Hail, L., Leuz, C. International Differences in Cost of Capital: Do Legal Institutions and Securities Regulation Matter, Working Paper, University of Zurich, University of Pennsylvania, 2003.

[②] Claessens, S., Djankov, S., Lang, P. H. L. The Separation of Ownership from Control of East Asian Firms [J]. Journal of Financial Economics, 2000, 58 (1-2).

[③] 毛世平，吳敬學. 金字塔結構控制與公司價值——來自於中國資本市場的經驗證據 [J]. 經濟管理，2008 (14).

東性質的角度對上市公司進行劃分，探討終極控制股東性質對股權資本成本的影響。已經有研究成果證明兩權分離度與企業價值之間存在負相關關係，兩權分離度與股權資本成本之間存在正相關關係。控制層級作為增大兩權分離度的有效手段，控制層級與企業價值、股權資本成本之間是否存在相關關係？這有待論證。在中國這樣一個第一大股東持股比例占絕對優勢的國家[①]，由於無法制衡其權利，是否會對中小股東進行利益侵占，進而影響到中小股東對企業的投資信心，增加企業的股權資本成本呢？

可以沿著兩條思路來確定終極股權結構變量是否會對資本成本產生影響：第一，從資本市場的角度來看，按照投資者是風險厭惡者的假設，他們會對投資的企業或項目進行風險評估，並依據估算的風險水平，提出其要求的報酬率。終極股權結構的差異理論上會對企業的風險水平造成影響，投資者對企業風險水平的評估很大程度上依賴對企業價值的創造水平，所以，沿著這條思路得出的分析鏈條如下圖1.1所示。

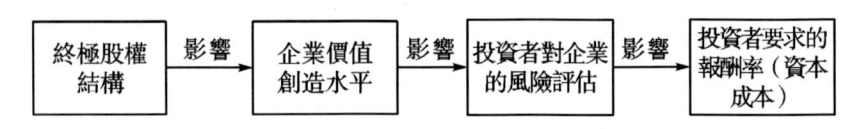

終極股權結構 →影響→ 企業價值創造水平 →影響→ 投資者對企業的風險評估 →影響→ 投資者要求的報酬率（資本成本）

圖1.1　終極股權結構與資本成本影響關係1

第二，從公司治理的視角來看，依據信息不對稱的假設，外部投資者不清楚企業投資項目的風險，而是企業的內部控制人通過對公司基本情況、歷史收益水平進行分析的基礎上確定預期的收益，將預期收益進行資本化的折現率即為資本成本。具體分析思路如圖1.2所示。

---

① 朱明秀. 第一大股東性質、股權結構與公司治理效率研究 [J]. 統計與決策，2005（12）.

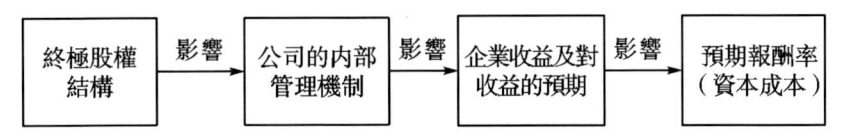

```
┌─────┐ 影響 ┌─────┐ 影響 ┌─────┐ 影響 ┌─────┐
│終極股權│───→│公司的內部│───→│企業收益及對│───→│預期報酬率│
│結構  │    │管理機制 │    │收益的預期 │    │（資本成本）│
└─────┘    └─────┘    └─────┘    └─────┘
```

圖 1.2 終極股權結構與資本成本影響關係 2

1.1.2 研究意義

1.1.2.1 理論意義

儘管 La Pora et al.（1997），Lomobardo et al.（2002）[①]，Brockman et al.（2003）[②] 認為投資者法律保護機制可以在更大範圍內實現資本的有效配置，用以抑制控股股東獲取私人收益的動力；可以通過改變利潤率和降低股東的審計和執法成本增加股東收益率；甚至可以最小化信息不對稱、降低買賣差價並增加股票流動性。但是這只是針對法律體制不同的國家或者是同一國家不同法律體制階段而言的。本書的研究是在同一國家、同一法制體系下，法律體制階段性特徵基本一致的前提下，認為中國上市公司的股權集中現象明顯；控股股東主體由原來的國家作為主導到目前已經呈現多元化；終極控制股東通過構建相對複雜的股權結構體系以更少的資金支配更多的資源；國外上市公司的終極控制股東通過複雜的股權結構關係已經實現了對上市公司利益的侵占，損害到了中小投資者的信心。

所以本書研究的理論意義體現在：第一，檢驗終極控制股東的性質及其終極控股比例、控制層級、控股鏈條數是否可以作為股權資本成本的顯著影響因素，這將完善資本成本的影響

---

① Lombardo, D., Pagano, M. Legal Determinants of the Return on Equity. Stanford Law and Economics Olin Working Paper No. 193; University of Salerno Working Paper No. 24. 1999（10）. http://ssrn.com/abstract = 209310 or http://dx.doi.org/10.2139/ssrn.209310.

② Brockman, P., Chung, D. Y. Investor Protection and Firm Liquidity [J]. Journal of Finance, 2003, 58 (2).

因素體系。

第二，本書選用多種模型估算股權資本成本，通過對各模型估算結果的比較，歸納各模型估算結果的特徵，為以後選用有效的股權資本成本估算工具提供借鑑。

1.1.2.2 實踐意義

第一，本書對股權結構理論的研究，對於瞭解中國上市公司的股權結構現狀有理論指導作用，恰遇國企混合所有制改革的關鍵時期，為國企混合所有制改革決策提供實證依據。

第二，通過對股權資本成本理論的研究，提高對其重要性的認識，通過數據分析，瞭解中國的股權資本成本水平，這無論是對中小投資者還是對上市公司都有裨益。同時，目前國資委推行對央企的 EVA 考核，本書估算的股權資本水平，對其具有借鑑意義。

第二節　研究目標與研究方法

1.2.1　研究目標

第一，明確有效的混合所有制企業的終極股權結構特徵。用終極股股東性質、終極控股比例、控制層級及控股鏈條數來描述終極股權結構，通過數據檢驗具備哪些特徵的混合所有制企業的資本成本，歸納得出有效的混合所有制企業的股權結構形式。

第二，通過理論梳理，確定終極控制股東分類方式、控制層級的計算方法，並進一步確認其與企業價值在理論上的邏輯關係。本書的研究假設資本成本作為一個外生變量，不影響企業價值，反之，當企業價值增加，會增加投資者的投資信心，理論上可以降低投資者要求的報酬率。所以，終極控制股東性質、控制層級、控股鏈條數若與企業價值存在邏輯關係，也應與股權資本成本存在相關關係，這是本書論證的重點。

第三，用數據檢驗中國上市公司股權結構特徵是否逐漸複雜化，歸納不同終極控制股東控股公司的持股比例的不同、控制層級、控股鏈條數、兩權分離度的差異。

第四，從使用廣泛性角度梳理估算資本成本常採用的方法並進行選擇，計算樣本的股權資本成本，確定不同方法估算的股權資本成本的差異。

第五，通過大樣本的實證檢驗，確認影響資本成本和公司價值的股權結構變量，提出影響國企混合所有制改革的因子。

1.2.2 研究方法

方法一，文獻梳理方法。本書需要採用這一方法解決以下問題：股權結構與資本成本關係的理論支撐；尋找終極控制股東、控制層級與資本成本的理論邏輯關係；分析目前廣泛採用的資本成本估算方法並進行選擇。

方法二，統計研究方法。通過收集相關年度上市公司的年報及國泰安、萬德、銳思金融數據庫提供的公司的相關統計資料，確定符合擁有終極控制股東且可以計算控制層級、控股鏈條數的樣本。進一步根據不同的資本成本估算方法對數據的要求對樣本進行篩選，分析不同資本成本估算方法估算的資本成本差異。根據本書構建的多元線性模型，從數據庫收集控制變量數據，對被解釋變量、解釋變量及控制變量進行描述統計。

方法三，實證檢驗方法。根據理論分析，提出終極控制股東身分、終極控制權、控制層級、控股鏈條數、兩權分離度、政府層級與股權資本成本之間的理論假設。用中國上市公司數據作為實證樣本，並用方差分析法和線性迴歸分析法對假設進行檢驗。

方法四，比較研究方法。運用比較研究方法，比較不同模型估算的股權資本成本的差異，對比不同年份各變量均值的差異，對比不同終極控制股東的股權資本成本的差異。

方法五，經驗總結法。運用數據檢驗各股權資本成本的估算模型所得結果的高低，為後續研究和實踐提供借鑒。按照直接股權結構變量和終極股權結構變量對上市公司的資本成本和公司價值的影響的有效性，確定影響國企混合所有制改革的有效變量，為國家和地方政府提出相關的政策建議。

1.2.3 相關概念的界定

國務院國資委專家成員張春曉（2014）指出混合所有制不是新概念，混合所有制經濟分為宏觀和微觀兩個層面。宏觀層面為一國家經濟結構中不同所有制的構成和比重，微觀層面即企業內部不同所有制的構成，即宏觀層面是指社會所有制結構的多元化，微觀層面是指企業內部的所有制結構的多元化（季曉南，2014）。企業內部的混合所有制形式可以分為企業內生產資料混合所有制、企業內剩餘混合所有制、企業內所有者與經營者混合所有制、公有制與個人所有制高度統一的混合所有制（劉烈龍，1995）[①]。書中研究的混合所有制主要是公有制與個人所有制高度統一的混合所有制。

公司的股權結構又稱公司的所有權結構，是指公司的資本構成以及由此衍生的權利在不同股東之間的分配、不同股東的性質、股權的分佈狀況等。從質的方面看，不同持股主體的性質不同，主要是按照持股主體的所有制性質劃分；從量的方面看，是指各股東的投資比，構成了公司股權資金的來源，可以反應股權的集中或分散程度。股權結構是研究公司的控制權、委託代理問題的出發點（吳申元，2009；陳超等，2010）。

---

① 劉烈龍. 中國混合所有制的五種形式 [J]. 中南財經大學學報，1995 (2).

1.2.3.1 金字塔結構、水平結構、交叉持股

所謂金字塔控股股權結構即通過控制鏈條，由終極控制股東控股中間控股機構，中間機構控股上市公司，如圖1.3中的①所示，這一類型公司最典型的特徵就是終極控制權與終極所有權是分離的。水平結構指終極控制股東在控股一家公司後，同時又控股另外一家上市公司，直至控股多家上市公司，如下圖1.3中②所示。這裡還包括一個特例，若上市A公司為終極控制股東的全資子公司，那麼上市公司A水平控股的公司也屬於水平控股結構。此時，特例結構與金字塔結構的不同之處在於，兩權終極控制權與終極所有權是否發生分離。交叉持股即終極控制股東利用其控股的公司之間相互持股，使其可以通過相對較少的資金投入來獲得對所有公司的控制權，如圖1.3中③中終極控制股東直接控股的中間機構A和間接控股的上市公司C之間即為交叉持股，這種交叉持股屬於縱向交叉持股，③中終極控制股東在對上市公司A實現控股時，若發生了兩權分離，可以將③這種情況歸為廣義的金字塔結構。

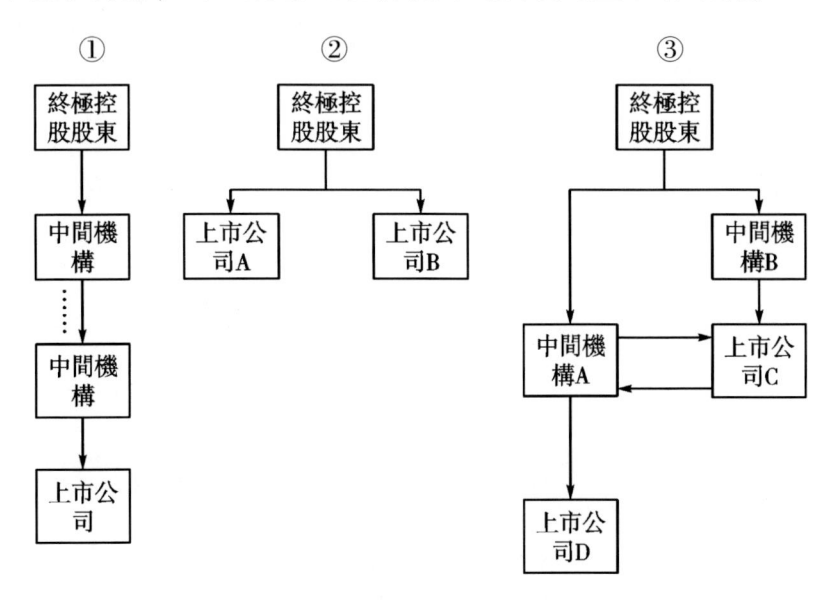

圖1.3　終極股權結構圖

以往對終極股權結構的研究集中在股權集中度、終極控制權與終極所有權的分離度等對企業價值的影響，本書除考察與股權集中度相關的終極控制權、終極所有權、兩權分離度外，還將考察終極控制權結構的長度和寬度，即控制層級與實現控股的鏈條數。

1.2.3.2 終極控制股東性質

控股分為絕對控股和相對控股，控股是指某一股東持股比例超過50%，或者是在企業的全部資本中，某一投資主體的資本占了50%以上。相對控股是指某一投資主體掌握了公司不到50%的股權，卻是最大的持股比例，通過其股權可以實現對公司的控制。

終極控制股東的研究始於 La Porta et al. (1999)[①] 對於終極所有權和終極控制權的研究，他主要是通過層層追溯所有權關係來尋找最大和最終的控制股東。這裡默認了終極控制股東通過控股權實現對上市公司的控制，終極控制權是終極控制股東對上市公司所擁有的控制權，Berle 和 Means (1932)[②] 對控制權的界定是：控制權就是指通過法定權利或施加壓力，實際上有權選擇董事會成員或其多數成員的權力。自從1932年，Berle 和 Means 提出兩權分離理論以來，公司控制權一直是研究熱點，不管是對第一類代理問題的探討還是對第二類代理問題的爭論，都是圍繞著公司控制權問題。獲取控制權的首要和主要路徑是擁有公司，即成為公司的股權所有者。股東承擔的風險超過投資者，所以，所有者擁有對剩餘收益的支配權。可以支配公司的剩餘收益並能自由支配公司的資源，擁有對公司

[①] La Porta, R., Lopez–de–Silanes, F., Shleifer, A. Corporate Ownership around the World [J]. Journal of Finance, 1999, LIV (2).

[②] Berle, A., Means, G. The Modern Corporation and Private Property [M]. New York: MacMillan, 1932.

的控制權①。

所謂終極控股股東②，La Porta et al.（1999）③ 認為是對該公司持有的直接或者間接投票權的總和超過事先設定的值的股東。國內，劉芍佳等（2003）④ 將國家控制界定為：政府通過其直屬部門享有超過 20% 投票權的直接控股或者政府通過其所擁有的或控股的公司對上市公司實施表決權的間接控制。對於控股股東中國證監會新修訂的年報準則《公開發行證券的公司信息披露內容與格式準則第 2 號〈年度報告的內容與格式〉》規定，公司控股股東包括公司第一大股東，或者按照股權比例、公司章程或經營協議或其他法律安排能夠控制公司董事會組成、左右公司重大決策的股東。而之前中國證監會發布的《關於發布〈上市公司章程指引〉》第四十一條規定控股股東需要滿足下列條件之一：此人單獨或者與他人一致行動時，可以選出半數以上的董事；此人單獨或者與他人一致行動時，可以行使公司百分之三十以上的表決權或者可以控制公司百分之三十以上表決權的行使；此人單獨或者與他人一致行動時，持有公司百分之三十以上的股份；此人單獨或者與他人一致行動時，可以以其他方式在事實上控制公司。

La Porta et al.（1999）⑤ 很多學者根據經驗採用 10% 或 20% 作為閾值來研究終極股權結構，對於控股閾值的計算探討

---

① Berle, A., Means, G. The Modern Corporation and Private Property [M]. New York: MacMillan, 1932.

② 這裡的終極控制是指股東因擁有超過一定閾值的股權實現對上市公司的控制，不討論對上市公司實現控制的其他情形。

③ La Porta, R., Lopez-de-Silanes, F., Shleifer, A. Corporate Ownership around the World [J]. Journal of Finance, 1999, LIV (2).

④ 劉芍佳，孫霈，劉乃全. 終極產權論、股權結構及公司績效 [J]. 經濟研究，2003（4）.

⑤ La Porta, R., Lopez-de-Silanes, F., Shleifer, A. Corporate Ownership around the World [J]. Journal of Finance, 1999, LIV (2).

相對較少。中國蒲自立等（2004）[①] 就控股的閾值確定做了專項研究，並採用 Cubblin 和 Leech 的概率投票模型估算控制權，並得出 1997—2000 年所有上市公司的控股閾值均值為 42.07%。國內，林建秀（2007）也是採用這一概率投票模型確定大股東持股比例在 50% 以下公司的有效控制權比例。但是施東暉（2000）[②] 曾指出這一有關終極控制股東是否存在的標準沒有考慮股份分佈狀況的問題，所以，他對終極控制股東的標準又加上了第一大股東的持股比重大於第二至第十大股東的持股比重之和。

擁有終極控制權的大股東性質一般按照所有者的性質進行劃分，大的範疇來分，一般將其劃分為國有與非國有。中國對股本類型的統計按照國有股和境內法人股進行劃分。其中，國有股份為國家持有和國有法人持有；境內法人股份為境內非國有法人持股、境內自然人持股[③]。但是這類分類方法遭到了劉芍佳等（2003）[④] 的批判，認為這種分類方式是針對其直接持股人而言的，這裡面看不清法人股的股權屬性，同時不能明確這些上市公司最終被什麼類型的控股股東控制。所以，為避免這一情況發生，劉芍佳等於 2003 年則將擁有終極控制權的股東分為國家和非國有終極控股股東兩大類[⑤]，葉勇等（2005）[⑥]

[①] 蒲自立，劉芍佳. 論公司控制權對公司績效的影響分析 [J]. 財經研究，2004（10）.

[②] 施東暉. 股權結構、公司治理與績效表現 [J]. 世界經濟，2000（12）.

[③] 朱明秀. 第一大股東性質、股權結構與公司治理效率研究 [J]. 統計與決策，2005（12）.

[④] 劉芍佳，孫霈，劉乃全. 終極產權論、股權結構及公司績效 [J]. 經濟研究，2003（4）.

[⑤] 劉芍佳，孫霈，劉乃全. 終極產權論、股權結構及公司績效 [J]. 經濟研究，2003（4）.

[⑥] 葉勇，胡培，何偉. 上市公司終極控制權、股權結構及公司績效 [J]. 管理科學，2005（4）.

在繼承上述說法的基礎上，將擁有控制權的股東分為三種：國家、非國家、無法確認終極控制股東的一般法人。葉勇等（2005）[①]將終極控制股東分為政府、家族和一般法人三類。以後的學者如夏立軍等（2003）[②]基本都是將上市公司的終極控制股東分為兩大類：國家和非國家。

在上述分類基礎上，對國家控股股東進行內部細分主要是按照控股的政府機構所處的管理層次，即政府層級進行劃分。如：何威風（2008）[③]將國有控股的上市公司分為：中央政府控股和地方政府控股。甄紅線等（2008）[④]將國家這一終極控制股東細分為：國務院國資委、國有企業、地方國資委、機關事業單位。劉星和安靈（2010）[⑤]將其細分為：中央、省級、縣級控股。劉芍佳等（2003）[⑥]將國家控股公司細分為：政府控股的上市公司、國有獨資公司、政府控制的非上市公司。葉勇等（2005）[⑦]將國家控股機構分為：政府部門或機構、政府控股的上市公司、國有獨資公司、事業單位等。對國家控股股東身分的細分是大股東身分研究的重點內容。

[①] 葉勇，胡培，黃登仕．中國上市公司終極控制權及其與東亞、西歐上市公司的比較分析［J］．南開管理評論，2005，8（3）．

[②] 夏立軍，方軼強．政府控制、治理環境與公司價值——來自中國證券市場的經驗證據［J］．經濟研究，2005（5）．

[③] 何威風．政府控股、控制層級與代理問題的實證研究［J］．中國軟科學，2009（2）．

[④] 甄紅線，史永東．終極所有權結構研究——來自中國上市公司的經驗證據［J］．中國工業經濟，2008（11）．

[⑤] 劉星，安靈．大股東控制、政府控制層級與公司價值創造［J］．會計研究，2010（1）．

[⑥] 劉芍佳，孫霈，劉乃全．終極產權論、股權結構及公司績效［J］．經濟研究，2003（4）．

[⑦] 葉勇，胡培，何偉．上市公司終極控制權、股權結構及公司績效［J］．管理科學，2005（4）．

對於非國家控股的公司分類相對簡單，La Porta（1999）①將非政府控股股東分為：個人、股份分散的金融機構、股份分散的公司和雜項。劉芍佳等（2003）②將非國家終極控制股東分為：非政府控股的上市公司、未上市的集體企業與鄉鎮企業、未上市的國內民營企業、外資企業。葉勇等（2005）③將非國家終極控制的企業細分為：非政府控股的上市公司、未上市的集體企業和鄉鎮企業、未上市的國內民營企業和外資企業。甄紅線等（2008）④將擁有控制權的非國家股東分為自然人和外資企業，並將其與國家控制企業並列。很多學者（葉勇等，2005⑤；毛世平，2009⑥）沒有對非國家控股的上市公司進行內部細分。

通過以上研究，將擁有終極控制權的股東定義為通過控制鏈直接和間接持有的投票權超過閾值10%或20%，當兩個或者兩個以上股東持股都超過閾值時，以最大投票權擁有者作為終極控制股東，而終極控制股東通過其股權實現對上市公司的控制。終極控制股東的性質主要是按照國有、非國有進行劃分，之後進行內部劃分，國有控股的上市公司可以按照政府層級進行細分。本書延續這條思路，將終極控制股東分為政府控股和非政府控股，政府控股的上市公司按照政府層級分為：中

---

① La Porta, R., Lopez-de-Silanes, F., Shleifer, A. Corporate Ownership around the World [J]. Journal of Finance, 1999, LIV (2).
② 劉芍佳, 孫霈, 劉乃全. 終極產權論、股權結構及公司績效 [J]. 經濟研究, 2003 (4).
③ 葉勇, 胡培, 何偉. 上市公司終極控制權、股權結構及公司績效 [J]. 管理科學, 2005 (4).
④ 甄紅線, 史永東. 終極所有權結構研究——來自中國上市公司的經驗證據 [J]. 中國工業經濟, 2008 (11).
⑤ 葉勇, 胡培, 何偉. 上市公司終極控制權、股權結構及公司績效 [J]. 管理科學, 2005 (4).
⑥ 毛世平, 吳敬學. 金字塔結構控制與公司價值——來自於中國資本市場的經驗證據 [J]. 經濟管理, 2008 (14).

央政府、省級政府、市級政府、縣級政府、鄉鎮政府、村級政府，非政府控制的上市公司不再進行細分，只統計其中終極控制股東為個人或家族的樣本。

1.2.3.3 終極控制權

終極控制權研究是在股權集中基礎上進行的研究，有關所有權分散與集中問題的討論從 20 世紀 30 年代已經開始，並且經過近一個世紀的爭論，普遍認為大多數國家存在股權集中的現象，而且越是不發達國家，股權集中情況越明顯，越是發達而且中小股東利益保護好的國家，股權相對分散。如：La Porta et al. (1999)[1] 通過研究認為家族終極所有者平均控制了各國最大 20 家企業市值的 25%，Claessens et al. (2000)[2] 通過研究東亞九國 2,980 家公司的情況發現超過 2/3 的公司是由單一大股東控制的。Faccio et al. (2002)[3] 通過對西歐 13 個國家的研究發現，在 5,232 家樣本公司中，除較發達的國家外，股權集中度整體偏高，尤其在新興國家中，所有權集中度更高。

終極所有權和終極控制權是兩個概念，終極所有權代表控制性股東持有的股份所代表的其在上市公司中的利益關係，終極控制權是指控制性股東依其所持有的股份所代表的上市公司投票權比例（丁新婭，2009）[4]。以往學者（蘇坤等，2008[5]；

---

[1] La Porta, R., Lopez-de-Silanes, F., Shleifer, A. Corporate Ownership around the World [J]. Journal of Finance, 1999 (54).

[2] Claessens, S., Djankov, S., Lang, P. H. L. The Separation of Ownership from Control of East Asian Firms [J]. Journal of Financial Economics, 2000, 58 (1–2).

[3] Faccio, M., Lang, L. H. P. The Ultimate Ownership of Western European Corporations [J]. Journal of Financial Economics, 2002, 65 (3).

[4] 丁新婭. 民營上市公司終極控制權與財務決策 [M]. 北京：對外經濟貿易大學出版社，2009.

[5] 蘇坤，楊淑娥，楊蓓. 終極控制股東超額控制與資本結構決策 [J]. 統計與決策，2008 (22).

許永斌，2008①；甄紅線等，2008②）都是用現金流權來表示終極所有權，採用投票權表示終極控制權。投票權指直接控股權加上控制鏈條上的最小的持股比例，或者說終極控制股東對上市公司的終極控制權等於控制鏈條中各個層級的現金流權比例的最小值。La Porta et al.（1999）③ 和 Claessens et al.（2000）④ 將控股權和現金流權作為對立概念進行界定：控股權是指終極控制股東對目標公司重大決策的表決權、投票權；而現金流權是指按實際投入目標公司的資金占總投資的比例所決定的股東享有公司收益的權力。具體來說，用控股股東通過所有控制鏈累計持有上市公司的所有權權益比例來表示控股股東的現金流權比例，其中每條控制鏈頂端對終端公司的所有權權益比例等於該條控制鏈上各層股東持股比例的乘積，而控股權比例等於控制鏈上最弱的投票權相加之和⑤。

　　前文對終極控制權文獻的歸納，普遍認為通過終極控制權實現對上市公司的終極控制。終極控制權是從產權的角度來衡量企業的最終所有者，通過產權控制鏈，實現實際所有權與投票權的偏離，進而對上市公司擁有實現超過其現金流權的控制。因為國外存在表決權信託，當企業所有者轉移其投票權或者說控股權的時候，終極所有權與終極控制權之間是有偏離的。政治干預、社會關係網的介入，使得終極所有權與終極控

---

　　① 許永斌，彭白穎. 控制權、現金流權與公司業績 [J]. 商業經濟與管理，2007（4）：75.

　　② 甄紅線，史永東. 終極所有權結構研究——來自中國上市公司的經驗證據 [J]. 中國工業經濟，2008（11）.

　　③ La Porta, R., Lopez-de-Silanes, F., Shleifer, A. Corporate Ownership around the World [J]. Journal of Finance, 1999, LIV (2).

　　④ Claessens, S., Djankov, S., Lang, P. H. L. The Separation of Ownership from Control of East Asian Firms [J]. Journal of Financial Economics, 2000, 58 (1-2).

　　⑤ 俞紅海，徐龍炳，陳百助. 終極控股股東控制權與自由現金流過度投資 [J]. 經濟研究，2010（8）.

制權之間的偏離拉大了。如果通過對股東大會、董事會和執行部門實現對公司的控制，如：關鑫等（2010）① 試圖從社會資本控制鏈角度來探索終極控制問題，並且他們認為終極控制權可以界定為：股權控制鏈條及與其交互配合的社會資本控制鏈條的最終控制者，通過直接和間接方式面對公司擁有的實際控制權。本書研究的是通過終極控制權實現終極控制，對於股東是否持有終極控制權，Shleifer et al.（1997）②，La Porta（1999）③ 和 Claessens et al.（2000）④ 等均認為其所有權必須超過一定的臨界點，即控股閾值。對於控股閾值的確定，Cubbin 和 Leech 於 1983 年提出了有效控制權的公式：

$$p^* = Z_a \sqrt{\Pi H / (1 + Z_a^2 \Pi)} \qquad (1.1)$$

其中，P^* 為控股閾值，Z_a 為使得正態分佈 $P(z \leqslant Z) = \alpha$ 時的 Z 值，α 表示股東大會中大股東贏得投票權的概率，Π 表示除第一大股東外其他股東投票的概率，H 為表示股權集中度的赫菲德爾系數（*Herfindahl Index*）⑤。

本書讚同多數學者觀點，認為可以通過股權實現對上市公司的終極控制，終極控制權就是當終極股東擁有的投票權比例超過某一閾值時，累計所有控制鏈條上現金流權的最小值。終極所有權是指控制鏈各層上持股比例的乘積。

---

① 關鑫，高闖，吳維庫. 終極股東社會資本控制鏈的存在與動用——來自中國 60 家上市公司 [J]. 南開管理評論，2010（6）.

② Shleifer, A., Vishny, T. W. A Survey of Corporate Governance [J]. Journal of Finance, 1997（52）.

③ La Porta, R., Lopez-de-Silanes, F., Shleifer, A. Corporate Ownership around the World [J]. Journal of Finance, 1999, LIV（2）.

④ Claessens, S., Djankov, S., Lang, P. H. L. The Separation of Ownership from Control of East Asian Firms [J]. Journal of Financial Economics, 2000, 58（1–2）.

⑤ Cubbin, J., Leech, D. The Effect of Shareholding Dispersion on the Degree of Control in British Companies: Theory and Measurement [J]. Economic Journal, 1983（93）.

1.2.3.4 控股鏈條和控制層級

終極控制股東通過控制上市公司的第一大股東實現對上市公司的控制，終極控制股東若直接控股第一大股東屬於直接控股，若通過中間公司實現對上市公司控制屬於間接控股。控制層級是指：對於有終極控制股東的上市公司而言，從上市公司一直層層追溯到終極控制股東控制鏈的長度，或者說是控制層級的層數。終極控制股東可以通過單一股權鏈條實現對上市公司的控制，如圖 1.3 中金字塔結構所示；也可以通過多條股權鏈條共同作用實現對上市公司的控制，如圖 1.3 中交叉持股結構所示。一般而言控制層級越多，控股股東就可以隱蔽地通過更少的現金流權實現對上市公司的控制。同理，如果終極控制股東通過構建多鏈條股權結構，則它不僅可以縱向地實現超額控制，橫向也可以實現超額控制，增大其槓桿效應。

金字塔層級伴隨著金字塔結構誕生。夏冬林等（2008）[①] 認為目前政府以及民營企業家都通過金字塔層級控制大量的上市公司，而國有上市公司背後的金字塔層級是未來減少國家的政府干預、強化企業的市場化經營而建立的。民營上市公司的金字塔層級是為了利用較少的現金流控制大量的企業，從而建立內部市場而成立的。控制層級與金字塔層級是有區別的，La Porta（1999）[②] 提出的金字塔結構不包含終極控制股東直接控股的情形，而且金字塔結構要求中間公司是上市公司，廣泛存在終極所有權與終極控制權偏離，以實現對所研究樣本公司的超額控制，這與本書對金字塔結構的界定是一致的。劉芍佳等

[①] 夏冬林，朱松. 金字塔層級與上市公司業績 [J]. 管理學家（學術版），2008（2）.

[②] La Porta, R., Lopez-de-Silanes, F., Shleifer, A. Corporate Ownership around the World [J]. Journal of Finance, 1999, LIV (2).

（2003）[1] 認為這種金字塔結構的說法不適合中國，因為他們研究發現中國的大部分上市公司的最大控股股東是未上市的國家企業和機構。

金字塔層級劃分主要是指按照股東控制上市公司的控制鏈的長短進行劃分。角雪嶺（2007）[2] 認為層級即終極控制股東到上市公司之間的控股層次數。王雪梅（2012）[3] 做的相關研究對控制層級做了如下劃分：如果控股股東不經任何中間機構實現對上市公司的控制，即控股股東直接控股上市公司，或稱為一級控股；若終極控制股東與上市公司之間有一個中間機構即為二級控股，有兩個中間機構為三級控股。依次類推，通過實證統計得出：控制層級一般不超過五級。

控股鏈條即實現終極控制股東到上市公司的最小持股比例超過固定閾值的股權鏈條，實現終極控股的鏈條可以是一條，也可以是多條。如果是一條則股權結構特徵比較單純，如果是多條，則可能具有金字塔結構、水平結構和交叉持股的複合特徵。終極控制股東實現控股的股權結構寬度即實現控股的鏈條數。控制層級是對有終極控制股東的上市公司而言，從上市公司一直層層追溯到終極控制股東的控制鏈的長度，是控制層級的層數，這是終極控制股東實現控股的股權結構的長度，若是多鏈條控股，控制層級取控股比例大的鏈條長度。

1.2.3.4 兩權分離度

以往，兩權分離是指資本所有權和資本使用權的分離，即股東掌握資金的所有權，企業的經營權由公司的高級管理人員

---

[1] 劉芍佳，孫霈，劉乃全. 終極產權論、股權結構及公司績效 [J]. 經濟研究，2003（4）.

[2] 角雪嶺. 中國上市公司金字塔持股結構特徵研究 [J]. 會計之友，2007（12）.

[3] 王雪梅. 終極控制權、控制層級與經濟增加值——基於北京上市公司數據 [J]. 軟科學，2012（2）.

完成，它是隨著股份公司的產生而產生的，順應了管理專業化的趨勢。兩權分離理論是由 Berle 和 Means 於 1932 年提出的。

這裡的兩權即前文提到的終極控制權和終極所有權，也可以認為是終極控制股東的投票權和現金流權，這裡的控制權主要是指控股股東通過股權關係鏈實現對上市公司的控制。La Porta et al.（1999）[①]，Claessens et al.（2000）[②] 將所有權定義為獲得現金流的權利，控制權定義為投票權，所以終極控制權和終極所有權分別用最終控股股東的投票權與現金流權來表示。兩權分離即衡量終極投票權與現金流權的偏離。當終極控制股東直接控股上市公司時，並且按照一股一票的原則，公司的所有權和控股權是合一的，但是若控股股東間接持有上市公司的股份，只要中間不是百分百持有，就一定存在終極控制權大於終極所有權的情況。Claessens et al.（2000）[③] 認為金字塔式控制結構和交叉持股是分離現金流權與投票權的方法。他們將金字塔結構理解為終極所有者通過持有同一商業集團內的另一家公司的股份實現對第二層公司的控制，第二層公司再控制第三層公司，依此類推，通過幾層控制層級來控制上市公司的投票權。

兩權分離度可以用終極控制股東的控制權減去所有權，即：$C-O = \text{Min}（C1, C2, C3, \cdots）- \prod_{i=1}^{N} C_i$，也可以取終極控制股東的控制權與所有權之比表示，即：$C/O = \text{Min}（C1,$

[①] La Porta, R., Lopez–de–Silanes, F., Shleifer, A. Corporate Ownership around the World [J]. Journal of Finance, 1999, LIV (2).

[②] Claessens, S., Djankov, S., Lang, P. H. L. The Separation of Ownership from Control of East Asian Firms [J]. Journal of Financial Economics, 2000, 58 (1-2).

[③] Claessens, S., Djankov, S., Lang, P. H. L. The Separation of Ownership from Control of East Asian Firms [J]. Journal of Financial Economics, 2000, 58 (1-2).

$C2$,$C3$,$\cdots$)／$\prod_{i=1}^{N} C_i$ [1]。

1.2.3.5 資本成本

資本成本是企業在籌集資金過程中必須涉及的一個概念，它是與資本結構聯繫在一起的，資本結構的優化會帶來資本成本的優化，資本成本的降低是資本結構優化的標準和結果。不同性質的資本成本是有差異的。資金的來源主要可以分為兩大類，一部分是自有資金，一部分是借入資金。自有資金即股權投資者提供的資金，借入資金即債權人提供的資金。無論何種資金，企業作為資金的使用方都應該付出相應的代價，而不是如現在很多上市公司管理者理解的那樣，股權資金是沒有成本的。

1946年，Hicks在《價值與資本》提出了風險折現（Risk Discount）和風險溢價（Risk Premium）的概念，認為市場利率加上風險補償，從而得出據以進行投資決策的"風險調整後的（Risk Adjusted）"或"確定性等價的（Certainty Equivalent）"收益率。但是Hicks是從宏觀角度來解釋資本形成的過程和經濟週期的變動，而不是從公司的角度討論資本成本的計量方法。中國對資本成本的認識過程經歷了從單一的借款利息到目前的股權資本成本加借款利息。同時，國外對資本成本的關注一般認為始於1958年MM[2]教授的"資本成本、公司財務和投資理論"，從那時人們開始逐漸認為股權資本是有成本的。Solomn（1963）[3]對資本成本的定義為：使得企業預期未

---

[1] 其中C表示終極控制權，O表示終極所有權，C_i表示不同控制層級的控股權。

[2] Modigliani, F., Miller, M. H. The Cost of Capital, Corporation Finance, and The Theory of Investments [J]. American Economic Review, 1958 (48).

[3] Solomon, E. Leverage and The Cost of Capital [J]. Journal of Finance, 1963 (18).

來現金流量的資本化價值等於企業當前價值的貼現率。

中國相關財務教材中認為資本成本包括使用成本和籌資成本（發行成本），這兩種成本的要求主體都不一致。如：資本的使用成本，即一般意義上的資本成本的要求主體是長期投資者，而發行成本的要求主體是代替企業發行證券的相應機構。所以，本書不讚同此類財務教材中的觀點，而讚同 Modigliani 和 Miller（1966）[1] 的觀點"在企業現有的投資者來看，資本成本是一項實物資產投資可以被接受時應具有的最低預期收益率"。同時，根據《新帕爾格雷夫貨幣金融大辭典》[2] 的定義，一般認為資本成本是投資者要求的報酬率或是投資者承擔的一種機會成本，對於資本成本範疇的界定，一般人認為是大或等於機會成本。這是投資要求的報酬率。而對企業而言，企業如果要投資，其投入項目的回報率一定要高於投資者要求的報酬率（資本成本），否則就不能實現企業價值的最大化，也就是一般意義上為股東創造財富的最大化。因為股東承擔著企業的最終風險，企業的剩餘收益權歸股東所有，所以一定程度上，股東財富最大化與企業價值最大化都是為股東收益最大化服務的。企業的投資主體不同，包括：長期投資者（股權投資者）、短期資金提供者和非投資債權人，要求的報酬率不同，相應的報酬率計算方法差異也較大。

資本成本作為公司財務管理的核心指標，它不僅是企業選擇資金來源、確定籌資方案、評價投資項目可行性及投資決策的重要指標，而且它對於衡量公司的經營業績及對公司價值的創造能力評價也有重要的參考價值，如 EVA 的計算就是用資

---

[1] Miller, M. H., Modigliani F. Some Estimates of the Cost of Capital to the Electric Utility Industry [J]. The American Economic Review, 1966 (6).

[2] 彼得·紐曼等. 新帕爾格雷夫貨幣金融大辭典 [M]. 胡堅，等，譯. 北京：經濟科學出版社，2000.

本收益扣除資本成本之後的資產淨收益。根據西方成熟的財務理論，公司所有資本大體可分為兩類，即股權資本和債權資本。因股權融資和債務融資使得企業必須支付的資本成本存在重大差異，在市場平均報酬率既定的情況下，企業的資本成本取決於投資者對投資風險的補償（風險報酬）要求。因為股東需要承擔最終風險，所以其承擔風險遠大於債權人，股票投資者對股權投資要求的報酬必然要高於債權投資。又因為與股利的稅後支付不同，債務利息在稅前支付能獲得減稅利益。再加之，股權籌資相對高昂的籌資費用，就使得企業股權資本的成本遠遠高於債權資本。由於債權資本成本取自十年期的債券債息，相對計算比較簡單，所以大部分有關資本成本的研究都圍繞股權資本成本展開[1]。

綜上，從以資本成本作為評價投資項目的貼現率來看，資本成本的內涵是企業使用投資者的資本所付出的資本使用費；從企業追求套利的角度來看，資本成本應當用投資者要求的必要收益率來度量。也就是說，資本成本在本質上是投資者要求的必要收益率。在委託代理關係下，公司經理必須以投資者要求的必要收益率作為貼現率評價投資項目的可行性，以確保在項目淨現值大於等於零的前提下向投資者支付按其要求的必要收益率計算的資本使用費，或者是為投資者賺取不低於按其要求的必要收益率計算的資本報酬[2]。這裡的資本成本主要是指股權資本成本，又稱權益資本成本，是指普通股的成本。站在普通股投資者的角度，它是投資者要求的必要報酬率，換言之是企業為獲取資金的使用權而支付給普通股股東的最低報酬

---

[1] 王志亮，牛如海. "啄序理論"的資本成本視角 [J]. 財會通訊：學術版，2006（3）.

[2] 馮曰欣. 基於資本成本的股利決策分析 [J]. 中央財經大學學報，2007（3）.

率。股權資本成本不是資金需求方決定的，是由普通股投資者決定的，是由資本市場評價的①。股權資本成本應該是一種預期的收益，不是近期可以實現的，是因為投資者承擔企業中存在的風險獲得的補償。

第三節　研究架構及技術路線

1.3.1　研究架構

公司治理的相關文獻已經指出目前世界上多數國家和地區的中小股東利益受到侵犯，當上市公司股權分散時，很多文獻將其歸因於管理人員與公司股東之間的代理成本。然而，目前股權集中在上市公司中普遍存在，是誰在侵占中小股東的利益？很多文獻的結論指向了終極控制股東。理性的終極控制股東會思考：如何運用更少的資金使得更多更廣的資源歸於自身支配；如何在降低風險的情況下，獲得自身收益；如何穩妥而隱晦地將公司收益收入囊中。在公司集團化模式發展的今天，金字塔控制結構實現了終極控制股東在分散所有權時保留控制權、在降低風險時穩妥獲取收益、在隱匿中攫取中小股東利益等諸多美好想法。

通過研究國內外文獻發現國外已對金字塔結構進行了嚴格界定，通過前文梳理發現金字塔結構具有嚴格的界定，那麼中國的股權結構是否符合金字塔結構的特徵？研讀中國上市公司的股權結構特徵並與金字塔結構進行對比將是本書的一個研究重點。研究股權結構必須要考慮的變量包括：終極控制股東性

---

① 朱武祥. 資本成本理念及其在企業財務決策中的應用 [J]. 投資研究, 2000（1）.

質、終極控股比例、控制層級、控股鏈條數、兩權分離度、股權制衡度、政府控股的上市公司還包括政府層級等。根據《新帕爾格雷夫貨幣金融大辭典》①對資本成本的界定為：資本成本是商業資產的投資者要求獲得的預期收益率。以價值最大化為目標的公司的經理把資本成本作為評價投資項目的貼現率或最低回報率。該辭典的進一步解釋是：資本成本是投資者承擔的一種機會成本。根據 Modigliani 和 Miller（1966）②對股權資本成本的界定："在企業現有的投資者來看，資本成本是一項實物資產投資可以被接受時應具有的最低預期收益率。"資本成本反應了投資者對報酬率的最低要求，是企業融資選擇、投資決策、業績評價的基礎，是企業價值估算的重要依據，這是國外文獻選用資本成本作為研究股東利益是否被侵占的重要原因。雖然上述各變量與資本成本的關係已在國外得到證明，但是結論能否順延至中國需要檢驗。中國有終極控制股東的上市公司的股權資本成本情況、本書選用的各股權結構特徵變量與股權資本成本的關係是本書研究的重點。在選用數據過程中，選擇橫跨中國股權分置改革過程的數據，研究股權分置改革的影響和作用也將是本書要研究的一個問題。

　　本書的研究採用理論關係支撐—中國現狀—檢驗假設—結果分析的思路模式。全文共分為七章。第一章為引言，主要對本書的研究背景和研究意義及本書的研究框架、方法等進行介紹，並界定本書涉及的主要概念。第二章是文獻綜述，首先對股權結構與資本成本的關係進行回顧，而後，歸納股權資本成本與終極控制股東性質、終極控制權、控制層級、控股鏈條

---

　　① 彼得·紐曼等. 新帕爾格雷夫貨幣金融大辭典 [M]. 胡堅，等，譯. 北京：經濟科學出版社，2000.

　　② Miller, M. H., Modigliani F. Some Estimates of the Cost of Capital to the Electric Utility Industry [J]. The American Economic Review, 1966 (6).

數、兩權分離度、政府層級的關係，並對資本成本的估算方法進行總結。第三章是在理論高度對各股權結構變量與股權資本成本的關係進行梳理，並結合第二章的文獻歸納結果，提出本書要研究的主要問題，進而界定各變量並提出分析模型。第四章是在篩選掉沒有終極控制股東樣本的基礎上，介紹中國有終極控制股東的上市公司的股權結構現狀，並分析不同年份各變量的差異及按終極控制股東性質分類後各變量的差異。此外，本書對樣本公司的直接股權結構現狀進行了統計分析。第五章是對各模型估算的股權資本成本水平的介紹，裡面涉及各模型的選用原因、各模型計算過程中對樣本的篩選、各模型估算的股權資本成本水平、中國有終極控制股東的上市公司的平均資本成本水平，並分析股權分置改革前後股權資本成本的差異。檢驗不同終極控制股東、不同控股比例區間、不同控制層級、不同政府層級樣本公司的股權資本成本的差異，分析金字塔結構與水平結構的平均股權資本成本的差異。進一步分析了不同性質第一大股東、第一大股東不同持股比例區間、國有股不同持股比例區間、管理人員不同持股比例區間的上市公司的資本成本水平及其差異的顯著性。第六章分析各股權結構變量與股權資本成本之間的關係，檢驗終極控制股東性質、控制層級、控股鏈條數、政府層級對股權資本成本的影響，對終極控制權、兩權分離度、控制層級與資本成本關係進行迴歸分析，檢驗各股權結構變量與股權資本成本的關係。此外，對第一大股東持股比例、國有股比例和管理人員持股比例與股權資本成本之間的關係進行了相關分析和迴歸分析。第七章，主要分析了各直接和終極股權結構變量對公司價值的影響。第八章，採用文獻梳理的方式歸納了股權結構的影響因子，以期為中國國企混合所有制改革提供有益建議。第九章是結論分析，主要是對第四、第五、第六、第七、第八章中分析結果的解讀及原因分析，並提出本書的不足及展望。

1.3.2 技術路線

本書第一步廣泛閱讀相關文獻，第二步在閱讀過程中歸納其他文章在估算股權資本成本過程中廣泛採用的模型，通過參閱有關終極控股的文章，收集其採用的終極控股閾值及文獻中用閾值模型估算的控股閾值，梳理各股權結構變量與公司價值、股權資本成本的關係。第三步是經對比分析確定終極控制閾值並選定本書採用的資本成本估算模型。第四步是理論上推理終極控制權、控制層級與股權資本成本的關係，並構建分析模型。第五步是根據控股閾值、控制層級等要求對基礎數據進行篩選，得到樣本1，同時，根據選定的股權資本成本估算模型確定所需數據。第六步，按照各股權資本成本估算模型對數據的要求對樣本1進行篩選。第七步是用選定的股權資本成本估算模型估算股權資本成本，篩掉結果畸形的樣本，比較各模型估算的結果，並進一步篩選各模型的共同樣本，得到樣本2，以樣本2為基礎計算 EVA，並收集托賓 Q 數據。第八步是根據本書構建的分析模型的要求，提取控制變量數據，篩掉數據缺失的樣本，得到樣本3，並進行相關分析和線性迴歸分析，描述結果。第九步，對前文數據分析結果進行歸因分析。

章節	內容	章節重難點
第一章 引言	研究問題的提出；相關概念界定；研究內容與論文框架；研究貢獻及創新之處。	文章定位。
第二章 文獻綜述	終極控股股東性質、終極控股比例、控制層級、控股鏈條數、兩權分離度與資本成本關系梳理；資本成本估算模型歸納總結。	各間接股權結構變量與資本成本關系歸納。
第三章 終極控股權、控制層級與資本成本關系機理	理論上對復雜股權結構成因解讀，分析結構復雜化對股東和公司的危害，并提出本文研究模型。	理論追溯終極控股權結構與資本成本關系。
第四章 有終極控股股東的上市公司的股權結構	從終極控股股東性質、控制權比例、控制層級、控股鏈條數、兩權分離度等方面研究我國上市公司間接股權結構，此外，研究了上市公司的直接股權結構。	控制層級、是否多鏈條控股數據的獲取。
第五章 有終極控股股東的上市公司的股權資本成本	明確本文選用的資本成本估算模型，各模型的樣本選擇，各模型的估算結果分析，對幾種模型估算結果取均值，整體分析現狀。按照直接和見股權結構特徵變量將平均股權資本成本分類，并進行方差分析。	如何計算股權資本成本。
第六章 終極股權結構、直接股權結構與資本成本	各股權結構特徵變量與股權資本成本的相關分析、回歸分析，穩健性檢驗。	檢驗各變量與股權資本成本關系時方法的選擇。
第七章 終極股權結構、直接股權結構與公司價值	各股權結構特徵變量與股權資本成本的方差分析、相關分析、回歸分析。	公司價值與各變量關系的結果分析。
第八章 國有企業混合所有改革的影響因子分析	依據國企改革的背景、文獻梳理國有企業改革的影響因子。	國有企業改革影響因子的確定。
第九章 研究結論、局限和展望	確定股權結構影響資本成本和公司價值，爲國企混合所有制改革提供數據支持。	研究結論的價值。

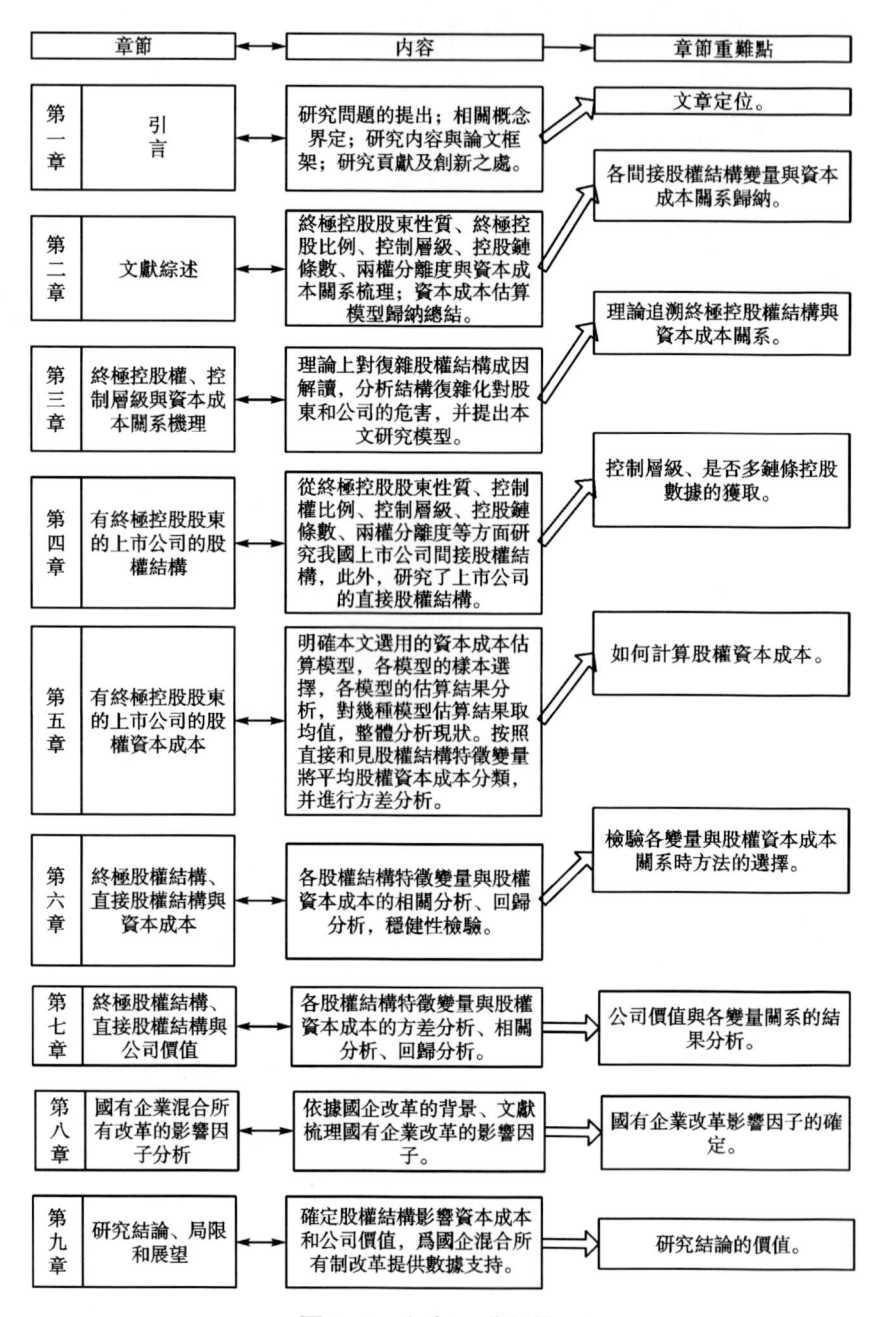

圖 1.4　本書組織架構圖

第一章 引言

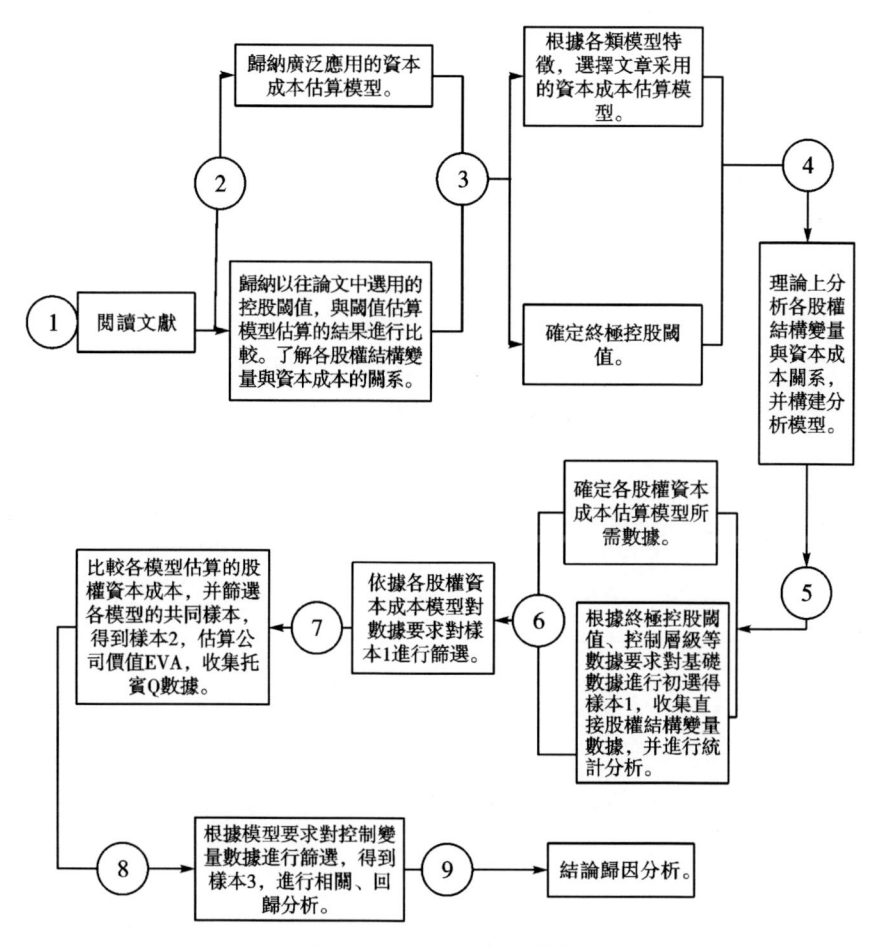

```
①閱讀文獻
  ↓
②歸納廣泛應用的資本成本估算模型。
②歸納以往論文中選用的控股閾值，與閾值估算模型估算的結果進行比較。了解各股權結構變量與資本成本的關系。
  ↓
③根據各類模型特徵，選擇文章采用的資本成本估算模型。
③確定終極控股閾值。
  ↓
④理論上分析各股權結構變量與資本成本關系，并構建分析模型。
  ↓
⑤根據終極控股閾值、控制層級等數據要求對基礎數據進行初選得樣本1，收集直接股權結構變量數據，并進行統計分析。
⑤確定各股權資本成本估算模型所需數據。
  ↓
⑥依據各股權資本成本模型對數據要求對樣本1進行篩選。
  ↓
⑦比較各模型估算的股權資本成本，并篩選各模型的共同樣本，得到樣本2，估算公司價值EVA，收集托賓Q數據。
  ↓
⑧根據模型要求對控制變量數據進行篩選，得到樣本3，進行相關、回歸分析。
  ↓
⑨結論歸因分析。
```

圖 1.5　本書技術路線圖

第二章
文獻綜述

　　1932 年 Berle 和 Means 通過對美國企業的研究發現公司的股權是分散的。這個階段主要是討論股權分散的背景下，職業經理人成為公司的內部人，而持股比例較小的股東成為了外部人。所以，這個階段主要是探討由此衍生的管理者與股東之間的代理衝突問題，即第一類代理問題。這個階段主要研究股權集中度即大股東持股和股東類型（第一大股東性質）等問題，但是這種股權結構研究主要是指水平結構，沒有深究公司的終極股權結構。然而，從 20 世紀 80 年代以來，尤其是從東南亞金融危機以來，對股權分散的質疑越來越多，並認為除股東利益保護好的少數發達國家，股權集中現象普遍存在。這種股權集中不是完全或絕對集中，而是像 La Porta（1999）通過控制鏈追溯證明的那樣：終極控制股東通過金字塔結構實現對上市公司的終極控制，只需要低於 50% 的所有權就能實現對公司的控制，金字塔結構即被認為是終極控制股東廣泛採用以較少的現金流權獲取更多的控制權的有效手段。利用其控制權地位，憑藉塹壕效應的存在，終極控制股東不僅可以抵禦外部股東的收購、中小股東的監督，還可以順利實現對上市公司的利益侵占，對中小股東的收益掠奪。這一個階段的股權研究涉及终极控制股东的性质、终极控制股东实现控股的股权结构特征,主要是纵向的控制链条的长度和控股比例以及由此带来的两权分离度。虽然说一定程度上,这种股权结构使得管理者与广大股东的代理冲突有所缓解,但是,这揭开了中小股东不愿意接受的事实:控股股东对中小股东的利益侵占。在证券市场有效的情况下,中小股东可以预期到未来自身收益是否受到威胁,并依此来调整自身要求的报酬率。股东要求的报酬率即股东的投资报酬率,对企业而言是资本成本。所以按照这条思路,终极股权结构会对股权资本成本产生显著影响。

资本成本曾被汪平等(2007)[①]称为现代理财学中最核心的概念,是企业融资选择、投资决策和业绩评价的基础,是企业进行价值估算的重要依据。但是资本成本中的股权资本成本计算困难并且影响因素多,以往的研究(汪平,2011)[②]将资本成本的估算方法分为风险补偿报酬率法和采用股利或现金流折现等于股票价格的内含报酬率法两大类,每一类包含的估算方法众多。股权资本成本已经被证明受规模、账面市值比、系统风险等公司层面因素,中小股东法律保护水平、信息披露水平等制度层面因素,利率、通货膨胀等宏观层面因素的影响。除受上述因素外,已经有文献(Shleifer et al.,1997[③];La Portaet al.,1999[④])证明股权结构会对公司业绩产生显著影响,并证明金字塔股权结构是导致两权分离的重要原因。随着两权分离度的拉大,大股东与中小股东之间的代理冲突越大,

---

① 汪平,李光贵,巩方亮. 资本成本、股东财富最大化及其实现程度研究——基于中国上市公司的经验检验[J]. 中国工业经济,2008(4).

② 汪平. 股权资本成本性质与估算技术分析[J]. 财会通讯,2011(28).

③ Shleifer, A., Vishny, T. W. A Survey of Corporate Governance [J]. Journal of Finance, 1997 (52).

④ La Porta, R., Lopez–de–Silanes, F., Shleifer, A. Corporate Ownership around the World [J]. Journal of Finance, 1999, LIV (2).

從而代理成本增加，這將影響公司的股權資本成本。股權結構的調整是公司治理的核心內容，而公司治理的目標是增加公司價值，理論上講，股權結構的調整會對公司價值產生顯著影響。楊聖宏（2001）運用企業總價值公式、加權平均資本成本公式、債券年利息額公式、股票現值公式推導得到企業價值與資本成本之積為定值，即加權平均資本成本與企業總價值之間是負向相關①，債券年利息額不變，所以，可以認為企業總價值與股權資本成本負相關。按照這個思路，股權資本成本的影響因素應該包括終極股權結構變量。

儘管本書主要研究終極股權結構對資本成本的影響，但是鑒於以往對於股權結構的描述主要是直接股權結構，一般採用股權集中度（張紅軍，2000；王化成，2004）；股權持有者身分，或者稱為股東性質，一般是根據國家、法人、社會公眾等不同主體的持股比例（張紅軍，2000；王化成，2004）②；股權的流動性結構，即流通股和非流通股之間的比例關係；股權的市場分割結構③。除上述指標外，還有學者提出還應包括股東的穩定性，高層管理者的持股比例等（張濤和王麗萍，2008）。

所以本書在文獻梳理過程，首先梳理混合所有制的基礎理論——股權結構理論，進而深入分析梳理終極控制股東性質、控制層級等終極股權結構變量與股權資本成本關係的相關文獻及其與企業價值關係的文獻，順帶梳理直接股權結構變量與股權資本成本和公司價值之間的關係。

---

① 楊聖宏，楊全. 關於加權平均資本成本最低與企業價值最大的一致性[J]. 地方政府管理，2001（11）.

② 張紅軍. 中國上市公司股權結構與公司績效的理論及實證分析[J]. 經濟科學，2000（4）.

③ 按照發行對象和上市地區，中國的股票分為 A 股、B 股、H 股、N 股，這些股權在不同的分割市場上交易和認購，它們之間的比例關係即股權的市場分割結構。

第一節　股權結構理論

2.1.1　企業產權理論

書內所述混合所有制企業是按照不同類型產權主體，如國家、集體、個人、家族、外資等通過資本的聯合，在同一企業中混合而形成的企業產權的組織形態。所以，有必要首先回顧產權結構理論。

提及產權結構理論，佩喬維奇認為馬克思是第一位有產權理論的社會學家。對於產權的起源他認為是生產力發展到一定階段的產物。他認為所有制是用來強調生產資料的歸屬，並從法的角度深刻揭示了產權的實質和內容，又進一步論述了法學上的財產權和經濟學上的生產關係之間的內在聯繫。他揭示出所有權是所有制的法律形態，其中，所有權是財產歸誰所有的法律制度，而所有制是生產資料歸誰所有的經濟制度。按照歷史順序而言，所有制先於所有權存在，只要有生產活動，就必須有某種所有制相對應，所有權是在所有制產生後很長一段時間後形成的。所有制的性質和內容決定這相應的所有權的性質和內容，所有制的變動決定所有權的變動，所有權反過來作用於所有制。馬克思認為產權制度的優劣應該以是否適應生產力為標準。

按照西方產權學派或新制度學派的產權理論觀點：將產權的起源歸結於資源的稀缺性（諾思），由於資源稀缺而發生利益衝突，進而激發行為規則即制度的產生來解決衝突，這一系列的規則，即產權制度。產權制度應解決產權，激勵與經濟行為關係的研究，尤其探討不同的產權結構對收益——報酬制度及資源配置的影響。科斯對產權的界定是：產權主體對財產所擁有的一組權利①。中國學者劉永春等（2006）通過對西方產權理論的概括得出：產權就是指蘊藏在物品中或附著在物品上屬於主人並在交換中得以表現的權利束，它可以分為完備產權和不完備產權。完備產權包含有集中而未分離的權利束，其內容是使用權、收益權、決策權和讓渡權。不完備產權是指不完全具有上述四項內容的產權，即產權中的四項"權利枝"也可以是獨立的產權，只要具有排他性和可轉讓性即可。產權結構就是這幾種權利在不同所有者身上的體現，它是由生產資料所有制這個經濟體制的本質所決定的，因為一定社會經濟條件下一定的生產資料所有制形式也就必然存在對應著的產權結構②。

　　結構是指一個系統內各構成因素及其組織狀況或相互關係狀況。包括構成因素的種類及相互間的數量比例，也包括不同構成因素的地位及相互管理。企業產權結構是指企業產權的構成要素及其各個要素之間的相互關係，包括企業各項產權全能在各個行為主體之間的界定、劃分及它們之間相互關係的確定③。而企業所有權是指對企業的剩餘索取權和剩餘控制權，它與產權是有別的，在英文中所有權是 Ownership，而產權是 Property Rights。科斯曾經為區分它們舉了一個例子，一個人在自己的土地上開槍，驚飛鄰居設法誘捕的野鴨，但是這個行為被認為是不應該的，因為雖然土地和槍被這個人所有的，但是開槍超出了所有權的範圍，是產權的問題。於是，陶良虎（2008）認為產權和所有權有明確區別，產權是受到時空限制的所有權。有學者認為產權包含兩層含義：財產所有權與財產

---

　　① 謝軍. 中國混合所有制企業國有產權管理研究 [D]. 武漢：武漢理工大學，2013.
　　② 劉永春，張宗益，袁茂. 產權結構、公司治理和上市公司的資本結構問題研究 [J]. 理論與改革，2006（2）.
　　③ 廖運鳳. 新制度經濟學 [M]. 北京：知識產權出版社，2012.

使用權（或經營權），並且深入說明應該是所有權與所有權、所有權與使用權等之間的權責利關係。但是有學者將產權等同於財產所有權，是對給定財產的歸屬權、佔有權、使用權和最終處置權等與財產相關的一組權利，它是廣義的所有權（廖運鳳，2012）。以上的研究觀點和馬克思的財產權觀點是契合的，馬克思認為財產權不是單一的權力，而是除了所有權，還包括佔有權、使用權、支配權、經營權、索取權、繼承權和不可侵犯權等一系列權利。但是有學者指出馬克思的《資本論》過於強調所有制的決定作用，卻忽視來自產權組織內部的權利安排。而科斯的產權制度理論在這方面進行了有益的探索，稱為來自西方產權理論的經典之作。科斯定理中制度安排理論提出：不同的產權制度安排有不同的交易費用，繼而決定了不同的經濟運行效率。

在中國目前存在的企業組織形式包括：個體業主制、合夥制和公司制企業，公司制企業的典型特徵是法人治理結構。個體業主制和合夥制企業的所有者一般都是企業的管理者，擁有企業的控制權、所有權、經營權，同時相應地享有企業的剩餘收益權。但是公司制企業是法人治理結構，一般情況下這個企業的經營權和所有權是分離的，即使企業的所有者參與企業的經營管理，也是以其有能力進入企業的董事會、經理層為前提的，所以公司制企業的所有權和經營權是分離的，這就一定程度上導致了企業的所有者並不擁有企業的控制權，但是所有者擁有企業的剩餘收益權。可以說中國的國有企業在計劃經濟時代經歷了所有權和管理權、控制權的相對統一。市場經濟階段，中國國企進入法人治理機制。由於國有股東缺位，需要國家選派政府官員行使屬於大股東的權利，管理權集中在管理者手中，形成了委託代理關係。因為剩餘收益不歸管理者所有，所以存在剩餘收益權的分配不合理等現象，這阻礙了經濟的發展。股權結構由原來的完全集中向不完全集中的跨越，伴隨產生了相對控股股東，相對控股股東的存在究竟是像股權集中式那樣利於對上市公司的監督和控制，還是像股權分散時以外部市場的完善性來提升管理效率？

企業內部委託代理問題存在的根源是公司所有權與控制權相分離，而企業所有權和控制權屬於產權理論的範疇。那麼代理問題的根源和關鍵在於企業的產權結構。如果股東能和管理者簽訂一份考慮了所有相關信息、明確說明未來各種情況下的股東行為要求，那麼股東就可以對未來所有事情做出所有的決策，然而契約往往是不完全的。所以，必須對剩餘收益權和剩餘控制權配置給適當的主體，這樣才可以將契約變得完整，但終極控制股東的存在，侵占了中小股東的剩餘收益權，破壞了契約的完整性。

第二節　終極控制股東性質、終極控制權與資本成本的關係

關於資本成本概念的認識，中國與西方存在一定差異。西方財務理論對資本成本的界定可上溯到凱恩斯的《就業、利息和貨幣通論》。凱恩斯對資本成本是這樣描述的：所謂供給價格，並不是實際在市場上購買該資產所付之市場價格，而是適足引誘廠家增產該資產一新單位所需之價格，故資本資產之供給價格，有時被稱為該資產之重置成本。從一種資本資產之未來收益與其供給價格之關係，可得該類資本之邊際效率，這裡的邊際效率即資本資產之預期收益。從此開始便奠定了基調，即資本成本是投資者要求的最低報酬率，換言之是企業為獲取資金使用權必須付出的代價。

資本成本與什麼相關呢？有學者指出資本成本與信息披露程度相關（M. Gietzmann and J. Ireland, 2005），企業的信息披

露度與公司的盈利水平正相關，所以經營業績好的企業的資本成本水平更低。但有學者指出（Zhaohui Xu，2009）[1] 信息披露與資本成本的顯著負相關只出現在小企業。徐浩萍和呂長江（2007）結合中國具體情況，從一個獨特的視角研究了資本成本的影響因素，認為："政府減少對企業的干預會產生兩個效應：一方面，增強企業經營行為和經營環境的可預期性，從而降低權益資本成本，即'可預期效應'；另一方面，會減少對企業的保護，增加企業的風險，提高權益資本成本，即'保護效應'。兩個效應的強弱與企業所有權性質密切相關。最終控制人是地方政府的企業，'保護效應'比較強，抵消了'可預期效應'的作用，政府角色轉變對權益資本成本沒有顯著影響；對非國有企業，政府保護比較弱，因此在'可預期效應'的作用下，權益資本成本隨著政府對經濟干預程度減小而降低。"[2]

股權結構是影響企業所有者和管理者之間、控股股東與中小股東之間的一種內部管理機制。股權結構研究主要圍繞著股權結構的特徵展開，儘管 Fama 和 Jensen 於 1983[3] 年曾證明現代的股份有限公司是以股權分散為特徵的。但是據 Claessens et al.（2000）[4] 對亞洲國家的研究結果證明：股權集中現象普遍並且以交叉持股和金字塔結構作為控股的有效工具。

股權結構與公司價值之間相關關係，目前研究結論是：股

---

[1] Giztzmann, M., Ireland, J. Cost of Capital, Strategic Disctoswres and Accounting Choice [J]. Journal of Business Finance & Aaounting, 2005（4）.

[2] 徐浩萍，呂長江. 政府角色、所有權性質與權益資本成本 [J]. 會計研究 2007（6）.

[3] Fama, E. F., Jensen, M. C. Separation of Ownership and Control [J]. Journal of Law and Economics, 1983, XXVI（6）.

[4] Claessens, S., Djankov, S., Lang, P. H. L. The Separation of Ownership from Control of East Asian Firms [J]. Journal of Financial Economics, 2000, 58（1-2）.

權結構與企業價值、企業績效不相關。Demsets 和 Lehn (1985)① 考察了 511 家美國大公司後就認為股權結構與企業價值不相關。Holderness（2001）② 認為，股權結構對企業價值影響顯著的結論證據甚少。Mehran（1995）③ 發現，股權結構與企業業績（托賓 Q 值和資產收益率）均無顯著相關關係。Myeong-Hyeon Cho（1998）④ 將股權結構、企業績效、投資水平三者都作為企業的內生變量，以財富 500 強企業為樣本建立計量經濟模型分析三者關係。他用 2SLS 模型進行分析，結果顯示：企業的價值顯著影響企業的股權結構，而反過來則不成立，投資水平與企業價值是相互影響關係。投資影響企業的價值，而企業價值的變化又對股權結構產生影響，股權結構是企業績效變化過程的結果，而不是引起企業績效變化的原因。

2.2.1 終極控制股東性質與資本成本的關係

對於終極控制股東性質的劃分，中國學者（李維安等，2012）認為分為國有控股、民營控股、外資控股、集體控股、社會團體控股、職工持股會控股和其他控股⑤。終極控制股東性質是以產權性質對終極控制股東進行區分的，終極控制股東性質與公司業績的關係一直以來是眾多學者關注的熱點⑥。按

---

① Demsets, H., Lehn, K. The Structure of Corporate Ownership: Causes and Consequences [J]. Journal of Political Economy, 1985, 93 (6).

② Holderness, C. G. A Survey of Blockholders and Corporate Control [J]. Economic Policy Review, 2003, 9 (1).

③ Mehran, H. Executive Compensation Structure, Ownership and Firm Performance [J]. Journal of Financial Economics, 1995, 38 (2).

④ Cho, M. Ownership Structure, Investment and the Corporate Value: An Empirical Analysis [J]. Journal of Financial Econonics, 1988, 47 (1).

⑤ 李維安. 中國公司治理與發展報告 [J]. 證券市場導報, 2007 (10).

⑥ 林建秀. 第一大股東性質、控制模式與公司業績 [J]. 證券市場導報, 2007 (10).

照第一章對終極控制股東性質的界定，分析終極控制股東性質對公司價值的影響，得出的結論分為兩類，一類認為兩者緊密相關，許小年等（2000）[1]的實證結果支持了上述觀點。鄧德軍等（2007）[2]在其文章中歸納了大量有關控股股東身分與公司價值相關的實證研究成果，認為大股東身分不同，其目標函數就不同，進而對管理層的監督能力不同。施東暉（2000）也通過驗證法人控股與國有控股公司業績的差別程度，得出了法人控股型公司的績效顯著優於國有控股型公司[3]。林建秀（2007）[4]將第一大股東分為政府和自然人，結果發現兩類上市公司的業績差異不顯著。賀勇等（2011）[5]認為國有企業因其所有者缺位以及代理鏈條過長將導致對利益相關者的合理要求滿足程度低，但是私有產權企業具有維護企業聲譽的積極性，從而其對利益相關者的要求滿足程度更高。另一類認為兩者不顯著相關，朱武祥等（2001）認為終極控制股東性質對公司業績缺乏影響力[6]。趙中偉（2008）[7]也認為終極控制股東的性質與公司價值無關。

---

[1] 許小年，王燕. 中國上市公司的所有權結構與公司治理，公司治理結構：中國的實踐與美國的經驗［M］. 北京：中國人民大學出版社，2000.

[2] 鄧德軍，周仁俊. 公司最終所有權結構與績效關係研究綜述［J］. 外國經濟與管理，2007，29（4）.

[3] 施東暉. 股權結構，公司治理與績效表現［J］. 世界經濟，2000（12）.

[4] 林建秀. 第一大股東性質、控制模式與公司業績［J］. 證券市場導報，2007（10）.

[5] 賀勇，劉冬榮. 終極產權、股權結構與財務履約差異——基於利益相關者的實證研究［J］. 審計與經濟研究，2011，26（3）.

[6] 朱武祥，宋勇. 股權結構與企業價值——對家電行業上市公司實證分析［J］. 經濟研究，2001（12）.

[7] 趙中偉. 股權結構、控制權的分配與公司價值［J］. 首都經濟貿易大學學報，2008（2）.

2.2.2 終極控制權與資本成本的關係

孔偉成等（2005）[①]的研究發現：國家股比例、未流通股比例、第一大股東持股比例等與股權資本成本不存在顯著的相關關係。呂暖紗等（2007）檢驗並證明了股權集中度與股權資本成本無顯著關係[②]。而姜付秀和陸正飛（2006）等證明了股權集中度與股權資本成本呈顯著的負相關關係。田寶等（2007）以深市 191 家上市公司為樣本證明股權集中度與股權資本成本顯著正相關。

通過研究第一大股東的持股比例 1932 年 Berle 與 Means[③]在其經典論著《現代公司與私有財產》中暗含指出：公司股權越分散，公司經營績效越差；相反，公司股權相對集中，公司績效會提高。Demsets et al.（1985）考察了 511 家美國大公司，發現股權集中度與企業經營業績會計指標（淨資產收益率）並不相關。Shleifer et al.（1986）的研究認為一定的股權集中度是必要的，因為大股東具有限制管理層以犧牲股東利益來謀取自身利益行為的經濟激勵及能力，從而既可避免股權高度分散情況下的"免費搭車"問題，又能有效地監督經理層的行為。公司存在控股股東即公司存在可以有效抵制經理層機會主義行為的監督者，他們為了自身利益可以有效阻止經理人階層的自利行動，保障個人和公司利益，第一大股東的控制比例越大，監督動機越強，從而公司價值被保存的越多，這也是 Jensen et al.（1976）和 Shleifer et al.（1986）所支持的觀點。

[①] 孔偉成，薛宏. 公司治理、投資者保護與權益資本成本實證研究 [J]. 企業經濟，2005（5）.

[②] 呂暖紗，楊鋒，陸正華，陳遠友. 權益資本成本與公司治理的相關性研究——來自中國民營科技上市公司的經驗數據 [J]. 工業技術經濟，2007（1）.

[③] Berle, A., Means, G. The Modern Corporation and Private Property [M]. New York: MacMillan, 1932.

徐莉萍等（2006）的研究結論證明股權集中度與經營績效之間是正相關關係。施東暉（2003）① 發現股權集中度與公司產出率之間有顯著相關關係。股權集中是20世紀80年代經濟學家承認的有關股權結構的主流狀態，大股東有足夠的動力和權力控制上市公司，獲取個人收益，所以，此時有大量研究者認為大股東的控制比例與公司價值有負相關關係，這一觀點的支持者包括 La Porta et al.（2000②，2002③），Dyck et al.（2004）④，Denis et al.（2003）⑤。Dyck et al.（2004）⑥ 認為控股股東獲取的收益以控制性資源為載體，隨著控股股東所能聚集的控制性資源的增加，控制性股東就越有可能通過其控制的資源，制定利於自身的投融資，甚至是分配政策。

很多研究並非籠統地研究它們之間的關係，而是研究股權集中度、控股股東性質兩者結合與公司價值之間的關係。施東暉（2000）⑦ 認為由於國有股東和流通股東在公司治理中的低效率和消極作用，其持股比重與公司績效之間並沒有顯著關係，法人股東在公司治理中的作用則根據持股水平而定。李亞靜等（2006）⑧ 以企業價值創造評價指標——EVA（Economic

---

① 施東暉. 轉軌經濟中的所有權與競爭：來自中國上市公司的經驗論證 [J]. 經濟研究，2003（8）.

② La Porta, R., Lopez-de-Silanes, F., Shleifer, A., Vishny, R. Investor Protection and Corporate Governance [J]. Journal of Financial Economics, 2000 (58).

③ La Porta, R., Lopez-de-Silanes, F., Shleifer, A., Vishny, R. Investor Protection and Corporate Valuation [J]. Journal of Finance, 2002, LVII (3).

④ Dyck, A., Zingales, L. Private Benefits of Control：An International Comparison [J]. Journal of Finance, 2004, 59 (2).

⑤ Denis, D. K., McConnell, J. J. International Corporate Governance [J]. Journal of Financial and Quantitative Analysis, 2003, 38 (1).

⑥ Dyck, A., Zingales, L. Private Benefits of Control：An International Comparison [J]. Journal of Finance, 2004, 59 (2).

⑦ 施東暉. 股權結構、公司治理與績效表現 [J]. 世界經濟，2000（12）.

⑧ 李亞靜，等. 股權結構與公司價值創造 [J]. 管理科學學報，2006，9(5).

Value Added，經濟附加值），及相關變量作為公司價值的度量，對滬市上市公司股權結構與公司價值的相關關係進行了分析。實證結果表明，股權結構對公司價值有顯著的影響，主要體現在：股權集中度與公司價值間呈現顯著的負相關關係。這說明上市公司中股權集中度越高的公司，公司價值越低；國家股比例與公司價值創造間顯著的負相關關係，表明了國家股東在公司價值創造活動中的負面效應；法人股比例與公司價值創造間具有正相關關係，說明了法人股東既能激勵又有能力來監督和控制公司管理人員，在公司治理中扮演著重要的角色；實證結果不支持流通股比例與公司價值創造的正相關關係。吳淑琨（2002）[1] 對上市公司 1997—2000 年的數據進行了實證分析。結果表明：股權集中度、內部持股比例與公司績效均呈顯著性倒 U 型相關；第一大股東持股比例與公司績效正相關；國家股比例、境內法人股與公司績效呈顯著性 U 型相關，這說明當國家或法人持股比例較低時，與公司績效負相關，而在持股比例較高時，與公司績效正相關；流通股比例與公司績效呈 U 型關係，即在流通股比例高低的兩端，公司績效均表現出較高水平。沈藝峰等（2011）[2] 認為第一大股東的持股比例與公司價值呈先下降後上升的非線性關係。施東暉（2000）[3] 認為由於國有股東和流通股東在公司治理中的低效率和消極作用，其持股比重與公司績效之間並沒有顯著關係，法人股東在公司治理中的作用則根據持股水平而定。當法人股比重低於 20%或超過 60%時，法人股東在公司治理中會發揮積極作用，使持股比重和績效表現存在正向關係；當法人股比重在 20%～

---

[1] 吳淑琨. 股權結構與公司績效的 U 型關係研究——1997—2000 年上市公司的實證研究 [J]. 中國工業經濟，2002（1）.

[2] 沈藝峰，江偉. 資本結構、所有權結構與公司價值關係研究 [J]. 管理評論，2011，19（11）.

[3] 施東暉. 股權結構、公司治理與績效表現 [J]. 世界經濟，2000（12）.

60%時，法人股東有可能追求自利目標而背離公司價值目標，此時持股比重和績效體現為負向關係。楊德勇等（2007）[①] 的研究結果表明第一股東的持股比例與銀行績效顯著負相關。不同股東在公司治理中的作用使股權控制類型對績效產生顯著影響。這具體表現為：以社會法人為主要股東的股權分散型公司的績效表現要好於法人控股型公司，法人控股型公司的績效則好於國有控股型。上海證券交易所研究中心（2001）的一份研究報告認為："國有股比重過大與公司業績呈負相關關係，而法人股比重與公司業績呈正相關關係。"儘管第一大股東的持股比例與公司價值之間的關係不確定。但是，普遍認為除終極控制股東外，終極控股比例超過5%的大股東的存在和存在數量都會降低資本成本。同時，股權制衡與股權資本成本負相關，結合法律保護環境綜合考慮，認為投資者法律保護環境越好，上述負相關關係越弱（Attig et al., 2008）[②]。

2.2.3 小結

通過梳理可以看出，股權結構是會對公司價值產生影響的。目前，多數學者承認股權集中是股權結構的主流狀態。終極控制股東性質不同，公司價值是有差異的。同時，大部分學者認為股權集中度與公司價值相關，但是有些證明是正相關，有些證明是正U型或者倒U型相關。目前很多文獻研究終極控制股東性質、終極控制股東持股比例兩變量交叉對公司價值的影響，即研究不同終極控制股東控制的上市公司的股權集中度與公司價值的影響，但是缺乏一致性的結論。依據公司價值

---

① 楊德勇，曹永霞. 中國上市銀行股權結構與績效的實證研究 [J]. 金融研究，2007（5）.

② Attig, N., Guedhami, O., Mishra D. Multiple Large Shareholders Control Contests and Implied Cost of Equity [J]. Journal of Corporate Finance, 2008（14）.

與股權資本成本負相關的結論，可推理出，終極控制股東性質可以對股權資本成本產生顯著影響，但是終極控制股東持股比例與股權資本成本的相關關係沒有一致結論。

第三節　控制層級、兩權分離度與資本成本的關係

1999年La Porta et al.[①]通過對全球多國企業終極控制權問題的研究，得出大部分公司控股股東擁有終極控制權，這打破了以往研究格局，開啓了有關代理問題研究的一個新的層面——控制性股東與中小股東之間的代理問題。大多數學者對於這一層面的代理問題的研究成果是：上市公司的終極控制股東通常採用金字塔持股方式、交叉持股、發行雙重投票權股票等股權結構安排或者指定管理等方式來強化對上市公司的控制，使得控股股東的控制權超出其現金流權，由於權力與投入的不對等，導致控股股東有可能利用其控制權侵害中小股東的利益並給企業帶來損失。控制層級的內容均是討論金字塔結構中的金字塔層級。

2.3.1　控制層級、控股鏈條數與資本成本的關係

通過Bebchuk et al.（1999）[②]、La Porta et al.（1999）[③]、

[①] La Porta, R., Lopez‐de‐Silanes, F., Shleifer, A. Corporate Ownership around the World [J]. Journal of Finance, 1999, LIV (2).

[②] Bebchuk, L. A., Kraakman, R., Triantis, G. G. Stock Pyramids, Cross‐Ownership and Dual Class Equity [M]. Chicago: University of Chicago Press, 2000.

[③] La Porta, R., Lopez‐de‐Silanes, F., Shleifer, A. Corporate Ownership around the World [J]. Journal of Finance, 1999, LIV (2).

Faccio et al.（2002）[1] 的研究得出金字塔股權結構、交叉持股和雙重股權是導致兩權分離的重要原因。安青松等（2004）[2] 認為控制層級越多，終極控制股東的控制權就可以以幾何級數的形式放大。La Porta et al.（1998）[3] 認為理論上看，如果控制鏈條上上一層公司可以有效控制下一層公司，那麼隨著控制層級增加，在終極控制股東保有終極控制權的情況下，終極所有權（現金流權）可以無限小，這造成了兩權之間的分離。這時，控股股東就可以隱蔽地通過更少的現金流實現對上市公司的控制。控股權與現金流權分離度越高表明可以用較少的現金流權獲得較大的控股權，從而有可能大股東利用控制權侵害小股東的利益[4]，主要是因為他們獲得的除去掠奪成本之後的淨收益要遠遠超過其努力經營公司所能分得的現金流。所以，從理論上推理，如果控制層級足夠多，處於頂層的終極控制股東就可以用相對較少的資金投入獲取對下屬企業的控制權，控制股東獲取了超過現金流權的超額控制權，這導致終極控制股東有轉移公司資源的動機。Attig et al.（2003）[5] 曾指出終極控制股東可以通過改變控制鏈條的長短來規避高風險項目可能給終極控制股東帶來的風險衝擊，同時，通過超長控制鏈條實現控制權與所有權的分離，獲取私有收益。

---

[1] Faccio, M., Lang, L. H. P. The Ultimate Ownership of Western European Corporations [J]. Journal of Financial Economics, 2002, 65 (3).

[2] 安青松，祝曉輝. 民營企業控股多家上市公司的問題探討 [J]. 證券市場導報, 2004 (12).

[3] La Porta, R., Lopez-de-Silanes, F., Shleifer A., Vishny, R. W. Law and Finance [J]. Journal of Political Economy, 1998 (106).

[4] 許永斌，彭白穎. 控制權、現金流權與公司業績 [J]. 商業經濟與管理, 2007 (4).

[5] Attig, N., Gadhoum, Y., Lang, H. P. L. Bid-Ask Spread, Asymmetric Information and Ultimate Ownership [D]. Saint Mary's University, University of Quebec in Montreal and Chinese University of Hong Kong, 2003.

夏冬林等（2008）[①] 曾經提出通過金字塔控制上市公司的主體的初衷不同，金字塔層級對企業的影響不同，他提出國有上市公司的企業價值隨著金字塔層級的增多而提高，這是因為通過控制層級的增加，可以減少政府對上市公司的干預，保證上市公司的經營免受政府的影響（程仲鳴，2010）[②]；但是民營企業上市公司，金字塔層級越多，代理成本越高，對上市公司的經營更加不利。郎咸平（2004）[③] 曾指出層級越多，終極控制股東的隱蔽性越高，上市公司的控制集團結構可能越複雜，可能發生的利益輸送行為就越不容易被發現。上市公司在一個大的企業集團中，也會具有一定的優勢。如：交易優勢，降低交易成本；融資優勢，融資速度快，融資成本低。Anna et al.（2003）通過對 12 家製造企業 1978—1993 年的數據進行分析，發現集團子公司與獨立公司的效率水平沒有差異。劉運國等（2009）[④] 說明在自然人控制的上市公司中，金字塔控制層級越多，兩權分離度越大，控股股東的掏空行為越嚴重。但中央政府控制的上市公司中，金字塔控制層級越少，控股股東的掏空行為越嚴重。毛世平等（2008）[⑤] 的研究結果表明相對於直接控股的非金字塔結構，間接控股的金字塔結構更能降低企業價值，而且，若控制鏈條由多條股權鏈條組成，則表明兩

[①] 夏冬林，朱松. 金字塔層級與上市公司業績 [J]. 管理學家：學術版，2008（2）.

[②] 程仲鳴. 制度環境、金字塔結構與企業投資——來自中國資本市場的經驗證據 [M]. 北京：經濟科學出版社，2010.

[③] 郎咸平. 公司治理 [M]. 北京：社會科學文獻出版社，2004.

[④] 劉運國，吳小雲. 終極控制人、金字塔控制與控股股東的"掏空"行為研究 [J]. 管理學報，2009（12）.

[⑤] 毛世平，吳敬學. 金字塔結構控制與公司價值——來自於中國資本市場的經驗證據 [J]. 經濟管理，2008（14）.

權分離的可能越大，而且對公司價值侵占的可能性越大。邵麗麗（2007）[1]發現金字塔層級與終極控制股東的現金流權負相關，與兩權分離度正相關，通過金字塔控股的鏈條數與終極控制股東的現金流權正相關。

2.3.2 兩權分離度與資本成本的關係

按照金字塔結構理論，控制層級作為擴大兩權分離度的有效工具，理論上而言，控制層級越多，兩權分離度越大。Claessens et al.（2000）[2]和 Faccio et al.（2002）[3]的研究證明，除美國以外，其他國家企業普遍存在所有權集中情況，而且，大部分終極控制股東的控制權超過其所有權。終極控制股東因擁有超級控股權，有能力也有動力去侵犯中小股東利益。並且大量的實證檢驗證明所有權和控制權的偏離降低公司價值（Claessens et al.,2002[4]；Lins,2003[5]）、增加信息不對稱成本（Attig et al.,2003）[6]、代理成本（Cronqvist et al.,2003）[7]和外

---

[1] 邵麗麗. 民營企業金字塔控股結構對 IPO 抑價的影響——兩種理論的檢驗 [J]. 山西財經大學學報, 2007 (10).

[2] Claessens, S., Djankov, S., Lang, P. H. L. The Separation of Ownership from Control of East Asian Firms [J]. Journal of Financial Economics, 2000, 58 (1-2).

[3] Faccio, M., Lang, L. H. P. The Ultimate Ownership of Western European Corporations [J]. Journal of Financial Economics, 2002, 65 (3).

[4] Claessens, S., Joseph, P. H., Lang, P. H. L. The Benefits and Costs of Group Affiliations Evidence from East Asia [D]. NY: Centre for Economic Policy Research, 2002.

[5] Lins, K. V. Equity Ownership and Firm Value in Emerging Markets [J]. Journal of Financial and Quantitative Analysis, 2003 (38).

[6] Attig, N., Gadhoum, Y., Lang, H. P. L. Bid-Ask Spread, Asymmetric Information and Ultimate Ownership [D]. Saint Mary's University, University of Quebec in Montreal and Chinese University of Hong Kong, 2003.

[7] Cronqvist, H., M. Nilsson. Agency Costs of Controlling Minority Shareholders [J]. Journal of Financial and Quantitative Analysis, 2003 (38).

部審計成本（Fan et al., 2005）[1]。但是，Claessens et al. (2002)[2] 同時也認為隨著終極大股東所有權（現金流權）的增加，公司價值有所增加，即激勵效應存在。馬磊（2010）[3] 證明兩權分離度與公司價值沒有明顯單調關係；劉星和安靈 (2010)[4] 的研究表明所有權與控制權的分離程度與公司績效之間的負相關不顯著。蘇坤等（2008）[5] 通過對1214個民營上市公司的研究、檢驗也得出兩者之間的負向影響關係。Claessens et al.（2002）[6] 證明了公司的市場價值與兩權分離度之間的負相關關係。甚至有學者認為所有權和控制權的分離水平是衡量控股股東利益侵占程度的重要因素。如：Chang (2002)[7] 發現，韓國上市公司也存在兩權分離的情況，並且兩權分離對中小股東造成了利益侵占；Najah Attig（2007）[8] 用加拿大的數據證明，兩權分離度與利益侵占之間有相關關

---

[1] Fan J. P. H., T. J. Wong. Do External Auditors Perform A Corporate Governance Role in Emerging Markets? Evidence from East Asia [J]. Journal of Accounting Research, 2005 (43).

[2] Claessens, S., Joseph, P. H., Lang, P. H. L. The Benefits and Costs of Group Affiliations Evidence from East Asia [D]. NY: Centre for Economic Policy Research, 2002.

[3] 馬磊，徐向藝. 兩權分離度與公司治理績效實證研究 [J]. 中國工業經濟, 2010 (12).

[4] 劉星，安靈. 大股東控制、政府控制層級與公司價值創造 [J]. 會計研究, 2010 (1).

[5] 蘇坤，楊淑娥，楊蓓. 終極控制股東超額控制與資本結構決策 [J]. 管理科學, 2008 (22).

[6] Claessens, S., Joseph, P. H., Lang, P. H. L. The Benefits and Costs of Group Affiliations Evidence from East Asia [D]. NY: Centre for Economic Policy Research, 2002.

[7] Chang, S. J. Ownership Structure, Expropriation and Performance of Group-affiliated Companies in Korea [D]. Soeal: The Business School of Korean University, 2002.

[8] Attig, N. Excess Control and the Risk of Corporate Expropriation: Canadian Evidence [J]. Journal of Administrative Sciences, 2007, 24 (2).

係；Marianne Bertrand et al.（2002）[1] 用印度商業集團公司檢驗發現兩權分離會導致顯著的隧道效應，並獲取很多非經營性利潤。

同時，也有研究證明兩權分離度與資本成本密切相關。CHU, Sin Yan Teresa（2008）[2] 以 21 個國家和地區的 1,791 家樣本公司為例驗證得出股本成本與最終控股者兩權分離度存在正相關關係。魏卉等（2010）[3] 的研究表明兩權分離度與股權融資成本正相關。Shleifer et al.（1997）[4] 就曾經提出要警惕所有權集中帶來的潛在成本，這些成本主來自大股東可能發生的侵占行為。如：直接侵占其他股東、管理者和雇員的利益，為追求個人收益而進行的非企業利潤最大化的行為等，並且隨著兩權分離度的加大這種侵占行為將加劇。而且 Fan（2002）[5] 通過觀察 977 家公司的會計收益信息披露度與兩權分離度的關係發現：隨著兩權分離度增大，會計收益信息披露的質量和數量都遞減。徐星美等（2010）[6] 以東亞 8 個國家 15 年的上市公司為研究對象，發現在金字塔結構下，伴隨著終極控制權和現金流權的分離，使得控股股東既不受控制權市場的威脅，又可以外部化大多數經濟後果，從而加劇控股股東與外部投資者

---

[1] Bertrand, M., Mehta. P., Mullainathan S. Ferreting Out Tunneling: An Application to Indian Business Groups [J]. The Quarterly Journal of Economics, 2002, 117 (1).

[2] CHU, Sin Yan Teresa. Ultimate Ownership and The Cost of Capital [D]. Hong Kong: The Chinese University of Hong Kong, 2008.

[3] 魏卉，楊興全. 終極控股股東、兩權分離與股權融資成本 [J]. 經濟與管理研究，2011（2）.

[4] Shleifer, A., Vishny, R. W. A survey of Corporate Governance [J]. Journal of Finance, 1997 (52).

[5] Fan, J. P. H., Wong, T. J. Corporate Ownership Structure and the Informativeness of Accounting Earning in East Asia [J]. Journal of Accounting and Economics, 2002 (33).

[6] 徐星美. 金字塔結構、輿論監督與權益資本成本 [J]. 學海，2010（5）.

之間的代理衝突。這一衝突，影響外部投資者對公司未來現金流的預期，外部投資者面臨更嚴重的信息風險，所以外部投資者要求的預期報酬率提高了公司的權益資本成本。

2.3.3 小結

目前上市公司採用金字塔結構，實現終極控制權和終極所有權的分離，使得終極控制股東通過較少的現金流實現對上市公司的超額控制，並利用其超額控制權控制資源，對上市公司進行利益侵占。上文文獻中，已說明控制層級增加有效擴大了兩權分離度，兩權分離已顯示出與公司價值的負相關關係，所以，理論而言控制層級與公司價值存在負相關關係。已有文獻證明公司價值與股權資本成本之間存在負相關關係，將股權資本成本作為外部變量，則表明公司價值的變化會對股權資本成本產生影響。兩權分離度與資本成本的負相關關係，也已經實證檢驗證實。所以，理論上可推理出，控制層級與公司價值負相關，與資本成本的正相關關係。

第四節　政府層級與資本成本的關係

在前文有關終極控制股東性質的劃分中，對政府終極控制的上市公司劉星和安靈（2010）[1] 按照政府層級的不同將政府控股的樣本分為中央直屬上市公司、省級政府控制上市公司、市縣級政府控制上市公司，通過與公司價值的迴歸分析發現地方控制上市公司，尤其是市縣級控制上市公司的業績顯著低於

---

[1] 劉星，安靈.大股東控制、政府控制層級與公司價值創造［J］.會計研究，2010（1）.

中央控股上市公司。劉運國等（2009）[1] 將政府控制的上市公司分為中央政府控制和地方政府控制兩類，並通過實證檢驗出中央政府控制的上市公司被控股股東掏空的程度相對於地方政府小。夏立軍等（2005）將政府控股的上市公司分為：縣級政府控制、市級政府控制、省級政府控制和中央政府控制，並證明市、縣級政府控制的企業價值明顯低於省級、中央政府控制。總體上，都認為政府層級會對企業價值產生顯著影響，縣市級政府控制的公司的企業價值低於其他政府層級控制的公司。

第五節　股權資本成本估算技術

根據西方成熟的財務理論，公司所有資本大體可分為兩類，即股權資本和債權資本，它們給企業帶來的資本成本存在重大差異。在市場平均報酬率既定的情況下，企業的資本成本取決於投資者對投資風險的補償（風險報酬）要求，由於股權投資的風險大於債權投資的風險，投資者對股權投資要求的報酬必然要高於債權投資。又因為與股利的稅後支付不同，債務利息可在稅前支付，能獲得減稅利益。再加之，股權籌資相對高昂的籌資費用，就使得企業股權資本的成本大大高於債權資本[2]。由於一般情況下債權資本成本取自十年期的債券債息，相對計算比較簡單，所以大部分有關資本成本的研究都圍繞股權資本成本展開。

資本成本的估算方法，主要分為兩大類，第一類是對風險

---

[1] 劉運國，吳小雲. 終極控制人、金字塔控制與控股股東的"掏空"行為研究 [J]. 管理學報，2009（12）.

[2] 王志亮，牛如海. "啄序理論"的資本成本視角 [J]. 財會通訊，2006（3）.

進行度量評估的模型，第二類是未來收益折現的模型。第一類模型的計量依賴於以下假設：資本市場是有效的，風險可以被適當定價，即事前收益是事後收益的無偏估計等。第二類模型則不用上述假設，但是估算過程中多利用分析師預期的股票收益數據。

2.5.1 CAPM 模型及其發展

資本成本定價模型即 CAPM 模型，這是較早提出的股權資本成本的估算模型，是在意識到"不同資產的風險水平是不同的"基礎上，也是在馬克維茨（Markowitz）1952 年提出的投資組合理論的基礎上提出的。馬克維茨的投資組合理論假設不同的投資項目風險不同，他認為人們進行投資就是在不確定性的收益和風險之間進行選擇。CAPM 模型將風險分為系統風險和非系統風險，其中，系統風險是不能分散的。所以，資產的收益率只和系統性風險相關，等於無風險利率加上由系統性風險所決定的風險溢價。這一模型是由 Sharpe（1963）[1]、Lintner（1965）[2]、Mossin（1966）[3] 先後提出的。模型為：

$$E(R_j) = R_f + [E(R_m - R_f)]\beta_j \qquad (2.1)$$

其中，R_j 表示個別資產收益率，R_m 表示市場組合收益率，R_f 表示無風險報酬率，$R_m - R_f$ 表示市場風險溢價，即預期的市場平均回報率與無風險報酬率之差。$E(R_m - R_f)$ 表示單位系統性風險所要求的風險溢價，$\beta = \dfrac{\sigma_{im}}{\sigma_m^2}$，即資產收益率與市場收益

---

[1] Sharpe, W. F. Capital Asset Prices: A Theory of Market Equilibrium under Conditions of Risk [J]. Journal of Finance, 1964, 19 (3).

[2] Lintner, J. The Valuation of Risk Assets and the Selection of Risky Investments in Stock Portfolios and Capital Budgets [J]. Review of Economicsand Statistics, 1965, 47 (1).

[3] Mossin, J. Equilibrium in a Capital Asset Market [J]. Econometrica, 1966, 34 (4).

率的協方差 σ_{im} 與市場收益率的方差 σ_m^2 之比，這用來度量個別資產的系統性風險，一般採取歷史數據計算得出。無風險利率的確定，國外一般採用一年期或十年期國債利率或銀行同業拆借利率代替無風險利率。中國目前利率還沒有市場化，而且國債以長期品種為主，因此無法用國債利率來代表無風險利率，所以陳浪南等（2000）[①] 以三個月的定期儲蓄存款利率作為無風險利率。

$$r_{it}=\frac{(p_{it}-p_{i(t-1)}+dps_{it})}{p_{i(t-1)}} \tag{2.2}$$

其中，r_{it} 表示第 i 種股票在 t 時刻的收益率，p_{it} 是第 i 種股在 t 時刻的收盤價，$p_{i(t-1)}$ 表示第 i 種股票在 $t-1$ 時刻的收盤價，dps_{it} 表示第 i 種股票在 t 時刻每股紅利、股息收入。

這個標準的資本資產定價模型存在基於以下假設：投資者均厭惡風險但追求其財富的期望效用最大化；投資者均為價格服從者，對資產收益率的聯合正態分佈有相同預期；投資者可以無限制地按無風險利率借貸；資產的數量有限，所有的資產均可交易且完全可分割；市場無摩擦，信息無成本且可為所有投資者同時獲得；無稅收、管制或賣空限制等市場不完美因素。正是因為這些假設過於苛刻以及得出結論的過於簡單化，所以很多學者圍繞放松假設條件和驗證收益率與系統性風險之間的簡單線性關係展開了各自的研究。儘管這一模型受到諸多批判，而且驗證結論也不理想，但是，在實踐中估算權益資本成本時卻廣泛採用，主要是因為收益率與風險之間的關係刻畫得簡單明瞭。

早期有較多學者對資本資產定價模型進行了相關論證，圍繞 CAPM 主要探討：第一，β 值與期望收益率之間關係的驗證

---

① 陳浪南，屈文洲. 資本資產定價模型的實證研究 [J]. 經濟研究，2000 (4).

及其關係的穩定性；第二，$CAPM$ 模型假設條件放寬及以此為基礎改進模型的探索。針對第一個問題，存在以下論點：Fischer, Jensen 和 Scholes（1972）[1] 主要集中論證 β 值與期望收益率之間的線性、正斜率關係。陳浪南等（2000）[2] 主要是針對 β 值對市場風險的度量作用進行了考察，採用不同方法估算不同格局情況下的 β 值，證明了其對市場風險的度量有顯著的作用。但是因為 β 值與股票收益率的相關性不穩定，所以，推斷樣本所在股票市場具有較大的投機性。Gordon et al.（1997）[3] 曾指出，在 CAPM 模型提出後的三十年時間，用歷史數據檢驗已經實現的平均期望收益率與系統風險 β 之間的關係，鮮有結果支持 CAPM 模型。

圍繞第二個問題，主要存在以下觀點：Banz（1981）[4] 發現不僅證券組合風險，公司規模也會對股票的平均收益率產生影響，這就是著名的公司股本規模效應。而隨後的 Fama 和 French（1992）[5] 認為除公司股本規模是影響因素外，還論證收益的帳面值與市值之比對股票收益的影響。資本成本定價模型是在市場有效的假設前提下，但是當股票市場存在多種有悖於有效市場假設時，如 1 月份效應、小盤股效應等，傳統的 CAPM 模型面臨根基性的挑戰。Fama 和 MacBeth（1973）則

---

[1] Fischer, B., Jensen, M. C., Scholes, M. The Capital Asset Pricing Model: Some Empirical Tests [M] //Jensen M. Studies in the Theory of Capital Markets. New York: Praeger Publishers, 1972.

[2] 陳浪南, 屈文洲. 資本資產定價模型的實證研究 [J]. 經濟研究, 2000 (4).

[3] Gordon, J. R., Gordon, M. J. The Finite Horizon Expected Return Model [J]. Financial Analysts Journal, 1997, 53 (3).

[4] Banz, R. W. The Relationship between Return and Market Value of Common Stocks [J]. Journal of Financial Economics, 1981 (9).

[5] Fama, E. F., French, K. R. The Cross-section of Expected Stock Returns [J]. Journal of Finance, 1992, XLVII (2).

试图在前一期估计风险变量基础上预测投资组合的未来收益率。Black（1972）放松了投资者可以按照无风险利率借贷的假设，并相应地提出了零 β 模型（又称为两因素资本资产定价模型）。Brennan（1970）探讨了在股利所得税和资本利得税存在差异的情况下，除税后的资本资产定价模型。而马克维茨将 CAPM 模型中有关投资的单週期性假设，建立了时间连续的，包含了多个 β 值的多期资本资产定价模型（ICAPM）。Ross 於 1976[①] 年提出了套利定价模型（Arbitrage Pricing Theory, APT），但是如何确定哪些因素与证券收益率相关呢？起初学者采用因素分析法，但是这种方法於 1984 年受到了 Dhrymes 等的质疑并被认为是一个错误的工具。之后有学者采用主成分分析法、间接测试法、半自动迴归测试法对影响证券收益率的因素进行分析，得出的影响因素差别很大，Goldenberg 和 Robin（1991）证明用 APT 模型进行分析，如果选择因素的数目和组成不同，结果差别很大[②]。甚至 Jay Shanken（1982）认为只有确认影响收益的真实因素结构之后，我们才能检验 APT 的正确性。但是目前真实的影响因素我们一无所知，又如何以它为基础进行进一步论证呢？

能否有一种模型不像 CAPM 那样涵盖不全，也不像 APT 那样涵盖全面，但是不知真实因素呢？Fama 和 French（1993，1996）针对市场异象展开研究，通过实证、经验研究得出除了市场风险 β 值、还受到帐面市值比、规模两因素的影响，并提出了三因素模型。同时，试图对异象进行解释的理论还包括以行为金融理论为基础的特徵模型。三因素模型将帐面市值比

[①] Ross, S. A. The Arbitrage Theory of Capital Asset Pricing [J]. Journal of Economic Theory, 1976 (13).

[②] Goldenberg, D. H., Robin, A. J. The Arbitrage Pricing Theory and Cost-of-capital Estimation: The Case of Electric Utilities [J]. Journal of Financial Research, 1991 (14).

和規模視為一種財務風險因素，站在市場有效假說的基礎上展開，認為任何投資策略在經過風險調整後都不可能有"免費的午餐"。特徵模型以 Daniel 和 Titman（1997[①]，2001[②]）為代表，他們認為帳面市值比和規模效應是由於投資者的個人偏好或認知偏差等非理性因素決定的，並不是理性的定價理論可以解釋的[③]。在中國，很多學者僅僅是研究帳面市值比與規模是否會顯著影響股票收益率，但是並未從技術上區分這兩個變量是作為風險因素還是特徵因素，只是意識性的將上述因素認為是除市場風險之外的風險因素。如朱寶憲和何志國（2002）[④]證明帳面市值比與收益率存在顯著的相關關係並認為帳面市值比與 β 值同樣是衡量風險的因素。

通過以上分析可知，資本資產定價模型已從傳統的單因素模型向多因素模型過渡，估算技術也日漸複雜，但是 CAPM 模型目前仍是實務界最受歡迎的資本成本估算模型之一。

2.5.2 股利折現模型

股利折現模型的構建理念指股票價值是未來無限期股利的折現值，折現率就是股權資本成本。但是 Williams（1938）曾提出這種計算方法要求估計無限期的未來股利，並且對計算技

[①] Daniel, K., Titman, S. Evidence on the Characteristics of Cross-section Variation in Common Stock Returns [J]. Journal of Finance, 1997, 52 (1).

[②] Daniel, K., Titman, S., Wei, J. Explaining the Cross-section of Stock Returns in Japan: Factors or Characteristics? [J]. The Journal of Finance, 2011, 56 (2).

[③] 吳世農，許年行. 資產的理性定價模型和非理性定價模型的比較研究 [J]. 經濟研究, 2004 (6).

[④] 朱寶憲，何志國. β 值和帳面/市值比與股票收益關係的實證研究 [J]. 金融研究, 2002 (4).

術要求也很高，這基本是不可能的。1956 年，Gordon 和 Shapiro[①] 在批判實務中用股利收益率和盈利收益率度量市場對股票所要求的收益率前提下[②]，提出了股票未來收益是增長的，並初步構建了市場要求的收益率模型。表述式為：

$$P_i = \sum_{i=1}^{\infty} \frac{DPS_i}{(1+r_d)^i} \qquad (2.3)$$

其中 P_i 表示第 i 期的股票價格，DPS_i 表示第 i 期的期望股息，r_d 表示用股利折現模型估算的股權資本成本，當股利以 g 固定增長率增長時，投資者期望的報酬率可以用如下公式表示：

$$P_i = \sum_{i=1}^{\infty} \frac{dps_0 (1+g)^{i-1}}{(1+r_{Gordon})^i} \qquad (2.4)$$

通過計算可以得出：

$$r_G = \frac{DPS_1}{p_0} + g \qquad (2.5)$$

其中，r_G 表示用戈登模型估算的股權資本成本，p_0 表示當前股票價格，g 為固定的股利增長率。因計算簡單，所以假設股利固定增長之後的戈登模型在實踐領域應用廣泛。戈登模型曾是 20 世紀 80 年代應用最廣的模型，如 Gitman 和 Mercurio（1982）通過調查財富 1,000 公司中的 177 家公司發現有 31.2% 的被調查公司運用戈登模型估算，只有 29.9% 的運用 CAPM 模型。這是美國 20 世紀 80 年代前估算股權資本成本的最主要方法，又稱折現現金流量模型（Discounted Cash Flow Model），通過第一期股利數據和估算一個固定增長率換算股權

---

① Gordon, M., Shapiro, E. Capital Equipment Analysis: The Required Rate of Profit Management [J]. Science, 1956, 3 (10).

② 肖珉. 中小投資者法律保護與權益資本成本 [D]. 廈門：廈門大學，2007.

資本成本，公司實際的股利支付數據對發展穩定的公司極具解釋力，但是許多公司往往在發展初期不會支付股利或者支付極少的股利，而且可持續增長率始終不變的假設也是不現實的。

剩餘折現模型 GLS（Gebhardt et al.,2001）[1] 和 OJ 模型（Ohlson-Juettner,2005）[2] 也都是基於同樣的思想，通過未來預測數據對資本成本進行估算。GLS 模型需要預計未來會計利潤和未來股利，同時還要用到當期的會計帳面價值，與資本成本的內生性更為契合，但過於依賴預測數據則嚴重削弱了估算結果的可靠性。Hail 和 Lenz（2006）[3] 曾用五種不同的方法估計權益資本成本，其中，使用 GLS 方法得到的權益資本成本最低，說明用該方法可能會系統地低估權益資本成本。OJ 模型以戈登模型為基礎，採用 GLS 模型的預測方法，只需預測未來兩期的盈利和股利支付率，並假定未來永續增長率一定，根據每股收益及其長短期增長率和企業價值倒推股權資本成本，不會過分依賴無窮期限的預測數據，增加了估算結果的可靠性。此外，Claus 和 Thomas（2001）[4] 提出的非正常盈餘增長模型（CT 模型），Easton（2004）[5] 提出的修正的 PEG 比率模型，均屬於此類。

其中，GLS 模型是基於未來預測數據對資本成本進行估算

---

[1] Gebhardt, W. R., Lee, C. M. C., Swaminathan, B. Toward an Implied Cost of Capital [J]. Journal of Accounting Research, 2001, 39 (1).

[2] Ohlson, J. A., Juettner-Nauroth, B. E. Expected EPS and EPS Growth as Determinants of Value [J]. Review of Accounting Studies, 2005, 10 (2-3).

[3] Hail, L., Leuz, Z. Cost of Capital Effects and Changes in Growth Expectations around U.S. Cross-Listings [EB/OL]. 2006-10. ECGI- Finance Working Paper, No. 46/2004. Available at SSRN: http://ssrn.com/abstract=938230.

[4] Claus, J., Thomas, J. Equity Premia as Low as Three Percent? Evidence from Analysts' Earnings Forecasts for Domestic and International Stock Markets [J]. Journal of Finance, 2001, 56 (5).

[5] Eston P. PE Ratios, PEG Ratios and Estimating the Implied Expected Rate of Return on Equity Capital [J]. The Accounting Review, 2004, 79 (1).

的，GLS需要預計未來會計利潤和未來股利，同時還要用到當期的會計帳面價值，與資本成本的內生性更為契合，但過於依賴預測數據則嚴重削弱了估算結果的可靠性。它是基於價值理論產生的，它認為預期的未來淨現金流量（即乾淨盈餘）的現值與當前股票價格相等。

$$P_t = B_t + \sum_{i=1}^{\infty} \frac{E_t\left[(ROE_{t+i} - r_{GLS})B_{t-i-1}\right]}{(1+r_{GLS})^i} \qquad (2.6)$$

B_t表示第t期的帳面價值，E_t表示第t期的期望函數；ROE_{t+1}表示第$t+1$期的淨資產收益率，r_{GLS}表示用GLS模型計算的股權融資成本。但是，上述模型是一個無限期模型，我們必須確定一個有限的預測期，Gebhardt等認為該模型的預測期不少於12期，以往測算中國上市公司股權資本成本的文獻一般都選取$T=12$。用一個終值對（2.6）式進行變形可以得到：

$$P_t = B_t + \frac{FROE_{t+1} - r_{GLS}}{1+r_{GLS}}B_t + \frac{FROE_{t+2} - r_{GLS}}{(1+r_{GLS})^2}B_{t+1} + \frac{FROE_{t+3} - r_{GLS}}{(1+r_{GLS})^3}B_{t+2} + TV \qquad (2.7)$$

其中TV表示終值，計算公式為：

$$TV = \sum_{i=4}^{T-1} \frac{FROE_{t+i} - r_{GLS}}{(1+r_{GLS})}B_{t+i-1} + \frac{FROE_{t+T} - r_{GLS}}{r_{GLS} + r_{GLS}^{T-1}}B_{t+T-1} \qquad (2.8)$$

$FROE_i$表示預測的第i期的權益淨利率。當$t=0$時，$FROE_1$、$FROE_2$和$FROE_3$表示前三期分析師對權益淨利率的預測值，B_0為最近期的股票帳面價值，P_0為近期股票的收盤價，$FROE_{12}$為近12年行業權益淨利率的算術平均數，一般$FROE_4$到$FROE_{12}$向行業權益淨利率線性迴歸。CT模型與GLS模型都屬於剩餘收益折現模型的範疇，但是不同的是Claus和Thomas（2001）主張將預測期取前5年，5年之後，所有盈餘按照固

定的增長率 g 增長①。具體計算公式為：

$$P_t = B_t + \sum_{i=1}^{5} \frac{(EPS_{t+i} - r_{CT} B_{t+i-1})]}{(1 + r_{CT})^i}$$

$$+ \frac{(EPS_{t+5} - r_{CT} B_{t+5-1})(1 + g)}{(r_{CT} - g)(1 + r_{CT})^5} \qquad (2.9)$$

其中，r_{CT} 表示用 CT 模型計算的股權資本成本，B_t 表示第 t 期的帳面價值，$EPS_{t+i} - r_{CT} B_{t+i-1}$ 表示第 $t+i$ 期的超常收益，EPS_{t+i} 表示第 $t+i$ 期分析師預測的每股收益。

OJ 模型是對剩餘收益模型和戈登模型的改進，只需要分析師預測未來兩期的盈利和股利支付率，即使沒有明確的增長率，也可以在模型中假定未來增長為恒定的常數，根據預期每股收益、其長短期增長率和企業價值來倒推股權資本成本。模型為：

$$P_0 = \frac{EPS_1}{r_{OJ} - g} \qquad (2.10)$$

其中，包含假設：每股所有的收益全部用於分紅，即 $EPS_i = DPS_i$。而現實中只有分發到股東手中的分紅才是股東收益的來源，所以用折現現金流模型的思想，將（2.10）經過變形可以得出：

$$P_0 = \frac{EPS_1}{r_{OJ}} + \frac{g * EPS_1}{r_{OJ}(r_{OJ} - g)} = \frac{EPS_1}{r_{OJ}} + \frac{EPS_2 - EPS_1}{r_{OJ}(r_{OJ} - g)} \qquad (2.11)$$

因為 Ohlson 等人認為並非所有的淨收益全部用於支付分紅，所以用 $EPS_2 - EPS_1 - r_e(EPS_2 - DPS_1)$ 替代 $EPS_2 - EPS_1$，並得到：

$$P_0 = \frac{EPS_1}{r_{OJ}} + \frac{EPS_2 - EPS_1 - r_{OJ}(EPS_1 - DPS_1)}{r_{OJ}(r_{OJ} - g)} \qquad (2.12)$$

---

① Claus, J., Thomas, J. Equity Premia as Low as Three Percent? Evidence from Analysts' Earnings Forecasts for Domestic and International Stock Markets [J]. Journal of Finance, 2001, 56 (5).

將其變形可以得出 OJ 模型：

$$r_{OJ} = A + \sqrt{A^2 + \frac{EPS_1(g_2-g)}{p_0}} \quad (2.13)$$

其中，$A = \frac{1}{2}\left[g + \frac{DPS_1}{p_0}\right]$，$g_2 = \frac{EPS_2-EPS_1}{EPS_1}$。在運用 OJ 模型過程中，$P_0$ 為近期股票的收盤價，g 為每股收益的長期增長率，EPS_1、EPS_2 分別取分析師預測的未來兩年的每股收益。

PEG 模型整合了股價、盈餘預測以及盈餘增長率預測，是用於考察股票價值和成長性的常用方法。當預期非正常盈餘增長為 0，每股股利也為 0 時，PEG 模型可變形為：

$$r_{PEG} = \sqrt{\frac{EPS_2-EPS_1}{P_0}} \quad (2.14)$$

p_0 為近期股票的市場價格，EPS_1、EPS_2 為分析師預測的該股票未來兩年的每股收益。PEG 模型是在 OJ 模型的基礎上提出的[①]。

ES 模型是建立在 PEG 比率基礎上的模型，認為短期盈餘在估價中起到核心作用，也屬於股利貼現模型。Easton 等認為預期增長率的提出都含有主觀因素，於是 2002 年提出了不需要預測數據的模型，後來結合實踐中常用的市盈率法（P/E），於 2004 年建立了 ES 模型：

$$r_{ES} = \sqrt{\frac{EPS_{t+2}+r_{ES}DPS_{t+1}-EPS_{t+1}}{P_t}} \quad (2.15)$$

其中，EPS_{t+2}，EPS_{t+1} 表示第 $t+2$ 和 $t+1$ 期分析師預測的每股收益，DPS_{t+1} 表示第 $t+1$ 期分析師預測的每股股利，r_{ES} 表示用 ES 方法估算的股權資本成本，P_t 表示近期股票的收盤價。

---

① Easton, P. D. PE Rations, PEG Ratios and Estimating the Implied Expected Rate of Return on Equity Capital [J]. The Accounting Review, 2004, 79 (1).

2.5.3 小結

目前普遍採用的資本成本估算模型，按照計算方法分為兩大類：一類是以風險補償為基礎的 CAPM 模型、Fama-French 三因素模型、套利定價模型（APT）以及對 CAPM 模型假設條件放鬆而得到的兩因素資本資產定價模型、多期資本資產定價模型及除稅後的資本資產定價模型。另一類廣義來講都屬於股利折現模型，這類模型不需要建立多元線性模型來表示資本成本，只是設定投資者預期未來現金流量的現值等於當前價格的貼現率，採取股票價格和事前的盈利預測數據倒推預期資本成本。主要包含的估算方法有：戈登模型、GLS 模型、CT 模型、OJ 模型和 PEG 模型等。

第六節　文獻評價與本章小結

這一章節首先對公司的股權結構進行了回顧，之後主要從四個方面梳理了不同股權結構特徵與資本成本的關係。具體為：第一，終極控制股東性質、終極控股比例與資本成本的關係。終極控制股東的性質按照大類分為國有和非國有，國有控股的上市公司包含兩種分類方式，一是按照政府層級劃分，二是分為國家和國有法人。非國有控股的上市公司主要分為：個人或家族、外資企業和金融機構等。前文文獻梳理過程中，基本認同不同終極控制股東控股的上市公司的企業價值有顯著差異。公司價值與股權資本成本已被驗證存在負相關關係，因此，可推理認為終極控制股東性質與股權資本成本有相關關係。近年來的研究結果證明股權不是分散的，終極控制股東存在。有關第一大股東的持股比例與股權資本成本關係的研究沒有一致結論，多數研究認為終極控股比例對公司價值沒有顯著影響，有關終極控股比例與資本成本關係的直接論證相對較少，所以，只能推證兩者之間不存在相關關係。第二，控制層級、兩權分離度與資本成本的關係。儘管以往部分文獻證明股權結構與企業價值不相關，但是近年來的研究認為股權集中現象明顯，上市公司存在終極控制股東，終極控制股東通過金字塔結構、交叉持股和雙重股權實現兩權分離，進而獲得超額控制權，侵占公司的資源，侵占上市公司的收益。並且，兩權分離度與股權資本成本被論證存在正相關關係。按照金字塔結構理論，控制層級與兩權分離度正相關，所以，理論上，控制層級與公司價值負相關，與股權資本成本正相關。同時，根據公司價值與股權資本成本存在負相關關係的結論，也可以推定控制層級與股權資本成本正相關。第三，政府層級與資本成本的關係。這一部分內容一定程度上與 2.1 部分內容存在重複，但中國大部分上市公司為國家控股，故而有必要進一步分析這部分內容。通過文獻梳理發現政府層級可以顯著區分企業價值，並得出縣市級終極控制的上市公司比中央、省部控股的價值更低。第四，股權資本成本的估算技術。這裡主要從風險補償和剩餘收益折現兩個角度對相應類型的股權資本成本進行了回顧，風險補償模型中資本資產定價模型、Fama-French 三因素模型、套利定價模型（APT）比較典型。剩餘收益折現類模型中，剩餘收益折現模型、GLS 模型、CT 模型、OJ 模型和 ES 模型應用較廣泛。

第三章

終極控制權、控制層級與資本成本關係機理

　　圖3.1是對終極控制權、控制層級與資本成本關係的解讀。從上市公司進行分析，為上市公司投資的股東按照持股比例分為大股東和中小股東。當所有股東持股比例沒有超過某一閾值時，公司的股權是相對分散的，儘管所有權為股東所有，但公司管理權掌握在管理者手中，導致公司的所有權和管理權分離。因為兩者之間的利益衝突，形成了委託代理問題。通過文獻梳理，我們認識到：上市公司股權相對集中已經成為一種普遍現象，控股股東利用自身擁有的控制權實現了控股權與管理權二合一，於是管理者與股東之間的代理衝突轉向成為控股股東與中小股東之間的代理問題。由於控股股東具有信息優勢，並且控股股東擁有超額控制權，可以控制上市公司的控制性資源，來滿足自身利益需要，所以，控股股東具有尋租的動機和能力。同時，中國的資本市場中，對中小股東的法律保障體系不完善，這助長了利益侵占行為的發生。在一個相對完善的資本市場上，一旦控股股東的侵占行為被發現，必定會影響投資者對該上市公司的信心，依從風險—收益均衡理論，中小股東將提升其要求報酬率。根據股票市場按腳投票的原則，上市公司內部中小股東一旦發現利益被侵占，也將轉投其他公司

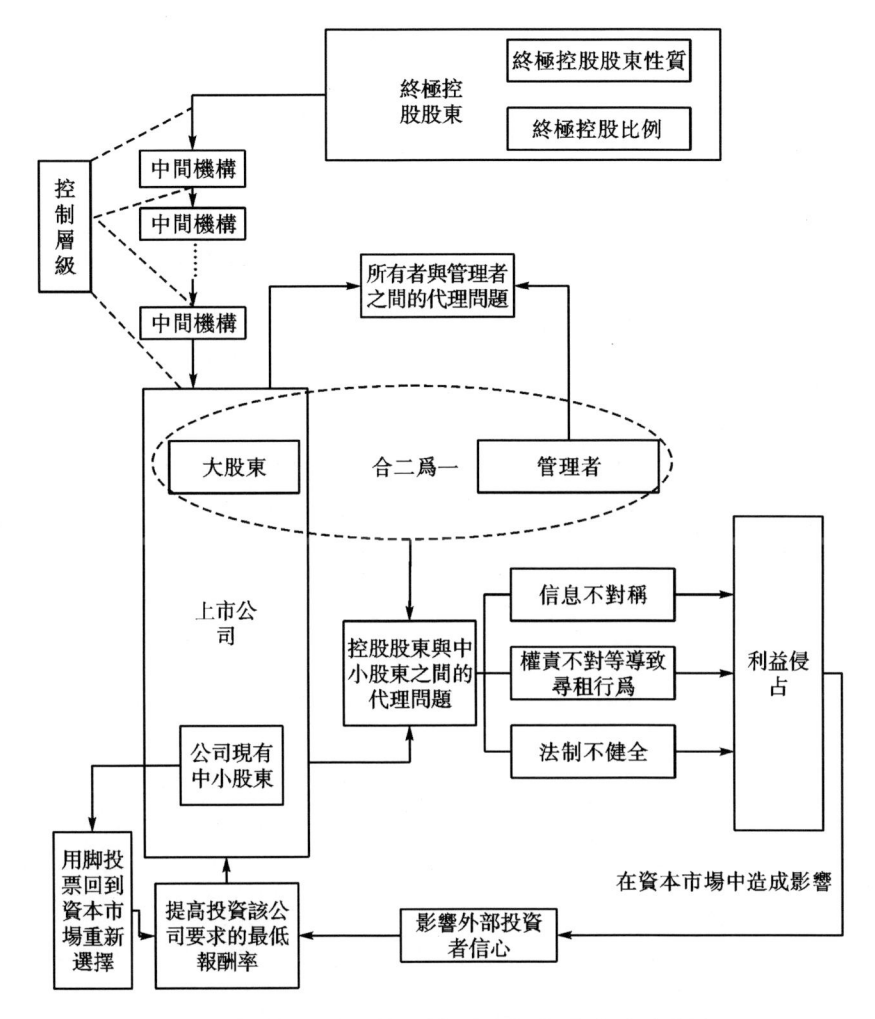

圖 3.1　終極控制權、控制層級與資本成本關係

股票或提升對最低投資報酬率的要求。按照股權結構理論，終極控制股東特徵包含終極控制股東性質、終極控制股東控股比例兩個方面的內容。但是終極控制股東並不等同於公司的第一大股東，需要沿著控股鏈條追溯確定，在追溯終極控制股東過程中，需對每條鏈條進行追溯，最終確定終極控股比例超過固定閾值的終極控制股東。實現終極控股的鏈條可以是一條也可能為多條，控制層級依照終極控股比例最大的鏈條確定。一般

而言，控制層級越多，實現控股的鏈條數越多，兩權分離度應該越大，超額控制導致了利益侵占行為的發生，最終增加了上市公司的資本成本。

第一節　複雜的股權結構的相關理論

3.1.1　股權結構複雜化的支持理論

集團公司的廣泛發展，使得上市公司的股權結構逐漸複雜化，複雜化的背後是交易費用理論、融資優勢理論、激勵效應的支撐以及隧道挖掘和過度投資的後果。首先，因為市場中交易成本的存在，將公司的市場化操作內部化，通過設立上、下游公司，降低交易成本。無論是通過構建金字塔結構，還是交叉持股，都可以實現兩權分離，用更少的資金獲取更大的控制權，由於對控制鏈條上所有公司均有控制權，大大拓寬了終極控制股東的融資範圍。複雜的股權結構，可以掩蓋終極控制股東的隧道挖掘行為，以至於控股股東已經實施資產出售、轉移定價等財產轉移行為都未被發現。為了在資本市場中發出公司業績良好的信號，以便融取更多的資金，不顧投資收益，過度投資成立多家公司，這也是股權結構複雜的重要原因。在集團公司內部，部分公司已成立專屬財務公司，目的是在集團內部優化資金利用效率，支持高效率的投資，幫助危困企業渡過難關，同時，可以加強對成員企業的資金控制，保有集團公司的控制權。

企業集團化發展，並非中國個別現象，20世紀中後期已在西方存在，當前已在全球廣泛發展。Alchian（1969）[1] 和

---

[1] Alchian, A. Lorporate Management and Property Rights, Economic Policy and The Regulation of Corporate Securities [M]. Washington DC: American Enterprise Lnstitnte, 1969.

Willliamson（1970；1975）在對企業集團的研究中，首先提出了所謂"內部資本市場"的理念。他們認為：企業集團可以看做是一個微型的資本市場，提出現金流量的分配也要根據各事業部之間對投資的競爭而定，並非取之於誰，用之於誰。

內部資本市場之所以廣泛存在，主要是因為外部資本市場的不完善。外部資本市場信息不完備和不對稱導致了有融資需求的企業沒有獲得足夠的資金支持，為緩解這一情況，企業通過多元化發展，不斷擴大自身規模，實現依靠內部市場實現有效融資。當企業擁有多個經營單位或者是通過併購形成了企業集團，各經營單位之間為了爭奪資源展開競爭，特別是不同的經營單位擁有不同的投資機會時，總部為追求公司整體利益的最大化，需要將資金集中起來進行重新配置（Williamson，1970；Willliamson，1975），這種資金再分配使得企業集團內部實際上形成了一個資本市場。內部資本市場（Internal Capital Market，ICM）作為一種普遍存在的內部資源配置方式，從本質上看是在權威機制和價格機制雙重調節下的一組資本要素使用權交易契約，其組織載體是一種介於市場和企業之間的仲介組織。內部資本市場與外部市場有本質區別。內部資本市場通過權威享有剩餘控制權；內部資本市場依附與多層級的企業而存在，通過企業集團的總部或母公司進行集中融資，其功能是與企業財務部門的功能有顯著區別的（鄭迎迎，2007）[①]。內部資本市場作為資本融通的平臺之一，企業集團內部資本市場是在集團內部將資本聚集起來並配置到各個成員企業，並通過它們最終將資本投入到具體投資項目中的資本運行平臺。內部資本市場的交易對象包括資金、材料、產品、廠房設備、債券、股權等（潘愛玲和李慧，2013）。

---

① 鄭迎迎. 內部資本市場及其對企業價值的影響：理論綜述［J］. 經濟評論，2007（2）.

目前對內部資本市場的界定總結如下：內部資本市場理論認為成員企業可以以較低的融資成本為項目融資，避免在外部資本市場上的融資成本和潛在風險，避免了因為外部股東和債權人介入導致的代理成本風險，減少了外部資本市場存在的信息不對稱、監督成本（Alchian, 1969; Gertner et al., 1994），克服了交易主體之間在產權保護和契約執行等過程中的困難，實現了在企業集團內部放鬆融資約束的功能（Kaplan and Zingale, 1997; Deloof, 1998; 周業安和韓梅, 2003[①]; 萬良勇和魏明海, 2006[②]; 邵軍和劉志遠, 2007[③]）。由於企業將有限的資金從原來較低回報率的投資項目配置到較高回報率的項目，所以企業集團因為這種"挑選勝者"的活動增加了企業集團的價值。同時，因為企業集團的規模，所以它可以籌集到比所有成員企業相加更多的資源。這解釋了企業集團化發展股權複雜的原因。

3.1.2 控制層級、實現控股鏈條數的兩權分離效應

如前所述，現有的研究已經揭示影響兩權分離度的因素包括：金字塔結構、交叉持股、發行雙重投票權股票等。這些結論是以歐洲、美國及部分亞洲地區為樣本得出的結論。然而在中國不存在發行雙重投票權股票，大部分的上市公司股權結構不符合嚴格的金字塔結構，存在交叉持股但是數據獲取難度大。在中國這樣一個不完備的資本市場上是否符合兩權分離度導致股權資本成本增加的規律有待研究。在不完全符合金字塔結構的中國上市公司股權結構中，控制層級、控股鏈條數是衡

[①] 周業安, 韓梅. 上市公司內部資本市場研究 [J]. 管理世界, 2003 (11).
[②] 萬良勇, 魏明海. 中國企業集團內部資本市場的困境與功能實現問題——以三九集團和三九醫藥為例 [J]. 當代財經, 2006 (2).
[③] 邵軍, 劉志遠. "系族企業"內部資本市場有效率嗎？[J]. 管理世界, 2007 (2).

量終極股權結構長度和寬度的重要指標。控制層級、控股鏈條數是否會影響兩權分離度，只要控制層級超過兩層，其中一層不是對下一層級完全控股，就會出現兩權分離的情況，實現控股的不完全控股鏈條數越多，理論上兩權分離度會隨之增加。兩權分離度對資本成本的影響，通過對國外 21 個國家和地區樣本企業研究發現了兩者之間的正相關關係，但是這種情況是否也在中國存在文中沒有涉及。控股鏈條數、控制層級作為橫縱兩個維度考量股權結構，兩權分離度則衡量終極控制權與終極所有權分離的大小。圖 3.2 可以形象地反應控制層級、控股鏈條數與兩權分離度之間的關係。其中，ab 段表示控股股東的終極所有權，cd 段表示控股股東的終極控制權，（cd-ab）段表示兩權分離度，bf 段表示控制層級，如果 ab 段保持不變，隨著 bf 段的增加，cd 段與 ab 段之差應該越來越大。若存在多個控股鏈條，則可能存在多個 cd 段與 ab 段之差。通過圖 3.1

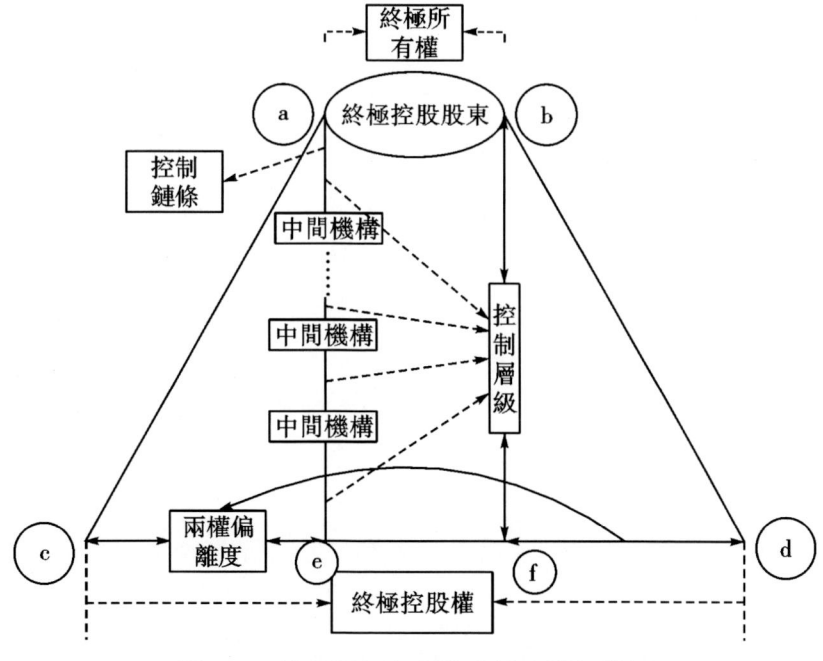

圖 3.2　控制層級與兩權分離度關係簡圖

可以解讀到：一方面控制層級、控股鏈條數可能影響兩權分離度；另一方面控制層級、控股鏈條數與資本成本的關係是需要通過兩權分離度作為仲介指標，還是控制層級、控股鏈條數直接可以作為兩個平行因素來考量其對資本成本的影響有待驗證。

  金字塔結構被 Claessens et al.（2002）認為是一種世界普遍現象。他們認為控制鏈越長，即控制層級越多，終極控制股東就可以用更少的資金控制更加龐大的資源，基於終極控制股東從上市公司可以獲得的現金流權收益越小，對其產生的激勵效果很小。所以，越是在股東權益保護不完善的國家，終極控制股東就越有可能通過其超額控制權侵犯公司價值，滿足自身收益。同時，控制鏈越長，這種行為就隱藏得越深，越不容易被發現。Fan et al.（2002）[1] 指出國有上市公司增加金字塔層級是為了減少國家的政府干預，強化上市公司的市場化經營。所以理論上講，國有上市公司的控制層級越多，所受政府干預越少，企業的經營績效越好。民營上市公司增加金字塔層級是為利用較少的現金流控制大量企業，劉運國（2009）[2] 通過對中國上市公司的研究發現自然人控股的上市公司，控制層級越多，兩權分離度越大，控股股東的掏空行為就越嚴重。這說明了自然人採用的控制層級越多，越容易隱匿身分、逃避監管，實施掏空行為越容易。同時，他還發現：控股權和現金流權有分離的上市公司被控股股東占用的資金高於兩權不分離的公司。

  控制層級的增加，兩權分離度的增大，控制性大股東通過轉移收益和掏空公司等方式獲取收益，加大了內部終極控制股東與外部中小股東之間的代理衝突，增加了代理成本。

---

[1] Fan, J. P. H., Wong, T. J. Corporate Ownership Structure and the Informativeness of Accounting Earning in East Asia [J]. Journal of Accounting and Economics, 2002（33）.

[2] 劉運國，吳小雲. 終極控制人、金字塔控制與控股股東"掏空"行為研究 [J]. 管理學報，2009（12）.

Johnson et al.（2000）①用隧道行為來描述塹壕效應並解釋其中的代理成本問題。他認為大股東能夠使經理人員根據自己的利益實施行為，從而侵害中小股東利益，實現資源從公司內部向大股東轉移。儘管 Claessens et al.（2002）曾驗證隨著終極控制股東所有權集中度的增加，可以增加公司價值，但是當終極控制權超過終極所有權時，塹壕效應的作用明顯大於激勵效應，即此時公司價值將隨著兩權分離度的增加而減少。劉立燕等（2011）②通過研究中國2005—2007年的上市公司數據發現最終控制人的控制鏈條越長，其獲得超額收益的水平越高。王力軍（2008）③以2002—2004年963個民營上市公司為樣本，得出民營上市公司所有權與控制權分離相對嚴重，這種分離降低了公司價值。王力軍等（2008）④通過對中國360家民營上市公司的研究，發現通過管理層收購、國企改制而來的間接上市公司，它的兩權分離度更大，公司的複雜程度更高，並且與上市公司的業績正相關。Shleifer et al.（1997）⑤指出隨著兩權分離度的加大這種侵占行為將加劇。而且 Fan et al.（2002）通過觀察977家公司的會計收益信息披露度與兩權分離度的關係發現：隨著兩權分離度增大，會計收益信息披露的質量和數量都遞減。至於兩權分離度與資本成本之間的因果關係還有不同的解釋，因為外部融資數量及成本的限制，會使得

---

① Johnson, S., La Porta, R., Lopez-De-Silanes, F., Shleifer, A. Tunneling [J]. American Economic Review, 2000 (90).

② 劉立燕，熊勝緒. 金字塔結、法律環境與超控制權收益——來自中國上市公司的經驗證據 [J]. 商業經濟與管理，2011 (8).

③ 王力軍. 金字塔結構控制、投資者保護與公司價值——來自中國民營上市公司的經驗證據 [J]. 財貿研究，2008 (4).

④ 王力軍，童盼. 民營上市公司控制類型、多元化經營與企業績效 [J]. 南開管理評論，2008 (5).

⑤ Shleifer, A., Vishny, R. W. A Survey of Corporate Governance [J]. Journal of Finance, 1997 (52).

企業尋找其他的融資渠道如債務融資和內部融資，為了降低融資的成本，大股東通過複雜的股權結構實現對資本的有效控制。所以這種情況下，高股權資本成本是導致股權結構複雜的原因，也是引起兩權分離的原因。

第二節　兩權分離的代理成本效應

Jensen 和 Meckling（1976）認為代理成本是企業所有權結構的決定因素，必須建立完善的代理人激勵約束機制來減少代理成本[1]。

代理理論實際是企業內部的一系列契約關係，包括資本供應者與使用者、企業與借款人之間、企業與顧客、企業與員工等的契約關係。一般指企業資源的提供者（股東）與資源使用者（管理人員）之間的契約關係，它最初由 Jensen 和 Meckling 在 1976 年提出。近年來，理論界對於代理問題的研究擴充到大股東與中小股東之間的契約關係，股東與債權人之間的契約關係等。本書研究的代理關係是終極控制股東與中小股東之間的代理問題。

終極控制股東一般通過委派或直接干涉上市公司的管理活動，實現對上市公司的控制。控制股東往往除獲得正常的因為促使公司業績改進的增量收益之外，往往還會強制獲取與其管理行為無關的通過權力濫用和鑽法律空子獲得的超額收益[2]，

---

[1] Jensen, Michael, William Meckling. Theory of the Firm: Managerial Behavior, Agency Costs and Capital Structure [J]. Journal of Financial Economics, 1976 (3).

[2] 這被劉立燕（2010）認為是控股股東基於獨特的組織能力獲取控制權收益，是對控股性股東卓越組織能力的回報以及組織過程中控制權成本的補償，而超額控制權收益是控股股東組織能力之外濫用權力和鑽法律漏洞得到的一種非生產性回報，具有不公平性、隱蔽性和不可持續性.

終極控制股東獲取的這部分超額收益就是對中小股東利益的侵占。Grossman 和 Hart（1988）[1] 也曾指出控股股東的控制權收益可以分為共享收益和私有收益。共享收益即控股股東加強監督使得企業經營水平提高而增加公司價值，收益為所有股東共享；私有收益就是控股股東以進行自利性交易獲取個人收益。Demsetz（1985）[2] 認為：當終極控制股東與中小股東的利益不一致時，而且是時常不一致的，當基本不存在外部威脅的時候，並且外部股東的股權分散時，控股股東就會以犧牲其他股東的利益來追求自身利益。

根據代理理論，由於終極控制股東作為管理者與中小股東的利益不一致導致剩餘損失。基於代理理論的模型證明，由於資本市場並非完美，股權結構與企業價值相關。因為股權結構反應公司風險承擔和利益分配機制，影響對管理層的監控、成長機會選擇、自由現金流投資等價值創造和分配行為[3]。對現有的股權結構對公司價值創造影響目前有兩種觀點——市場調節和所有者控制[4]。市場調節觀點是由 Fama 提出，如果把公司看作是一個契約集，充分發達的經理人市場可以約束經理人和解決由於所有權與控制權分離造成的激勵問題，那麼，公司的股權結構就是一個無關的概念。但中國的市場是不完善的，所有者控制觀點以 Grossman 和 Hart（1988）為代表。他們認為：在股權分散條件下，單個股東缺乏監督公司經營管理、積極參與公司治理和驅動公司價值增長的動力，因為他們從中得

---

[1] Grossman, S. J., Hart O. D. One Share-one Vote and the Market for Corporate Control [J]. Journal of Financial Economics, 1988 (20).

[2] Demsets, H., Lehn, K. The Structure of Corporate Ownership: Causes and Consequences [J]. Journal of Political Economy, 1985, 93 (6).

[3] 朱武祥，宋勇. 股權結構與企業價值——對家電行業上市公司實證分析 [J]. 經濟研究, 2001 (12).

[4] 李亞靜，朱宏泉，黃登仕，周應峰. 股權結構與公司價值創造 [J]. 管理科學學報, 2006, 9 (5).

到的收益遠小於他們監督公司的成本。

當股東對上市公司有超額控制權時，終極控制股東由於利益的驅動，權利與義務的不對等，他們在管理企業過程中會對中小股東的利益進行侵占，產生尋租行為，有終極控制股東存在的公司比無控股股東存在的公司的代理成本高 13%~24%（餘明桂，2007）[①]。控股股東與中小股東之間的衝突體現在很多方面，如控股股東與中小股東之間的信息不對稱，而信息透明度與公司價值存在正相關關係，與資本成本存在負相關關係。控股股東與中小股東之間的代理問題在中國這樣的新興資本市場上表現更為突出，因市場發展時間短，保護股東的法律、法制不健全，但是法制體系屬於外部環境範疇，本書主要從公司內部分析控股股東對中小股東的利益侵占，所以此處不深入分析法制因素。

一般而言，由個人或家族出資，個人或家族經營的企業不存在終極所有權和終極控制權之間的分離，其代理成本應該最小。由國家獨資經營的企業，兩權分離度一般而言最大，代理成本最高[②]。代理成本包括三部分：委託人的監督成本、代理人的擔保成本和剩餘損失[③]。監督成本主要指監督代理人實施委託人意志的成本，這部分成本國有企業過高，主要由於國家並沒有行為能力，國家所有企業最終歸於全體人民所有，但是分到每人身上的份額少之又少，根本不具備監督控制的能力，所以中央政府也好，地方政府也罷，必須成立相應的國有資產監管機構對國企代理人的行為進行監督。但是因為監管機構的

[①] 餘明桂，夏新平，潘紅波. 控股股東與小股東之間的代理問題：來自中國上市公司的經驗證據 [J]. 管理學報，2007，4 (19).

[②] 李壽喜. 產權、代理成本和代理效率 [J]. 經濟研究，2007 (1).

[③] Jensen, M. C., Meckling, W. H. Theory of the Firm: Managerial Behavior, Agency Cost and Ownership Structure [J]. Journal of Financial Economics, 1976, 3 (4).

領導者並不像個人或家族控股股東一樣，可以從監管過程中獲取代理成本降低、收益歸於監管機構所有等特徵，所以他們的監管動力不足[①]，這導致了國有企業的守約成本也相對較高。剩餘損失，也就是一般意義上我們提到的狹義代理成本，主要指因為委託人可獲得的最大化效用與代理人決策所能給企業帶來的價值之差。

3.2.1　信息不對稱對控股股東和中小股東的影響

信息不對稱理論（Asymmetric Information）是指信息在相互對應的經濟個體之間呈不均勻、不對稱的分佈狀態，即有些人對關於某些事情的信息比另外一些人掌握得多一些，即交易者雙方都擁有一些對方不知道的私人信息，並可在交易中策略性地利用這種信息為自己謀利。若信息不對稱發生在當事人雙方簽約之前，稱為"逆向選擇"，若發生在簽約之後，稱為"道德風險"。

由於信息不對稱現象的存在，公司的內部人相對於外部人對公司的發展前景、公司的價值掌握更多的信息，而外部人只能從上市公司的財務報表和公司年報等公告信息瞭解公司的信息。很顯然，企業對公司的信息披露是不充分的，投資者又不可能對上市公司披露的信息全面地把握，所以會導致逆向選擇和道德風險。這樣投資者難免會承擔信息風險並遭遇不公平交易，為了避免自身損失，投資者只能提高要求的報酬率。依據信息不對稱理論，信息披露水平與公司的資本成本有明顯的負相關關係（Botosan et al.,2002[②]；汪煒等，2004[③]）。

[①]　鬱光華，伏健. 股份公司的代理成本和監督機制［J］. 經濟研究，1994(3).

[②]　Botosan, C. A., Plumlee, M. A Re-examination of Disclosure Level and the Expected Cost of Equity Capital［J］. Journal of Accounting Research, 2002, 40 (1).

[③]　汪煒，蔣高峰. 信息披露、透明度與資本成本［J］. 經濟研究，2004 (7).

3.2.2 終極控制股東尋租行為的發生

儘管 Tullock 曾經於 1967 年闡述過與尋租相關的理論，但尋租理論是 1974 年由 Anne Krueger 明確提出的。尋租最早用在政治領域，主要指利用政治特權創租，獲取巨額利潤。正是在利潤的吸引下，不同個體之間採用非市場的方式來尋租，導致收入的非市場化分配，但是整個過程中社會總收益並沒有增加。Tullock 認為尋租雖然使個人獲取收益，但是全社會的收益並未增加。Buchanan 也認為個人竭盡全力使自身價值極大化，容易造成社會浪費而非社會剩餘。後來的 Bhagwati（1982）擴充了尋租的範圍，認為尋租活動包括能產生貨幣收入，但是不會直接產生傳統效用函數中包含的中間產品或勞務。所以可以說尋租理論的提出讓經濟學的研究從生產領域內的資源配置問題延伸到了更為廣闊的生產和非生產領域之間的配置問題。

控制性股東利用自身擁有的超額控股權，追求自身經濟利益的活動屬於尋租活動。經濟學中將一種生產要素的所有者獲得的收入中，超過這種要素的機會成本的剩餘，稱為租。尋租活動往往造成社會資源的浪費，而尋租活動的產生往往是因為經濟體制的原因造成的，尋租活動是一種追逐既得利益的行為[1]。張祥建等（2007）[2] 通過對大股東控制的研究歸納得出：股權的集中不僅使得大股東有動力和機會增加公司的整體收益，而且大股東往往通過消耗公司資源來獲取中小股東無法分享的控制權隱性收益，即大股東控制不僅存在激勵效應而且存在塹壕效應。其中含義即為兩權分離度越大，中小股東利益越

---

[1] 陸丁. 尋租理論 [M] //湯敏，茅於軾. 現代經濟學前沿專題：第 2 集. 北京：商務印書館，1993.

[2] 張祥建，徐晉. 大股東控制的圍觀結構、激勵效應與塹壕效應——國外公司治理前沿研究的新趨勢 [J]. 證券市場導報，2007（10）.

有可能被侵占。對企業而言的資本成本也會隨著中小股東要求報酬率的增加而水漲船高。

第三節　終極控制權、控制層級與資本成本關係模型的構建

通過前文分析，我們可以初步認定，按照股權結構理論，我們需要分析終極控制股東性質、終極控制股東控股比例與資本成本的關係。以往的研究證明，終極控制股東性質對股權資本成本有顯著影響，但是終極控制股東控股比例與資本成本的關係還有待檢驗。按照金字塔結構與企業價值的相關性分析，歸納出控制層級與資本成本呈正相關關係。

3.3.1　需要控制的影響股權資本成本的因素

根據以往學者對股權資本成本影響因素的歸納，可以大致分為三類：公司特徵因素、制度因素和宏觀環境因素。對於公司特徵因素而言，Banz（1981）[1] 發現不僅證券組合風險，公司規模也會對股票的平均收益率產生影響。Fama et al. (1993) 發現除市場風險外，帳面市值比、行業特徵、長期增長率預測和分析師盈餘預測差異四個變量可以較好地解釋企業資本成本的差異。Amihud et al.（1986）[2]、Brennan et al.(1998)[3] 發現股票的流動性與其預期收益緊密相關。Bhandari

---

[1] Banz, R. W. The Relationship between Return and Market Value of Common Stocks [J]. Journal of Financial Economics, 1981 (9).

[2] Amihud, Y. Asset Pricing and the Bid-ask Spread [J]. Journal of Financial Economics, 1986 (17).

[3] Brennan, M. J., Chordia, T., Subrahmanyam, A. Alternative Factor Specifications, Security Characteristics and the Cross-section of Expected Stock Returns [J]. Journal of Financial Economics, 1998, 49 (3).

(1988) 曾證明財務槓桿對預期收益率的正效應，但是 Dany Aouna et al. (2008)① 發現了兩者之間的負相關關係。公司的信息披露程度與資本成本之間的負相關關係被 Copeland et al. (1983)、Glosten et al. (1985) 證實。Botosan (1997) 曾經用經驗數據證明了信息披露水平與股權資本成本之間的負相關關係，同時 Hail (2002) 用瑞士 73 家公司的橫截面數據證明了兩者之間的負相關關係②。同時，Easley et al. (2004)③ 除了論證上述兩者關係外，還將信息分為小道消息和公開消息，並證明小道消息與資本成本之間的正相關關係，這與 Richardson et al. (2001)④ 得出的結論一致。Ball (1978) 認為盈餘市價比是一個未知的影響期望收益率的變量。1989 年 Jaffe 等就對股票的預期收益率與盈餘市價比、公司規模間的關係進行了檢驗，發現了兩者均會對股票收益率產生顯著影響。此外，Singh et al. (2004)⑤ 發現國際化程度與資本成本之間的負相關關係，主要在於多元化可以有效分散企業的系統化風險，降低企業融資成本。Sudarsanam 於 1992 年研究發現資本密集度、資本勞動比率等行業特徵因素會增加企業的系統風險，進而增加企業的資本成本。對於制度因素而言，法律制度和社會治安越好，相應的資本成本越低，Hail 和 Leuz (2006) 檢驗並證

---

① Aouna, D., Heshmati. A. International Diversification, Capital Structure and Cost of Capital: Evidence from ICT Firms Listed at NASDAQ [J]. Applied Financial Economics, 2008 (18).

② Hail, L. The Impact of Voluntary Corporate Disclosures on the Ex-ante Cost of Capital for Swiss Firms [J]. The European Accounting Review, 2002, 11 (4).

③ Easley, D., O'Hara, M. Information and The Cost of Capital [J]. Journal of Finance, 2004, 59 (4).

④ Ball, R., Brown, P. An Empirical Evaluation of Accounting Income Numbers [J]. Journal of Accounting Research, 1968.

⑤ Singh, M., Mathur, I., Gleason, K. C. Governance and Performance Implications of Diversification Strategies: Evidence from Large U. S. Firms [J]. The Financial Review, 2004, 39 (4).

明兩者的正相關關係。Hail et al.（2003）選用40個國家1992—2001年的數據進行研究，在對各種風險和國家因素進行控制之後，發現法律制度越嚴格、證券監管體系越完善，國家的股權資本成本越低。沈藝峰等（2005）發現中小投資者的法律保護水平會降低權益資本成本。對宏觀環境因素而言，根據Sharp（1964）、Lintner（1965）、Black（1972）提出的資本資產定價模型（CAPM），得出股票市場的期望收益只和股票市場的風險水平相關。Chen et al.（1986）認為長短期利率差、預期或未預期通貨膨脹、行業生產率和高、低等級債券利率差均對資本成本產生顯著影響。

本書主要圍繞公司的特徵展開對資本成本影響因素的研究，選取樣本時盡量規避掉制度因素和外部環境因素的干擾。為排除一些重要變量對資本成本這一被解釋變量的影響，需要對一些變量進行控制。一般考慮股東獲利能力、公司規模、資產負債率、股權制衡度、行業、經營風險、盈利能力、經營效率和利潤分配水平等指標。

第一，反應股東獲利能力的指標：股利支付率和面值市值比[1]。

股利支付率，用DIV表示，股利作為股東收益的重要組成部分，股利支付率越高，股東的利益越有保障，相應股東承擔的風險越小，理論上，股利支付率與股權資本成本是負相關關係。雖然根據股利無關論，股利支付率不會對公司價值產生影響，進而不影響股東要求報酬率，但那是在完美資本市場、理性行為和完全確定性等假設前提下。但是，股利"一鳥在手"理論認為，因為分配股利得到的收益比資本利得更加穩定，風險相對更小，投資者應該得到更多的股利激勵以保持股票高價。所以，股利支付率與公司價值正相關，但是這一理論

---

[1] 這裡選用的兩個指標儘管屬於同一財務評價目的，但是它們之間的相關性及其與股權資本成本關係有待檢驗。

并未引起学界的更多重视。股票信号理论则认为当市场不完美时，为了避免股票市场因为股利发放减少得出公司经营不利的信号，所以一般不减少股利发放，减少股利意味着公司管理层级对公司未来价值变化的预期。公司股利发放与公司价值是正相关关系。

面值市值比是被 Fama 和 French（1993）证明的影响预期收益率的公司权益资本成本的三大风险因素之一，并认为两者之间正相关。Gebhardt[①] 等也证实了两者之间的正相关关系。在中国，叶康涛等（2004）[②] 用中国上市公司 2000 年和 2001 年的数据证明了这一因素是影响股权资本成本的重要因素，并证明两者之间的负相关关系。

第二，反应财务风险的指标：财务杠杆系数。肖珉（2007）用负债和权益之比度量财务风险，但是结果并未发现财务风险与股权资本成本之间存在显著相关关系。Robichek et al.（1973）以电力公用事业公司为样本研究财务杠杆对股权资本成本的影响，结果发现两者之间存在可度量的关系。Bhandari（1988）发现债务/权益比与平均收益率间是正相关关系。财务杠杆系数，取（利润总额+财务费用）/利润总额，系数越大，财务风险越大。

第三，公司规模，陈晓等（1999）[③] 用资产帐面值代表公司规模，发现企业规模与资产成本呈正相关关系。肖珉（2007）曾概括国外的文献认为权益资本成本与规模负相关，

[①] Gebhardt, W. R., Lee, C. M. C., Swaminathan, B. Toward an Implied Cost of Capital [J]. Journal of Accounting Research, 2001, 39 (1).

[②] 叶康涛，陆正飞. 中国上市公司股权融资成本影响因素分析 [J]. 管理世界，2004 (5).

[③] 陈晓，单鑫. 债务融资是否会增加上市企业的融资成本 [J]. 经济研究，1999 (9).

但是中國的研究證明兩者之間正相關①。Bostosan et al.（2002）曾證明在美國，企業規模與股權資本成本之間的負相關關係②。中國的汪煒等（2004）證明了在中國，企業規模與權益資本成本正相關③，這與田映華等（2003）得出的結論一致。唐宗明等（2002）的研究證明，公司規模越小，信息透明度越低，中小股東利益被侵占的可能性越大④。

第四，營運能力指標：總資產週轉率。陸正飛等（2004）認為資產週轉的速度越快，表明企業資產的管理利用效率越高，企業的管理行為相應是高效的，這一定程度上表明管理者與股東之間的代理衝突小，相應的股東要求的報酬率會降低，兩者之間理論上是負相關關係，但這與董飛等（2010）⑤ 利用2002—2005年上市公司數據得出的結論剛好相反。

第五，股票的流動性。流動性指標取樣本選用當年的上市公司股票的換手率，公司股票的流動性越高，相對而言對投資者的風險降低，更受投資者喜愛，相應的資本成本應該更低，兩者之間理論上是負相關關係。

第六，經營風險。一般經營風險可以採用收益波動性來考察⑥。沈藝峰等（2005）人認為經營風險等於長期資產與總資

---

① 肖珉. 中小投資者法律保護與權益資本成本 [D]. 廈門：廈門大學，2007.

② Bostosan, C. A., Plumlee, M. A. A Re-examinarion of Disclosure level and the Expected Cost of Equity Capital [J]. Journal of Accounting Review, 2002, 40 (1).

③ 汪煒，蔣高峰. 信息披露、透明度與資本成本 [J]. 經濟研究，2004 (7).

④ 唐宗明，蔣位. 中國上市公司大股東侵害度實證分析 [J]. 經濟研究，2002 (4).

⑤ 董飛，黃國良，劉建勇. 上市公司股權資本成本影響因素研究 [J]. 財會通訊，2010 (9).

⑥ 葉康濤，陸正飛. 中國上市公司股權融資成本影響因素分析 [J]. 管理世界，2004 (5).

產之比，並未發現經營風險與股權資本成本之間的顯著相關關係。理論上，企業的經營風險越大，股東要求的報酬率會相應提高，進而增加股權資本成本。

第七，股權制衡度一般是取第一大股東的持股比例與第二大股東的持股比例之比，或第一大股東的持股比例與第二至第五大股東的持股比例之比。也可以取赫芬達爾—赫希曼指數，這一指數用 HHI 表示：$HHI = \sum_{i=1}^{n} (X_i/X)^2$，其中 X 表示市場總規模，X_i 表示第 i 個企業的規模。在檢驗終極股權結構變量對資本成本的影響過程中，選用赫芬達爾—赫希曼指數作為股權制衡度衡量指標，但是以股權制衡度作為直接股權結構變量時，為保證研究的嚴密性，本文選用另外一指標反覆檢驗，具體參見後文。

第八，盈利能力水平，反應盈利水平的淨資產收益率，用 ROE 表示。企業的盈利不僅可以為股東帶來股利收益，而且能提升股價，為股東帶來資本利得。所以淨資產收益率越高，表明企業的盈利水平越好，股東對該公司股票越有信心，對股票的預期看好，認為股票的風險相對較低，會降低對股票要求的報酬率，對公司而言即降低資本成本。所以，淨資產淨利率與股權資本成本之間是負相關關係。

第九，長短期償債能力。陳曉等（1999）[1]將負債分為長期負債和短期負債，考察長期負債和短期負債形成的財務槓桿對資本成本的影響，結果發現短期財務槓桿對資本成本沒有影響，長期財務槓桿與加權平均資本成本和權益資本成本均存在負相關關係。Modiglianni et al.（1958）認為權益資本成本是負債的增函數。

除了上述變量經常被選為控制變量外，發應公司成長性的

---

[1] 陳曉，單鑫. 債務融資是否會增加上市企業的融資成本 [J]. 經濟研究，1999（9）.

指標：股東權益增長率、總資產增長率等也被作為影響股權資本成本的控制變量（姜付秀等，2006）[①]。

此外，年份、國別、投資者法律保護程度等一般也作為影響股權資本成本的因素納入考慮範圍，因為本書的數據分析分析的是同一個國家，所以上述因素的差別不大，不予考慮，僅考慮年份這一因素的影響。

3.3.2 自變量和因變量定義

3.3.2.1 被解釋變量定義

資本成本是指企業的長期債權投資者和股權投資者因向企業投入資金而要求的必要報酬率。資本成本的滿足即實現企業理財目標——股東財富最大化[②]。對於長期債權人所形成的債務資本一般是通過債務契約的方式固定起來，基本不存在爭論。所以本書研究的資本成本主要是指股權資本成本，股權資本成本是股權投資者要求的必要報酬率，用 R 表示。

3.3.2.2 解釋變量定義

像 La Porta et al.（1999）和 Claessens（2000）等人證明的那樣，股權集中或者說大股東控股現象普遍存在，而且多數公司為一個大股東或者管理層所控股。終極控制股東即個人、家族或者團體、組織等直接或間接[③]持有的投票權超過限定值的股東。La Porta et al.（1999）很多學者都採用10%或20%作為閾值，這一閾值的選定是在嚴格的金字塔結構下確定的。中國上市公司的股權結構是不嚴格的金字塔結構。劉芍佳等人根據中國具體情況對金字塔結構條件的放鬆，將國家控股定義

[①] 姜付秀，陸正飛. 多元化與資本成本的關係——來自中國股票市場的證據 [J]. 會計研究，2006（6）.

[②] 汪平，李光貴，鞏方亮. 資本成本、股東財富最大化及其實現程度研究——基於中國上市公司的經驗檢驗 [J]. 中國工業經濟，2008（4）.

[③] 間接持股比例是指當控制層級大於等於2時，通過層層追溯，取各鏈條上控股比例的最小值並將其相加得到的持股比例。

為：政府通過其直屬部門享有超過 20% 投票權的直接控股或者政府通過其所擁有的或控股的公司對上市公司實施表決權的間接控制。

終極控制股東應該具備以下條件：第一，其直接和間接持有的投票權一定超過其他股東；第二，直接和間接持有的投票權超過 20%；第三，終極控制股東是有支配能力的個人、家族、集體、政府，但這僅限於國內研究，如果跨國研究，應該包含外資企業並對其進行細分。

終極所有權，用現金流權表示，現金流權是指各控制鏈條上的各控制層級控股比例的乘積之和。

終極控制權指直接和間接持有的投票權之和，投票權是指直接控股權加上所有控制鏈條上各個控制層級的最小持股比例。

控制層級，不同於以往金字塔結構的控制鏈，因為它對控制鏈條上的中間機構是否是上市公司沒有嚴格限制，而且沒有要求控制層級必須超過兩層，控制層級指的是從上市公司到終極控制股東的層級數，中間機構可以不是上市公司。

是否為多鏈條結構？終極控制股東實現對上市公司控制的股權鏈條個數，若超過 1 為多鏈條控股，若為 1 則是單鏈條控股。

兩權分離度的兩權是指終極控制股東的控制權和所有權，終極控制權和終極所有權分別採用投票權和現金流權的計算方法。本書用兩權分離度（差值）表示投票權與現金流權之差，用兩權分離度（比值）表示投票權與現金流權之比。

所以，解釋變量包括終極控制股東性質、終極控制權、兩權分離度[①]、控制層級和控股鏈條數。終極控制股東性質用 CC 表示，終極所有權用 OP 表示，終極控制權用 CP 表示，兩權分離度用 Dev 表示，控制層級用 CL 表示，控股鏈條數用 CQ 表示。在對非政府控股樣本進行篩選後，政府層級將作為一個解釋變量。各變量的基本情況說明見表 3.1。

---

① 對於自變量的界定在文章 1.2.3 已提到，為避免重複，這裡不再贅述。

表 3.1　　　　　　各變量的定義與說明

變量類型	變量名稱	變量符號	變量定義	與因變量關係預測
因變量	股權資本成本	R	採用 CAPM 模型、OJ 模型和 ES 模型等三模型估算平均股權資本成本	
自變量	終極控股股東性質	CC	包括中央政府、省級政府、市級政府、縣級政府、鄉鎮政府、村級政府、個人或家族	有顯著影響
	終極所有權比例	OP	各控制鏈條上的各控制層級控股比例的乘積之和	+/−
	終極控制權比例	CP	直接控股權加上所有控制鏈條上各個控制層級的最小持股比例	+/−
	兩權分離度（差值）	DEVD	投票權與現金流權之差	+
	兩權分離度（比值）	DEVR	投票權與現金流權之比	+
	控制層級	CL	上市公司到終極控股股東的層級數	+/−
	是否為多鏈條結構	CQ	終極控股股東實現對上市公司控制的股權鏈是單條或多條	+/−
控制變量	股利支付率	DIV	每股股利/每股收益	−
	面值市值比	B/M	期末總資產/市場價值	+/−
	資產負債率	DR	負債總額/資產總額	+/−
	公司規模	SIZE	資產總額的自然對數	+/−
	總資產週轉率	AT	營業收入/資產總額期末餘額	−
	股權制衡度	H10	公司前十大股東的持股比例的平方和	−
	換手率	TR	年各股交易股數/股本總數	−
	財務槓桿係數	DFL	（利潤總額+財務費用）/利潤總額	+
	經營槓桿係數	DOL	（營業收入−營業成本）/（利潤總額+財務費用）	+
	流動比率	CR	流動資產/流動負債	−
	股東權益增長率	RCA	（期末股東權益−期初股東權益）/期初股東權益	−
	總資產增長率	TAGR	（期末資產−期初資產）/期初資產	−
	淨資產收益率	ROE	淨利潤/股東權益餘額	−
	年度	YEAR	2004—2011 年	

3.3.3 模型構建

就終極股權結構本身的特徵而言，終極所有權、終極控制權、實現終極控股的層級、實現終極控股的鏈條數是從產權結構的維度進行衡量，如圖 3.2 所示。而終極控制股東性質是從產權的歸屬界定的，所以，在分析過程中，終極控制股東性質作為分類變量，進行方差分析。而有關產權結構的終極所有權、終極控制權、控制層級、實現控股的鏈條數①進行線性迴歸。

有關資本成本影響因素的分析方法主要有兩種，一種是因子分析方法，一種是線性分析方法。在 2003 年，Gebhardt 等曾指出：在預測資本成本時，因子分析模型實際上等同於有關企業特徵的一個線性組合。並且多數文獻檢驗股權資本成本的影響因素時，也是線性迴歸模型進行分析。企業的特徵包括：企業風險、資產規模等。所以本書也採用線性迴歸的方法來考察中國上市公司股權資本成本的影響因素。

為檢驗終極所有權、終極控制權、兩權分離度、控制層級、控股鏈條數對股權資本成本的影響，模型構建如下：

$$R_i = \lambda_0 + \lambda_1 OP + \lambda_2 CP + \lambda_3 DEVR + \lambda_4 DEVD + \lambda_5 CL + \lambda_6 CQ + \lambda_7 DIV + \lambda_8 B/M + \lambda_9 DR + \lambda_{10} SIZE + \lambda_{11} AT + \lambda_{12} H10 + \lambda_{13} TO + \lambda_{14} DFL + \lambda_{15} DOL + \lambda_{16} CR + \lambda_{17} RCA + \lambda_{18} TAGR + \lambda_{19} ROE + \lambda_{20} YEAR + \varepsilon \quad (3.1)$$

其中，R_i 表示不同估算方法估算的股權資本成本，OP 表示終極所有權，CP 表示終極控制權，DEVR 表示兩權分離度（比值），DEVD 表示兩權分離度（差值），CL 表示控制層級，CQ

---

① 因為本書分析中，金字塔結構中包含有交叉持股的情況，控制鏈條數不易確定，所以將控制鏈條數設置成兩類，一類為單鏈條，一類是鏈條數大或等於兩的多鏈條。

表示是否為多鏈條結構，DIV 表示股利支付率，B/M 表示面值市值比，DR 表示資產負債率，$SIZE$ 表示上市公司規模，AT 表示總資產週轉率，$H10$ 表示公司前十大股東的 $Herfindahl$ 指數，TR 表示換手率，DFL 表示財務風險係數，DOL 表示經營風險係數，CR 表示流動比率，RCA 表示股東權益增長率，$TAGR$ 表示總資產增長率，ROE 表示淨資產收益率，$YEAR$ 表示年份，ε 表示剩餘項，λ_i 表示不同變量與股權資本成本之間的相關係數。

第四章

中國上市公司股權結構現狀分析

　　通過對國內外文獻的梳理發現：有關股權結構的研究主要是研究企業的所有權結構，而企業的所有權結構主要是圍繞直接所有權結構和終極所有權結構展開的。在 La Porta et al. (1999) 之前，所有的研究都是圍繞著公司的直接所有權結構展開的，因此，可以說 La Porta 等開創了一個新的所有權研究思路。目前，圍繞終極所有權結構的研究主要包括三個方面：股權集中度、所有權和控制權的分離、終極控制股東的身分等。在20世紀初，在美國家族制企業中，家族成員直接控制公司，所有權和控制權是統一的。在 Berle 和 Means (1932) 時代，美國的股權結構呈現出分散的特徵，這為職業經理人的產生提供了歷史背景，因為管理者與股東之間的利益不一致，廣泛出現了所有權與控制權之間的分離，進而引出了公司治理問題。在隨後的30年，隨著公司規模的擴大，股權分散情況進一步發展，以至於沒有任何一個股東或家族可以實現對公司的控股。但是股權結構對公司決策和股權價值的影響一直沒有確定的結論（Holderness, 2003[①]；Denis and McConnell,

---

[①] Holderness, C. G. A Survey of Blockholders and Corporate Control [J]. Economic Policy Review, 2003, 9 (1).

2003①）。儘管股權是分散的，但21世紀以來的研究證明大部分公司存在控股股東（Holderness, 2014②; Gadhoum et al., 2005），控股股東通過持股39%實現控股，但是也有大量學者採用5%、10%和20%作為實現控股的界閾。大股東在公司治理中是否會發揮作用，又是如何對公司產生影響的呢？大股東花費很少的金錢用於維護自身權益，哪怕是機構股東（Black, 1998; Karpoff, 2001），並且大股東的公司治理沒有對公司業績產生顯著影響。終極控制股東的性質是否可以影響公司價值呢？除了要區分機構股東和個體股東外，機構股東可以按照其激勵機制進行劃分，也可以按照投資機構的自我維護情況進行劃分。經研究發現，企業存在大股東而且存在多個大股東（Holderness, 2014），那麼這些大股東之間是相互合作還是爭權奪利，需要用相應的理論模型來描述這一狀況，然而如何設定變量來衡量股東之間的相互作用呢？這是一個難點。對於家族企業的公司價值好於非家族企業，因為家族企業由家族成員管理，相較於由職業經理人管理的情況，他們的目光更長遠（Villalonga and Amit, 2006)③。有學者認為股權結構和企業價值之間沒有因果關係，它們都是由看不到的市場因素驅動的。

因為中國是發展中國家，數據資料的不完善及改革開放之前中國整個社會環境的相對閉塞，研究數據不易獲得，導致中國的股權結構研究並未被納入世界的研究範疇，直到20世紀90年代，中國政府開放股票市場，數據才逐漸完善，這為我們展開研究奠定了基礎。

---

① Denis, D. K., McConnell, J. J. International Corporate Governance [J]. Journal of Financial and Quantitative Analysis, 2003 (3).

② Holderness, C. G. Cluture and The Ownership Concentration of Public Corporations Around The World [J]. Journal of Corporate Finance, 2014.

③ Villalonga, B., Amit, R. How Do Family Ownership, Control and Management Affect Firm Value? [J]. Journal of Financil Economics, 2006, 80 (2).

第一節　有終極控制股東的上市公司股權結構案例分析

4.1.1　有終極控制股東的上市公司的股權結構研究

有終極控制股東的股權結構研究包括實現終極控股的手段、終極控制股東的控股權比例、終極控制股東的類型、對終極控制股東的股權制衡。

對終極控股股權的股權制衡源於對公司第一大股東的股權制衡思想。當公司第一大股東與中小股東之間的代理問題嚴重時，若引入可以與之抗衡的幾個大股東，對大股東的行為進行監督，權力進行制衡，抑制大股東對公司資源和中小股東利益進行掠奪的一種股權安排方式。孫永祥等（1999）[①] 的研究認為與股權分散的機構相比，股權結構相對集中，且有相對控股股東，並且有其他大股東存在的股權結構的上市公司的績效趨於最大。安燁等（2011）[②] 用中國A股製造業373家上市公司9年的數據證明，股權制衡度對公司績效有顯著負面影響，當股權制衡指數變小時，公司績效顯著提升。

終極控制股東的控股權比例、終極控制股東的類型、控制層級等已在第一章進行討論，這裡只對終極控股閾值內容進行說明。按照現有的股份公司體制及股東會、董事會議事規則，股東會的控股權不同於董事會的實際控制權，若想讓股東的控

---

① 孫永祥，黃祖輝. 上市公司的股權結構與績效 [J]. 經濟研究，1999 (12).

② 安燁，鐘廷勇. 股權集中度、股權制衡與公司績效關聯性研究——基於中國製造業上市公司的實證分析 [J]. 東北師大學報：哲學社會科學版，2011 (6).

股權轉換為實際控制權，需要將權力滲透進董事會。一般當第一大股東持股比例高於 50%時，說明第一大股東享有絕對的控股權，但是當第一大股東持股比例小於 50%時，第一大股東能否控股，不僅取決於第一大股東的絕對持股比例，還取決於除它之外其他股東的股權集中度及其投票的積極性[①]。若想獲得第一大股東有效控股的持股比例，1983 年 John Cubbin 和 Dennis Leech 曾提出了控股權的度量方法，稱為概率投票模型[②]。這一方法曾經被中國學者蒲自立等[③]、林建秀（2007）分別採用 1997—2000 年中國上市公司、2002—2004 年上海證券交易所 A 股上市公司為樣本應用過。結果蒲自立等得出了控股權閾值平均值為 42.07%，這個結果是在最大程度保守估值的基礎上得到的，遠遠高於了前文綜述中 La Porta 等採用的 20%，更遠遠高於 Larner（1996）認為的只要擁有 10%的股份便可實現相對控股的控制比例。Shapley-Shubik 指數指數法也是常被用於度量控制權比例的一種方法，但是由於其計算是根據股東的排列組合進行的，所以當股東數量較多時，計算非常複雜，使得計算的可行性大大降低。所以，根據以往經驗，本書選用 20%作為終極控制閾值。

4.1.2　有終極控制股東的上市公司股權結構案例

以 2009 年中信國安信息產業股份有限公司年報中披露的公司控股關係圖為基礎研究其股權結構特徵，並明確本書計算

[①]　林建秀. 第一大股東性質、控制模式與公司績效［J］. 證券市場導報，2007（10）.

[②]　根據蒲自立等、林建秀運用概率投票模型的經驗，如果與計算達到控股所需的控股比例，必須對以下因素做出假設：1. 第一大股東在股東會層面贏得投票權的概率（一般取 99.9%）；2. 股權集中度（一般以前十大股東的赫菲德爾系數替代，即 H 值取 $H10$）；3. 除第一大股東外其他股東參與投票的概率（一般取 1）.

[③]　蒲自立，劉芍佳. 論公司控制權及對公司績效的影響分析［J］. 財經研究，2004，30（10）.

○ 終極控制權、股東性質與資本成本

終極控制股東的終極控制權和所有權、控制層級、兩權分離度的方法。該公司的股權結構不是單純的金字塔結構也不是單純的水平結構,而是兩者的結合,這個股權結構中不存在交叉持股的情況,但是可以說明它比單純的水平結構、金字塔結構要複雜得多。

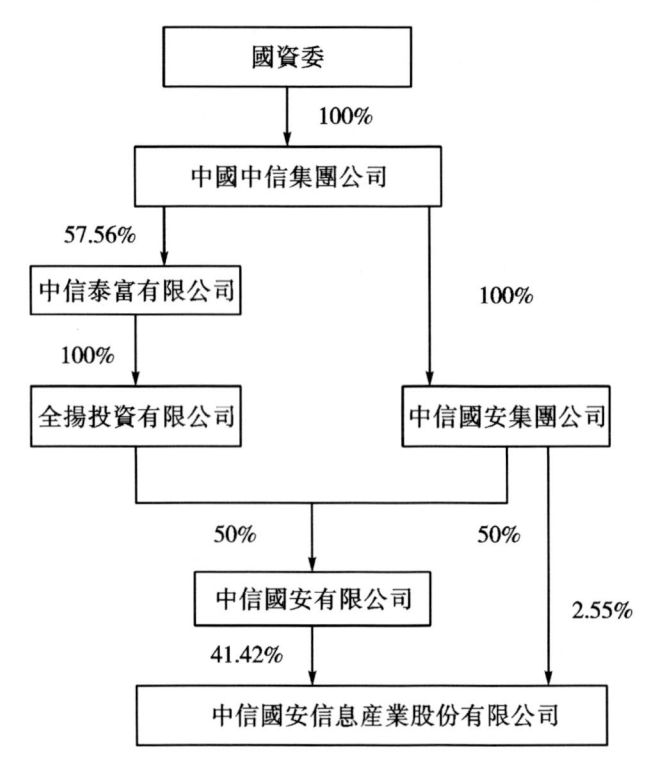

圖 4.1　中信國安信息產業股份有限公司控股關係圖①

從圖 4.1 可以看出中信國安信息產業股份有限公司的直接股東包括:中信國安有限公司和中信國安集團公司,其中,中信國安有限公司持股 41.42%,中信國安集團公司持股 2.55%。按照 20% 的控股比例閾值,中信國安有限公司是最大

---

① 股權結構圖來自中信國安信息產業股份有限公司 2009 年年報中公布的控股關係圖.

直接控股股東。但是沿著控制鏈條追溯發現，中信國安有限公司被中信國安集團公司和全揚投資有限公司分別持股50%。中信國安集團公司這一控股鏈條的上一層控股機構為中國中信集團公司（100%），全揚投資有限公司則被中信泰富有限公司全資持股，中信泰富有限公司的上層股東也為中國中信集團公司（57.56%），中國中信集團為國資委直屬企業。總體而言，可將股權鏈條分為三條。第一條是：中信國安信息產業股份有限公司—中信國安有限公司—中信國安集團公司—中國中信集團公司—財政部；第二條是：中信國安信息產業股份有限公司—中信國安有限公司—全揚投資有限公司—中信泰富有限公司—中國中信集團公司—財政部；第三條是：中信國安信息產業股份有限公司—中國中信集團公司—財政部。第一條鏈條的控制層級數為4，第二條的控制層級數為5，第三條不能作為控股鏈條，因為有的中間機構的控股比例低於20%。根據第一和第二鏈條追溯到的終極控制股東均為財政部，根據控制層級越少，理論而言代理問題越小的原則，同時，第一和第二控股鏈條第一層中間機構的控股比例最小，均為41.42%，其他層級均大於50%，此種情況，控制層級取小，所以，財政部對中信國安信息產業股份有限公司實現控股的控制層級為4。第三條鏈條雖然不是控股鏈條，但是，從圖4.1可以看出鏈條3中從上市公司到中間機構——中信國安集團公司，它與第一控制鏈條合併為一條，中信國安集團公司直接持股2.55%，間接持股41.42%，兩者相加為43.97%，所以財政部對中信國安信息產業股份有限公司的終極控制權為43.97%。終極所有權為各鏈條控股比例的乘積之和，= 41.42% * 50% * 100% * 100% + 2.55% * 100% * 100% + 41.42% * 50% * 100% * 57.56% * 100% = 35.18%。兩權分離度（差值）= 終極控制權 − 終極所有權 = 43.97% − 35.18% = 8.79%，兩權分離度（比值）= 43.97%/35.18% = 1.25。

通過上述分析說明：中信國安信息產業股份有限公司擁有終極控制股東，控股股東為國資委，終極控股比例為43.97%，終極所有權為5.18%，控制層級為4，終極控制股東是通過多鏈條實現控股的。終極控制股東的兩權存在偏離，終極控制權與終極所有權之差為8.79%，終極控制權與終極所有權之比為1.25。因為上市公司公布的控股關係圖並沒有披露其他終極股東的情況，故若想研究對終極控制股東的股權制衡幾乎不可能，但是上市公司的年報中均披露了公司前十大股東的信息，所以，本書在後續分析中，不分析終極股權制衡度，只涉及對第一大直接控股股東的股權制衡。

第二節　中國上市公司的數量分佈特徵

雖然自從2002年起，中國證監會要求上市公司必須披露公司實際控制人，並且公布了公司的控制圖譜，但是，直到2004年大部分公司才完成對以上信息的公布。本書選擇中國2004年至2011年非金融行業滬深兩市上市公司的數據為樣本，數據主要來源於（http://www.gtarsc.com/）國泰安數據庫，以（www.resset.cn）銳思金融研究數據庫、《證券導報》《證券時報》等披露的上市公司數據資料作為補充。儘管證監會要求上市公司必須披露公司的控制圖譜，但是仍然有很多公司沒有披露，而且上述數據庫也沒有相關數據，所以作者只能手工按照披露的控制圖譜整理相關數據，這給數據的收集和整理工作帶來了極大困難。

因為部分公司沒有披露終極控制股東，所以，為了保證研究的嚴密性，本書在選擇2004年前所有上市公司數據的基礎上，要去掉這些信息不全而無法追溯其終極控制股東的上市公司數據；基於前文的研究還需要去掉不存在終極控制股東的上市公司數據①，去掉無法確定控制層級的數據，去掉無法判斷控制鏈條是否為多鏈條結構的數據。根據終極控制股東性質，本書將終極控制股東首先分為政府和非政府，政府按照政府層級分為中央政府、省級政府、市級政府、縣級政府、鄉鎮政府、村級政府六類不同政府層級控股的上市公司，非政府控股的上市公司只分析終極控制股東屬於個人或家族的情況，所以需要去掉終極控制股東不屬於上述 7 類的上市公司，截止到 2011 年底，最終共得到有效樣本 1 的個數為 11,321 個。

按照終極控制股東的控股比例所屬區間將上市公司分為四類：終極控股比例為 20%~30%、終極控股比例為 30%~40%、終極控股比例為 40%~50%、終極控股比例 50%以上。其中，終極控股比例為 20%~30%的樣本占了總樣本量的 25.55%，終極控股比例為 30%~40%的樣本占了總樣本量的 21.78%，終極控股比例為 40%~50%的樣本占總樣本量的 20.27%，絕對控股的樣本所占比重最大，為 32.39%。具體情況參見表 4.1。

表 4.1　不同終極控股比例區間上樣本的數量分佈情況

終極控制權比例區間	頻率	有效百分比	累計百分比
20%~30%	2,893.00	25.55	25.55
30%~40%	2,466.00	21.78	47.34
40%~50%	2,295.00	20.27	67.61
50%以上	3,667.00	32.39	100.00
合計	11,321.00	100.00	

根據下表 4.2 的統計結果，控制層級共有 8 級，其中，91.55%的樣本分佈在第 1、2、3 層，不到 1%的樣本分佈在第 6、7、8 層。直接控股的樣本占總量的 12.67%，這說明雖然

---

① 根據控股關係圖得出公司存在終極控制權大於或等於 20%的最大股東.

大部分上市公司是間接持股，遠超過直接控股的數量。

表 4.2　不同控制層級上樣本的數量分佈情況

層級	頻率	百分比	有效百分比	累計百分比
1	1,434	12.667	12.667	12.667
2	6,154	54.359	54.359	67.026
3	2,776	24.521	24.521	91.547
4	749	6.616	6.616	98.163
5	141	1.245	1.245	99.408
6	40	0.353	0.353	99.762
7	16	0.141	0.141	99.903
8	11	0.097	0.097	100.000
合計	11,321	100.000	100.000	

按照控股鏈條是單鏈條還是多鏈條將總樣本數分為兩類，其中，單鏈條的樣本量為 8,990 個，占總樣本量的 79.41%，控制鏈條為多鏈條的占總樣本量的 20.59%。這說明中國上市公司的終極控制股東大部分通過單鏈條實現對上市公司的控制。

表 4.3　控股鏈條為單鏈條和多鏈條的數量分佈情況

	頻率	百分比	有效百分比	累計百分比
單鏈條	8,990.00	79.41	79.41	79.41
多鏈條	2,331.00	20.59	20.59	100.00
合計	11,321.00	100.00	100.00	

表 4.4 描述了中國上市公司的終極控制權和終極所有權分離與否的分佈情況，其中，沒有發生分離的樣本為 6,345 個，占總樣本量的 56%，兩權發生分離的占總樣本量的 44%。上述結果說明，中國有終極控制股東的上市公司大部分沒有發生兩權分離，這類公司的股權結構屬於水平結構，而發生兩權分離的屬於廣義的金字塔結構。

表 4.4　兩權不分離和兩權分離的樣本數量分佈情況

	頻率	百分比	有效百分比	累計百分比
兩權不分離	6,345	56.0	56.0	56.0
兩權分離	4,976	44.0	44.0	100.0
合計	11,321	100.0	100.0	

表 4.5 描述了上市公司樣本按照不同終極控制股東性質進行分佈的情況，其中個人或家族終極控股的樣本最多，達到了 38.20%，共計 4,327 個，村級政府終極控股的樣本最少，僅有 31 個，占總樣本量的 0.30%，中間從少到多依次為：鄉鎮政府、縣級政府、市級政府、省級政府和中央政府。上述結果說明，2004—2011 年中國的大部分上市公司被政府所控股，中央政府、省級政府、市級政府控股的樣本占了總樣本量的一半以上。

表 4.5　不同終極控制股東控股的上市公司的數量分佈情況

	頻率	百分比	有效百分比	累計百分比
個人或家族	4,327.000	38.200	38.200	38.200
中央政府	2,174.000	19.200	19.200	57.400
省級政府	2,362.000	20.900	20.900	78.300
市級政府	2,118.000	18.700	18.700	97.000
縣級政府	265.000	2.300	2.300	99.300
鄉鎮政府	44.000	0.400	0.400	99.700
村級政府	31.000	0.300	0.300	100.000
合計	11,321.000	100.000	100.000	

按照前文對金字塔結構的定義，若上市公司的股權結構發生分離，則該上市公司的股權結構屬於廣義的金字塔結構，表

4.6就描述了不同終極控制股東控股的上市公司的不同類型股權結構所占比重。從下表可以看出，個人或家族控股的上市公司中，有34.58%的上市公司兩權發生分離，股權結構屬於水平結構；65.42%的上市公司的兩權未發生分離，股權結構屬於金字塔結構，而政府終極控股的上市公司中，69.32%的上市公司的股權結構屬於水平結構，30.68%的上市公司的股權結構屬於金字塔結構。這說明：個人或家族終極控股的上市公司相對於政府終極控股的情況更傾向於採用金字塔結構，這應與個人或家族終極控制股東的上市公司融資困難有一定的關係。政府終極控股的上市公司內部，除鄉鎮政府、村級政府控股的上市公司外，其他公司隨著政府層級的降低，金字塔結構所占比重越小。

表4.6　按照兩權分離與否和終極控制股東性質劃分的樣本的分佈情況

是否兩權分離	個人或家族	中央政府	省級政府	市級政府	縣級政府	鄉鎮政府	村級政府	政府合計
兩權不分離	0.345,8	0.516,1	0.707,0	0.744,1	0.784,9	0.318,2	0.627,6	0.693,2
兩權分離	0.654,2	0.483,9	0.293,0	0.255,9	0.215,1	0.681,8	0.372,4	0.306,8
合計	1.000,0	1.000,0	1.000,0	1.000,0	1.000,0	1.000,0	1.000,0	1.000,0

第三節　中國上市公司的股權結構隨年份的變化趨勢

按照不同年份將樣本進行分類，最終得到中國上市公司的股權結構基本情況的面板數據如表4.7所示。

表 4.7　2004—2011 年中國上市公司股權結構
（基於終極控股股東理論）

年份		終極所有權比例	終極控制權比例	兩權分離度(差值)	兩權分離度(比值)	控制層級
2004	均值	39.010	44.737	5.727	1.394	2.414
	N	1,156.000	1,156.000	1,156.000	1,156.000	1,156.000
	標準差	18.352	15.240	8.521	0.948	0.775
	極小值	1.633	20.000	0.000	1.000	1.000
	極大值	85.000	89.390	41.015	12.247	6.000
2005	均值	37.222	43.361	6.139	1.438	2.446
	N	1,164.000	1,164.000	1,164.000	1,164.000	1,164.000
	標準差	17.753	14.689	8.718	1.152	0.813
	極小值	0.921	20.000	0.000	1.000	1.000
	極大值	92.000	92.000	41.008	22.394	8.000
2006	均值	34.190	40.285	6.095	1.462	2.437
	N	1,195.000	1,195.000	1,195.000	1,195.000	1,195.000
	標準差	16.550	13.827	8.535	1.100	0.834
	極小值	1.470	20.000	0.000	1.000	1.000
	極大值	98.860	100.000	41.008	13.605	8.000
2007	均值	34.778	40.790	6.012	1.418	2.381
	N	1,261.000	1,261.000	1,261.000	1,261.000	1,261.000
	標準差	16.432	14.001	8.605	1.020	0.848
	極小值	1.828	20.000	0.000	1.000	1.000
	極大值	95.000	98.780	42.347	12.678	8.000
2008	均值	35.477	41.460	5.994	1.373	2.381
	N	1,319.000	1,319.000	1,319.000	1,319.000	1,319.000
	標準差	16.237	13.874	8.439	0.807	0.857
	極小值	2.705	20.000	0.000	1.000	1.000
	極大值	92.000	100.000	42.347	10.863	8.000

表4.7(續)

年份		終極所有權比例	終極控制權比例	兩權分離度(差值)	兩權分離度(比值)	控制層級
2009	均值	36.647	42.327	5.691	1.351	2.323
	N	1,457.000	1,457.000	1,457.000	1,457.000	1,457.000
	標準差	17.083	14.841	8.443	0.787	0.901
	極小值	2.705	20.000	0.000	1.000	1.000
	極大值	93.610	93.610	42.931	10.863	8.000
2010	均值	37.775	43.160	5.385	1.315	2.196
	N	1,773.000	1,773.000	1,773.000	1,773.000	1,773.000
	標準差	17.063	15.074	8.209	0.735	0.914
	極小值	2.338	20.000	0.000	1.000	1.000
	極大值	99.320	99.320	53.424	11.797	8.000
2011	均值	38.230	43.482	5.257	1.298	2.125
	N	1,996.000	1,996.000	1,996.000	1,996.000	1,996.000
	標準差	16.646	14.694	8.009	0.754	0.950
	極小值	2.094	20.000	0.000	1.000	1.000
	極大值	92.272	92.760	39.835	13.725	8.000
總計	均值	36.799	42.526	5.730	1.371	2.315
	N	11321.000	11,321.000	11,321.000	11,321.000	11,321.000
	標準差	17.051	14.629	8.400	0.903	0.881
	極小值	0.921	20.000	0.000	1.000	1.000
	極大值	99.320	100.000	53.424	22.394	8.000

從上表可以瞭解到，2004—2011年可以追溯終極控制股東的上市公司的終極控制權均值為42.53%，終極所有權均值為36.80%，兩權分離度（差值）均值為5.73%，兩權分離度（比值）均值為1.37，控制層級均值為2.32。從上述數據的絕對值來看，中國上市公司的股權結構比較扁平，兩權偏離度不高。

借鑑 Claessens et al.（2000）[①] 對東亞、Faccio et al.（2002）[②] 對西歐、CHU[③]（2008）對全球的投票權、現金流權和兩權分離度等分析結果，與中國情況進行對比。因為終極控股閾值取值的不同，所以終極投票權、終極現金流權沒有比較意義，但是可以比較兩權分離度狀況。中國的兩權分離比值均值與國外其他研究的計算結果基本持平，兩權分離度（差值）均值略高於其他國家。

表 4.8　　　　　　各國股權結構特徵比較

地區	樣本量	投票權均值	投票權方差	現金流權均值	現金流權方差	兩權分離度(差值)	兩權分離度(比值)	終極控股閾值
東亞	2,611	19.77	13.65	15.70	13.44	4.07	1.26	5.00
西歐	4,806	38.48	26.10	34.64	26.76	3.84	1.11	5.00
全球	8,868	25.00	20.42	20.93	19.85	4.07	1.19	0.00
中國	11,374	42.53	17.05	36.80	14.63	5.73	1.37	20.00

註：表格內投票權、現金流權、終極控股閾值對應的數值均為百分數。

中國上市公司的終極控制權均值和終極所有權均值隨著年份均呈現先減少後增加的趨勢，在 2006 年均達到最小值，分別為 40.29% 和 34.19%，在 2004 年達到最大值，分別為 44.73% 和 39.01%，但是各年份的差別並不大，最大差值僅有 5% 左右。圖 4.2 可以形象地反應上述情況。

[①] Claessens, S., Djankov, S., Lang, P. H. L. The Separation of Ownership from Control of East Asian Firms [J]. Journal of Financial Economics, 2000, 58 (1-2).

[②] Faccio, M., Lang, L. H. P. The Ultimate Ownership of Western European Corporations [J]. Journal of Financial Economics, 2002, 65 (3).

[③] CHU, Sin Yan Teresa. Ultimate Ownership and the Cost of Capital [D]. Hong Kong: The Chinese University of Hong Kong, 2008.

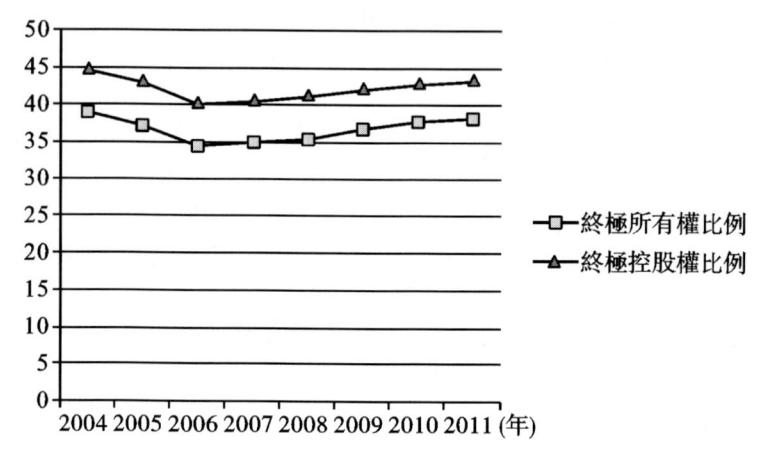

图 4.2　2004—2011 年有終極控制股東的上市公司終極控制權與終極所有權均值比較

2004—2011 年，兩權分離度（差值）均值均在 6% 左右，各年份的差別不大，最大差值為 6.14，最小差值 5.26。兩權分離度（比值）均值最小值為 1.30，最大值為 1.46，各年份間差別不明顯。兩權分離度（差值）均值和兩權分離度（比值）均值最大值均出現在了 2006 年，最小值出現在 2011 年，兩者均顯示出先上升後下降的趨勢。表 4.7 和圖 4.4 說明了上述情況。

從圖 4.4 可以觀測到：2004—2011 年的控制層級均值整體呈先上升後下降趨勢。這說明近 8 年來中國上市公司的終極控制股東並沒有通過控制層級使得股權結構複雜化。表 4.7 說明各年控制層級均值分佈在 2.1 至 2.5 之間，最大值為 2.45，最小值為 2.13。中國上市公司的控制層級絕對值並不高，而且呈逐年下降的趨勢。各年份之間的終極控制權均值、終極所有權均值、兩權分離度（差值）均值、兩權分離度（比值）均值、控制層級均值是否有顯著差異呢？表 4.9 包含了對中國上市公司的各年終極控股結構特徵差異顯著性的分析結果。

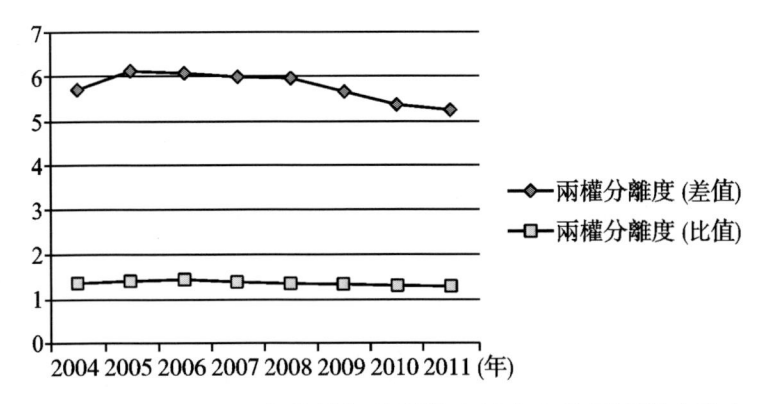

圖 4.3　2004—2011 年有終極控制股東的上市公司兩權分離度

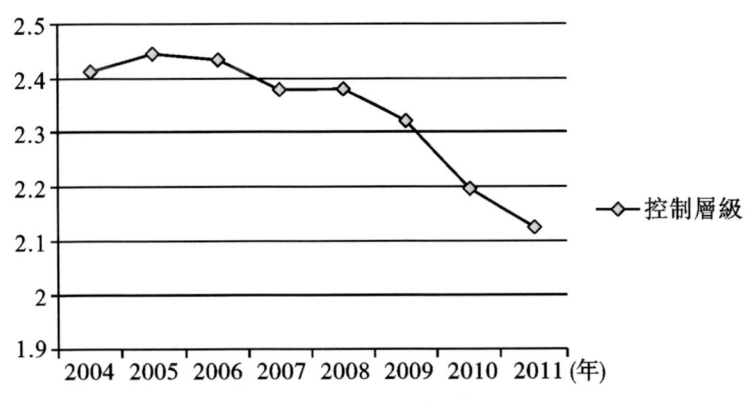

圖 4.4　2004—2011 年有終極控制股東的上市公司的控制層級

表 4.9　不同年份上市公司的股權結構特徵差異的顯著性

		平方和	df	均方	F	顯著性
終極 所有權	組間	27,260.904	7.000	3,894.415	13.499	0.000
	組內	3,263,834.277	11,313.000	288.503		
	總數	3,291,095.180	11,320.000			
終極 控制權	組間	20,360.654	7.000	2,908.665	13.698	0.000
	組內	2,402,235.690	11,313.000	212.343		
	總數	2,422,596.344	11,320.000			

表4.9（續）

		平方和	df	均方	F	顯著性
兩權分離度（差值）	組間	1,205.482	7.000	172.212	2.443	0.017
	組內	797,565.004	11,313.000	70.500		
	總數	798,770.486	11,320.000			
兩權分離度（比值）	組間	35.485	7.000	5.069	6.241	0.000
	組內	9,189.432	11,313.000	0.812		
	總數	9,224.917	11,320.000			
控制層級	組間	157.371	7.000	22.482	29.476	0.000
	組內	8,628.485	11,313.000	0.763		
	總數	8,785.855	11,320.000			

從表4.9可以看出，不同年份的終極所有權均值、終極控制權均值、兩權分離度（差值）均值、兩權分離度（比值）均值、控制層級均值的顯著性水平均小於0.05的顯著性水平。這說明，在0.05的顯著性水平上，中國上市公司的各股權結構特徵變量均值在各年份是有顯著差異的。整體上，中國上市公司的股權結構呈金字塔結構特徵，但是，隨著年份的增加，這種特徵在弱化，兩權分離度也有降低的趨勢。

這一部分從終極控制股東性質、終極控制權、終極所有權、是否兩權分離及兩權分離水平、實現控股的縱向鏈條長度（即本書所述的控制層級）、實現控股的橫向鏈條的條數（本書分為單鏈條和多鏈條控股兩個方面）對中國上市公司的股權結構情況進行了介紹。具體內容概括如下：

第一，有終極控制股東的11,321個有效樣本中，61.8%的終極控制股東是政府，個人或家族終極控股的占38.2%，這符合中國上市公司大部分是由國有企業轉制而來的基本國情，從數量上看，政府仍然扮演著資本市場主體的角色。政府終極控股的樣本中，按照政府層級來劃分，超過95%的公司被中央政府、省級政府、市級政府所控制，而且，從省級政府到村級政府，隨著政府層級的降低，控股的上市公司數量越少。從2004年到2011年，個人或家族控制的上市公司從276個增加到1,081個，所占比重從23.88%上升到54.16%，呈逐年遞增的趨勢；相應地，以政府控股的上市公司從絕對數量來看，各年份變化不大，2006年達到最小值840個，2011年達到最大值915個，但其所占比重呈逐年遞減的趨勢，從2004年占76.12%到2011年減少到45.84%。所以，單從數量而言，2011年，個人或家族終極控股的上市公司量已超過政府終極控股的數量。政府終極控股的上市公司比重從2004年到2011年呈遞減趨勢，主要是由於市級政府、縣級政府、鄉鎮政府、村級政府所占比重下降造成的，中央政府、省級政府終極控股的上市公司比重從2004年到2011年是逐漸上升的。

第二，有效樣本的平均控制層級為2.32，即從終極控制股東到上市公司之間平均有1.32個中間結構，縱向看，平均層級數並不多，從2004年到2011年，平均控制層級從2.41減少到2.13。雖然有12.67%的上市公司是被終極控制股東直接控股，最多的控制層級達到了8層，有78.88%的樣本控制層級為2層和3層。個人或家族控股的樣本平均控制層級為2.06層，低於平均水平，2004年其控制層級為2.43層，到2005年達到最大，為2.44層，從2005年到2011年，其平均控制層級呈遞減趨勢，減少到1.79層。政府終極控股的上市公司的控制層級從2004年到2011年是逐漸增加的，從2.41層，增加到2.52層，這說明政府正逐漸退居幕後。中國79.41%的公司通過單鏈條控股，有20.59%是通過多鏈條對上市公司實現控制的。單鏈條控股的上市公司的平均控制層級為2.27層，平均兩權分離度（比值）為1.33，平均兩權分離度（差值）為4.85；多鏈條控股的上市公司的控制層級為2.50層，兩權分離度（比值）為1.55，兩權分離度（差值）為9.14。這說明：相對於多鏈條控股，單鏈條控股的上市公司的控制層級相對較低，兩權分離度也相應較低。

第三，平均終極控制權、平均終極所有權從 2004 年至 2011 年呈先降低後輕微增加的趨勢，在 2006 年達到最小值，這與中國的股權分置改革是緊密相連的。個人或家族終極控股的上市公司的終極控制權均值、終極所有權均值從 2004 年到 2011 年整體呈上升趨勢，而且上升幅度較大；中央政府、省級政府、市級政府、縣級政府的終極控股的各上市公司股權結構指標均值從 2004 年至 2011 年的變化趨勢基本相同，終極控制權均值、終極所有權均值呈先下降後略微上升的趨勢，但變化不大；對鄉鎮政府、村級政府終極控股的上市公司而言，上述兩指標均值隨著年份起伏較大，但整體呈下降趨勢。

上述分析說明，政府終極控股的上市公司已經逐漸減少，個人或家族終極控股的上市公司到 2011 年已占到一半以上，單從數量而言，個人或家族終極控股的上市公司已可以與政府終極控股的上市公司在股票市場中平分秋色。儘管多數上市公司並非由終極控制股東直接控股，但是控制層級近年來已經呈降低的趨勢，並不像部分研究中所講的控制鏈條逐漸增長的趨勢。中國上市公司中有 79.41% 的公司是單鏈條控股，但多鏈條控股的上市公司所占比例近年來增加得更多，這說明中國上市公司的終極股權結構正在橫向複雜化。而且，相對於單鏈條控股的公司，多鏈條控股的上市公司的平均控制層級多，兩權分離度大。個人或家族終極控股的上市公司的平均控制層級越來越少，平均兩權分離度越來越小；政府終極控股的情況卻剛好相反。個人或家族對終極控股的上市公司投入的資金越來越多，雖然控股權也增大了，但是，兩權分離度減少了，這說明中國個人或家族控股的上市公司並沒有出現利用更少的資金獲取更多可控資源的情況。雖然從所有樣本情況來看，個人或家族的終極所有權均值相對較低，但截至 2011 年，已與政府終極控股的上市公司平均水平持平；個人或家族終極控制權均值雖然呈增長趨勢，但是相比投入而言，增幅小，兩權分離度小，而政府情況卻呈相反的趨勢。在 11,321 個樣本中，有 44%的上市公司的股權結構呈金字塔結構特徵，有 56%的上市公司的終極股權結構呈水平結構特徵。其中，個人或家族控股的上市公司中，有 34.58%的上市公司的股權結構屬於水平結構，65.42%的上市公司的股權結構屬於金字塔結構，而政府終極控股的上市公司中，69.32%的上市公司的股權結構屬於水平結構，30.68%的上市公司的股權結構屬於金字塔結構。這說明中國政府終極控股的上市公司的股權結構更偏向於水平結構，而個人或家族終極控股的上市公司的股權結構則傾向於選擇金字塔結構。

第四節　上市公司的股權結構特徵描述

4.4.1　終極控制股東性質對股權結構特徵的影響

表 4.10 描述了樣本的終極控制股東不同，上市公司的其他股權結構特徵變量均值的變化。所有政府控股的上市公司的平均終極所有權均值都高於個人或家族控股的上市公司；同時，除鄉鎮政府控股的上市公司外，其他類別政府控股的上市公司的平均終極控制權均值高於個人或家族控股的上市公司；個人或家族控股的上市公司的平均兩權分離度（差值）均值、平均兩權分離度（比值）均值高於政府控股的上市公司。這說明個人或家族控股的上市公司更傾向於兩權分離，利用自身掌握的資金獲取更多的可控資源。個人或家族控股的上市公司的控制層級少於政府控股的上市公司，這說明個人或家族利用扁平的股權結構實現了較大的兩權分離。所有政府控股的上市公司中，中央政府和省級政府控股的終極控股比例均值基本持平，均在

45%以上，但省級政府控股的上市公司的終極所有權均值高於中央政府，省級政府的兩權分離度均值高於中央政府。中央政府的控制層級在所有政府控股的上市公司中是最多的，一部分原因是由於中央政府控股的企業規模龐大，形成了複雜的集團公司。縣級政府終極所有權和終極控制權均值分別為34.039%和37.120%，兩權分離度（差值）為3.081，兩權分離度（比值）為1.166，控制層級均值為2.121層，在政府控股的上市公司中相應指標值最低，鄉鎮政府終極控股的上市公司的各股權結構特徵值居中。各變量的具體取值參見表4.10，有關不同終極控制股東的各股權結構特徵值的直觀描述見圖4.5、圖4.6。

表4.10 不同股東終極控股的上市公司的股權結構情況

終極控制股東性質		終極所有權比例（%）	終極控制權比例（%）	兩權分離度（差值）	兩權分離度（比值）	控制層級
個人或家族	均值	31.873	39.992	8.120	1.595	2.058
	N	4,326.000	4,326.000	4,326.000	4,326.000	4,326.000
	標準差	17.215	14.924	8.923	1.193	0.938
	極小值	0.921	20.000	0.000	1.000	1.000
	極大值	99.320	99.320	53.424	22.394	8.000
中央政府	均值	39.821	45.153	5.351	1.289	2.91
	N	2,175	2,175	2,175	2,175	2,175
	標準差	16.596	14.311	8.381	0.661	0.968
	極小值	2.757	20.000	0.000	1.000	1.000
	極大值	93.610	93.610	39.253	7.874	8.000
省級政府	均值	41.324	45.505	4.181	1.225	2.355
	N	2,362.000	2,362.000	2,362.000	2,362.000	2,362.000
	標準差	16.562	14.453	7.625	0.686	0.595
	極小值	1.954	20.000	0.000	1.000	1.000
	極大值	98.860	98.860	39.248	13.222	6.000

表4.10(續)

終極控制股東性質		終極所有權比例(%)	終極控制權比例(%)	兩權分離度(差值)	兩權分離度(比值)	控制層級
市級政府	均值	39.080	42.338	3.259	1.187	2.213
	N	2,118.000	2,118.000	2,118.000	2,118.000	2,118.000
	標準差	15.392	13.517	6.909	0.523	0.633
	極小值	2.514	20.000	0.000	1.000	1.000
	極大值	81.970	81.970	36.962	8.552	7.000
縣級政府	均值	34.039	37.120	3.081	1.166	2.121
	N	265.000	265.000	265.000	265.000	265.000
	標準差	13.547	12.603	6.890	0.403	0.675
	極小值	6.021	20.070	0.000	1.000	1.000
	極大值	81.520	81.520	28.516	3.333	6.000
鄉鎮政府	均值	35.529	44.249	8.721	1.469	2.159
	N	44.000	44.000	44.000	44.000	44.000
	標準差	21.855	19.243	9.354	0.632	0.805
	極小值	8.820	23.290	0.000	1.000	1.000
	極大值	92.000	100.000	24.080	3.333	4.000
村級政府	均值	37.125	41.346	4.221	1.165	2.258
	N	31.000	31.000	31.000	31.000	31.000
	標準差	14.194	12.199	6.237	0.256	0.682
	極小值	21.280	21.280	0.000	1.000	2.000
	極大值	70.830	70.830	21.255	1.961	4.000
總計	均值	36.799	42.526	5.730	1.371	2.315
	N	11,321.000	11,321.000	11,321.000	11,321.000	11,321.000
	標準差	17.051	14.629	8.400	0.903	0.881
	極小值	0.921	20.000	0.000	1.000	1.000
	極大值	99.320	100.000	53.424	22.394	8.000

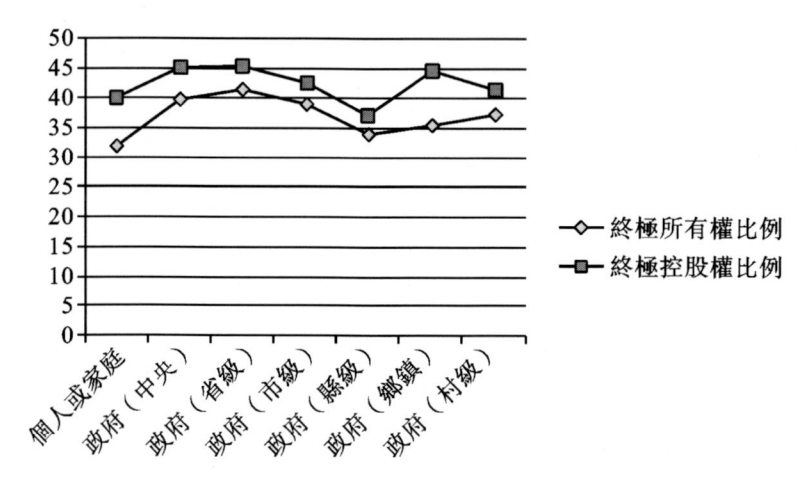

図 4.5　不同終極控制股東控股上市公司的終極所有權和終極控制權

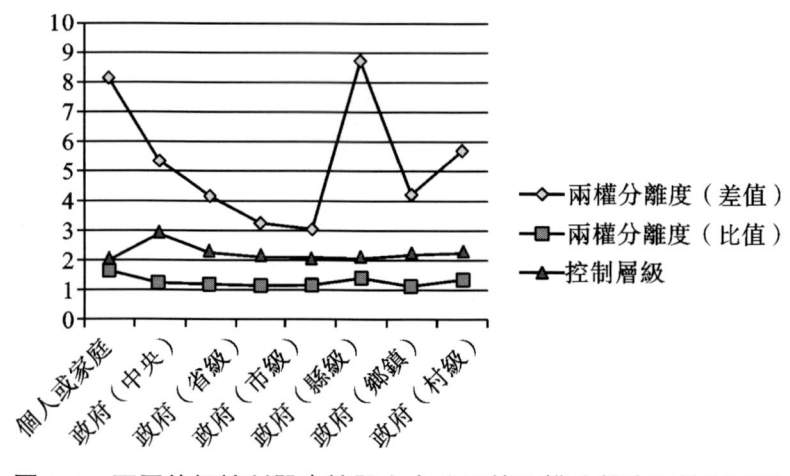

図 4.6　不同終極控制股東控股上市公司的兩權分離度和控制層級

表 4.11 描述了按照終極控制股東性質對上市公司樣本進行分類後，各股權結構特徵均值差異的顯著性。從表中可以得出：按照終極控制股東性質劃分的終極所有權均值、終極控制權均值、兩權分離度（差值）均值、兩權分離度（比值）均值、控制層級均值是有顯著區別的，因為顯著性概率一列所顯示值均為 0.00，小於 0.05 的顯著性水平。

表 4.11 不同終極控制股東控股上市公司的股權結構特徵差別的顯著性

		平方和	df	均方	F	顯著性
終極所有權	組間	186,569.775	6.000	31,094.962	113.321	0.000
	組內	3,104,525.406	11,314.000	274.397		
	總數	3,291,095.180	11,320.000			
終極控制權	組間	71,872.305	6.000	11,978.718	57.653	0.000
	組內	2,350,724.039	11,314.000	207.771		
	總數	2,422,596.344	11,320.000			
兩權分離度(差值)	組間	45,954.364	6.000	7,659.061	115.107	0.000
	組內	752,816.122	11,314.000	66.538		
	總數	798,770.486	11,320.000			
兩權分離度(比值)	組間	365.194	6.000	60.866	77.726	0.000
	組內	8,859.722	11,314.000	0.783		
	總數	9,224.917	11,320.000			
控制層級	組間	1,087.439	6.000	181.240	266.360	0.000
	組內	7,698.417	11,314.000	0.680		
	總數	8,785.855	11,320.000			

表 4.12 描述了不同終極控制股東控股的上市公司的股權結構在不同年份的平均值。通過多變量方差分析可以發現：用終極控制股東性質和年份分類後的不同上市公司的終極所有權均值、終極控制權均值、兩權分離度（差值）、兩權分離度（比值）、控制層級等均是有顯著區別的，顯著性概率均為 0.00，低於顯著性水平 0.05，限於篇幅，此處不再將方差分析結果呈現。

表 4.12　2004—2011 年各年不同股東終極控股的上市公司的股權結構情況

控股股東性質	年份		終極所有權比例(%)	終極控制權比例(%)	兩權分離度(差值)	兩權分離度(比值)	控制層級
個人或家族	2004	均值	23.289	35.284	11.995	2.068	2.428
		N	276.000	276.000	276.000	276.000	276.000
	2005	均值	22.531	34.360	11.829	2.087	2.440
		N	300.000	300.000	300.000	300.000	300.000
	2006	均值	24.018	34.755	10.737	1.996	2.401
		N	354.000	354.000	354.000	354.000	354.000
	2007	均值	27.824	37.210	9.386	1.796	2.235
		N	421.000	421.000	421.000	421.000	421.000
	2008	均值	30.167	38.797	8.630	1.620	2.164
		N	458.000	458.000	458.000	458.000	458.000
	2009	均值	32.837	40.702	7.865	1.515	2.052
		N	577.000	577.000	577.000	577.000	577.000
	2010	均值	36.432	42.919	6.487	1.375	1.864
		N	859.000	859.000	859.000	859.000	859.000
	2011	均值	37.392	43.359	5.967	1.333	1.790
		N	1,081.000	1,081.000	1,081.000	1,081.000	1,081.000
	總計	均值	31.873	39.992	8.120	1.595	2.058
		N	4,326.000	4,326.000	4,326.000	4,326.000	4,326.000
中央政府	2004	均值	42.353	48.014	5.661	1.310	2.881
		N	236.000	236.000	236.000	236.000	236.000
	2005	均值	41.571	47.281	5.710	1.293	2.963
		N	240.000	240.000	240.000	240.000	240.000
	2006	均值	38.759	43.881	5.122	1.262	2.884
		N	251.000	251.000	251.000	251.000	251.000
	2007	均值	38.209	43.644	5.435	1.285	2.881
		N	260.000	260.000	260.000	260.000	260.000
	2008	均值	38.885	44.117	5.287	1.266	2.898
		N	274.000	274.000	274.000	274.000	274.000

表4.12(續)

控股股東性質	年份		終極所有權比例(%)	終極控制權比例(%)	兩權分離度(差值)	兩權分離度(比值)	控制層級
中央政府	2009	均值	39.967	45.051	5.138	1.277	2.920
		N	287.000	287.000	287.000	287.000	287.000
	2010	均值	39.494	44.771	5.277	1.321	2.910
		N	311.000	311.000	311.000	311.000	311.000
	2011	均值	39.770	45.019	5.280	1.296	2.937
		N	316.000	316.000	316.000	316.000	316.000
	總計	均值	39.821	45.153	5.351	1.289	2.910
		N	2,175.000	2,175.000	2,175.000	2,175.000	2,175.000
省級政府	2004	均值	45.747	49.289	3.542	1.149	2.345
		N	287.000	287.000	287.000	287.000	287.000
	2005	均值	43.957	47.836	3.879	1.184	2.340
		N	282.000	282.000	282.000	282.000	282.000
	2006	均值	39.796	43.979	4.183	1.256	2.350
		N	280.000	280.000	280.000	280.000	280.000
	2007	均值	40.200	44.551	4.351	1.229	2.332
		N	283.000	283.000	283.000	283.000	283.000
	2008	均值	39.406	44.298	4.892	1.266	2.378
		N	299.000	299.000	299.000	299.000	299.000
	2009	均值	40.120	44.235	4.115	1.242	2.363
		N	306.000	306.000	306.000	306.000	306.000
	2010	均值	40.595	44.771	4.177	1.235	2.373
		N	314.000	314.000	314.000	314.000	314.000
	2011	均值	41.020	45.292	4.271	1.236	2.357
		N	311.000	311.000	311.000	311.000	311.000
	總計	均值	41.324	45.505	4.181	1.225	2.355
		N	2,362.000	2,362.000	2,362.000	2,362.000	2,362.000

表4.12(續)

控股股東性質	年份		終極所有權比例(%)	終極控制權比例(%)	兩權分離度(差值)	兩權分離度(比值)	控制層級
市級政府	2004	均值	43.910	46.448	2.538	1.123	2.148
		N	311.000	311.000	311.000	311.000	311.000
	2005	均值	41.793	44.898	3.104	1.171	2.173
		N	301.000	301.000	301.000	301.000	301.000
	2006	均值	37.360	40.630	3.270	1.198	2.217
		N	267.000	267.000	267.000	267.000	267.000
	2007	均值	37.120	40.325	3.205	1.170	2.216
		N	255.000	255.000	255.000	255.000	255.000
	2008	均值	37.121	40.731	3.610	1.191	2.252
		N	246.000	246.000	246.000	246.000	246.000
	2009	均值	38.022	41.559	3.538	1.215	2.247
		N	247.000	247.000	247.000	247.000	247.000
	2010	均值	37.951	41.397	3.446	1.214	2.229
		N	245.000	245.000	245.000	245.000	245.000
	2011	均值	37.697	41.281	3.584	1.238	2.252
		N	246.000	246.000	246.000	246.000	246.000
	總計	均值	39.080	42.338	3.259	1.187	2.213
		N	2,118.000	2,118.000	2,118.000	2,118.000	2,118.000
縣級政府	2004	均值	40.199	43.444	3.245	1.130	2.118
		N	34.000	34.000	34.000	34.000	34.000
	2005	均值	39.079	42.905	3.826	1.194	2.129
		N	31.000	31.000	31.000	31.000	31.000
	2006	均值	35.087	37.919	2.833	1.177	2.030
		N	33.000	33.000	33.000	33.000	33.000
	2007	均值	32.333	35.801	3.469	1.217	2.061
		N	33.000	33.000	33.000	33.000	33.000
	2008	均值	31.886	34.757	2.872	1.145	2.206
		N	34.000	34.000	34.000	34.000	34.000
	2009	均值	31.895	34.809	2.914	1.157	2.118
		N	34.000	34.000	34.000	34.000	34.000
	2010	均值	31.051	33.954	2.904	1.165	2.147
		N	34.000	34.000	34.000	34.000	34.000
	2011	均值	31.033	33.663	2.630	1.148	2.156
		N	32.000	32.000	32.000	32.000	32.000
	總計	均值	34.039	37.120	3.081	1.166	2.121
		N	265.000	265.000	265.000	265.000	265.000

表4.12(續)

控股股東性質	年份		終極所有權比例(%)	終極控制權比例(%)	兩權分離度(差值)	兩權分離度(比值)	控制層級
鄉鎮政府	2004	均值	41.259	48.415	7.156	1.232	2.333
		N	6.000	6.000	6.000	6.000	6.000
	2005	均值	41.920	53.618	11.697	1.846	2.500
		N	4.000	4.000	4.000	4.000	4.000
	2006	均值	38.057	46.182	8.125	1.439	1.833
		N	6.000	6.000	6.000	6.000	6.000
	2007	均值	29.566	39.002	9.436	1.509	1.800
		N	5.000	5.000	5.000	5.000	5.000
	2008	均值	39.222	49.498	10.276	1.509	1.800
		N	5.000	5.000	5.000	5.000	5.000
	2009	均值	39.607	49.675	10.069	1.625	2.000
		N	4.000	4.000	4.000	4.000	4.000
	2010	均值	29.921	37.530	7.609	1.402	2.429
		N	7.000	7.000	7.000	7.000	7.000
	2011	均值	29.697	37.286	7.589	1.402	2.429
		N	7.000	7.000	7.000	7.000	7.000
	總計	均值	35.529	44.249	8.721	1.469	2.159
		N	44.000	44.000	44.000	44.000	44.000
村級政府	2004	均值	45.747	49.289	3.542	1.149	2.345
		N	287.000	287.000	287.000	287.000	287.000
	2005	均值	43.957	47.836	3.879	1.184	2.34
		N	282.000	282.000	282.000	282.000	282.000
	2006	均值	39.796	43.979	4.183	1.256	2.35
		N	280.000	280.000	280.000	280.000	280.000
	2007	均值	40.200	44.551	4.351	1.229	2.332
		N	283.000	283.000	283.000	283.000	283.000
	2008	均值	39.406	44.298	4.892	1.266	2.378
		N	299.000	299.000	299.000	299.000	299.000
	2009	均值	40.120	44.235	4.115	1.242	2.363
		N	306.000	306.000	306.000	306.000	306.000
	2010	均值	40.595	44.771	4.177	1.235	2.373
		N	314.000	314.000	314.000	314.000	314.000
	2011	均值	41.020	45.292	4.271	1.236	2.357
		N	311.000	311.000	311.000	311.000	311.000
	總計	均值	41.324	45.505	4.181	1.225	2.355
		N	2,362.000	2,362.000	2,362.000	2,362.000	2,362.000

表4.12(續)

控股股東性質	年份		終極所有權比例(%)	終極控制權比例(%)	兩權分離度(差值)	兩權分離度(比值)	控制層級
總計	2004	均值	39.010	44.737	5.727	1.394	2.414
		N	1,156.000	1,156.000	1,156.000	1,156.000	1,156.000
	2005	均值	37.222	43.361	6.139	1.438	2.446
		N	1,164.000	1,164.000	1,164.000	1,164.000	1,164.000
	2006	均值	34.190	40.285	6.095	1.462	2.437
		N	1,195.000	1,195.000	1,195.000	1,195.000	1,195.000
	2007	均值	34.778	40.790	6.012	1.418	2.381
		N	1,261.000	1,261.000	1,261.000	1,261.000	1,261.000
	2008	均值	35.477	41.460	5.994	1.373	2.381
		N	1,319.000	1,319.000	1,319.000	1,319.000	1,319.000
	2009	均值	36.647	42.327	5.691	1.351	2.323
		N	1,457.000	1,457.000	1,457.000	1,457.000	1,457.000
	2010	均值	37.775	43.160	5.385	1.315	2.196
		N	1,773.000	1,773.000	1,773.000	1,773.000	1,773.000
	2011	均值	38.230	43.482	5.257	1.298	2.125
		N	1,996.000	1,996.000	1,996.000	1,996.000	1,996.000
	總計	均值	36.799	42.526	5.730	1.371	2.315
		N	11,321.000	11,321.000	11,321.000	11,321.000	11,321.000

　　個人或家族終極控股的上市公司的終極控制權均值和終極所有權均值隨著年份的增加整體均呈上升趨勢；同時，兩權分離度（差值）、兩權分離度（比值）、控制層級整體均呈下降趨勢，個人或家族終極控股的上市公司的終極控制權均值和終極所有權均值隨著年份的增加整體均呈上升趨勢；同時，兩權分離度（差值）、兩權分離度（比值）、控制層級整體均呈下降趨勢，圖4.7說明了上述情況。上述描述說明，個人或家族近年來對上市公司注入了更多的資金，使得股權結構逐漸水平化，超額控股情況有所緩解。

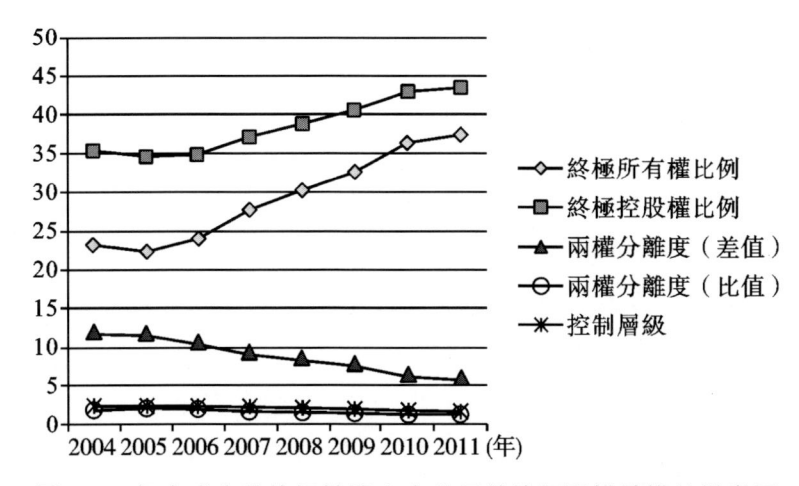

圖 4.7 個人或家族終極控股上市公司的終極股權結構特徵變量

中央政府終極控股的上市公司的終極控制權均值和終極所有權均值隨著年份的整體變化趨勢不大，先減少後些許上升，整體趨勢是逐漸減小的；兩權分離度（差值）均值、兩權分離度（比值）均值、控制層級均值的變化不明顯，具體可查看圖 4.8 和表 4.12。中央政府控股的上市公司的終極所有權均值有下降趨勢，這與國有股權分置改革有一定的聯繫，不僅在中央政府控股的上市公司存在這種情況，在其他政府層級控股的上市公司中應該也存在上述情況。

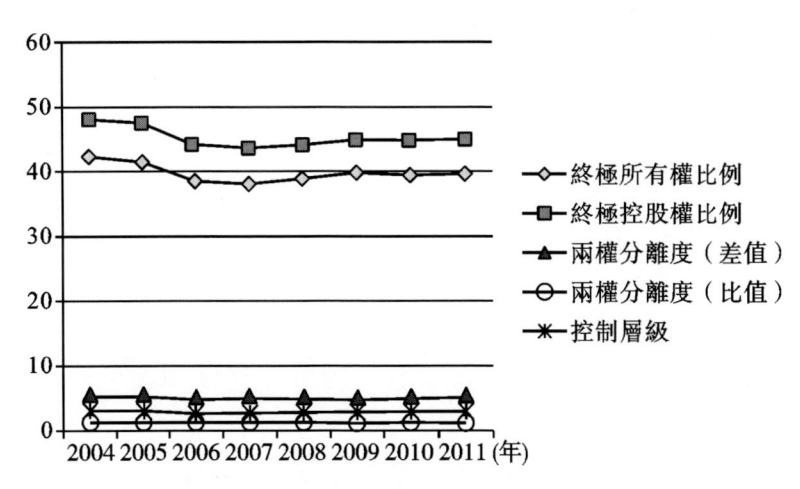

圖 4.8 中央政府終極控股上市公司的終極股權結構特徵變量

省級政府終極控股的上市公司的終極控制權均值和終極所有權均值隨年份呈逐漸降低的趨勢，尤其以前三年下降比較明顯，後五年的差異不大（如圖4.9）。兩權分離度（差值）均值的差異較大，以2008年達到最大，沒有明顯變化趨勢，兩權分離度（比值）均值和控制層級均值的差別不明顯。省級政府控股的各股權指標特徵值的變化與中央政府控股的上市公司的情形基本一致。

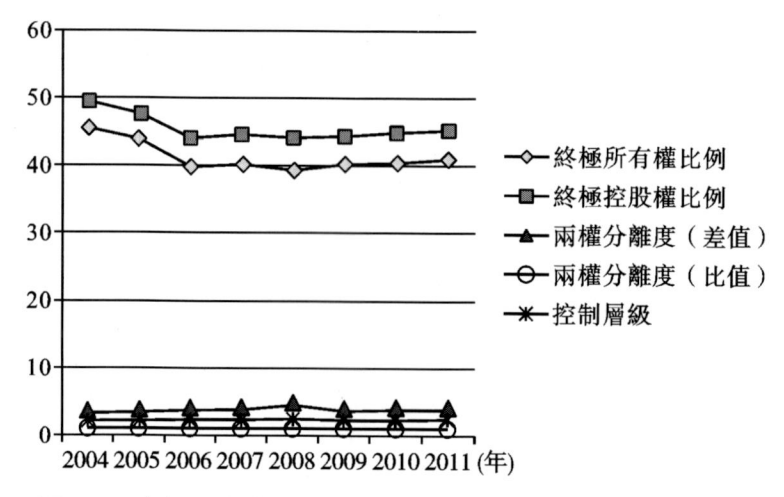

圖4.9　省級政府終極控股上市公司的終極股權結構特徵變量

市級政府終極控股的上市公司的終極所有權均值、終極控制權均值均呈先下降後輕微上升的趨勢，前三年變化比較顯著，後五年變化不明顯（如圖4.10）。兩權分離度（差值）均值起伏較大，但是兩權分離度（比值）均值、控制層級均值變化不明顯。市級政府、省級政府和中央政府各指標的變化趨勢基本一致。

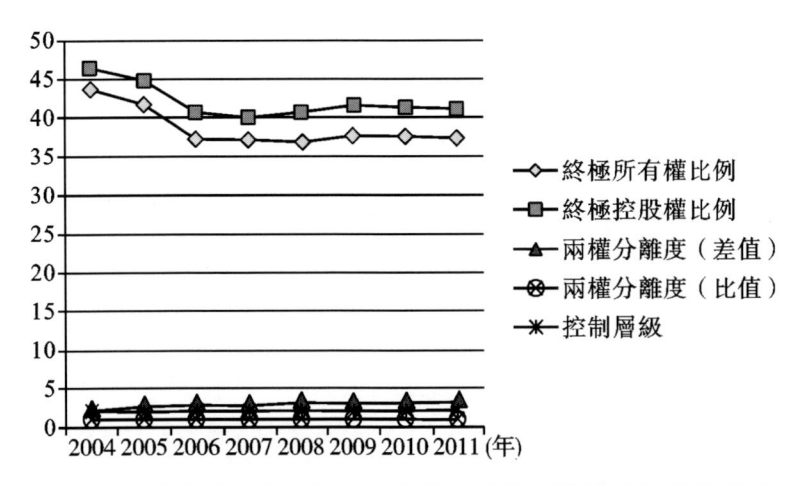

圖 4.10 市級政府終極控股上市公司的終極股權結構特徵變量

縣級政府終極控股的上市公司的終極所有權均值和終極控制權均值呈較明顯的下降趨勢，兩權分離度（差值）均值的變化趨勢不明顯，兩權分離度（比值）均值、控制層級均值差異不大，基本沒有明顯變化（如圖 4.11）。這與中央政府、省級政府、市級政府控股的上市公司的各股權結構特徵變量的變化趨勢基本一致。

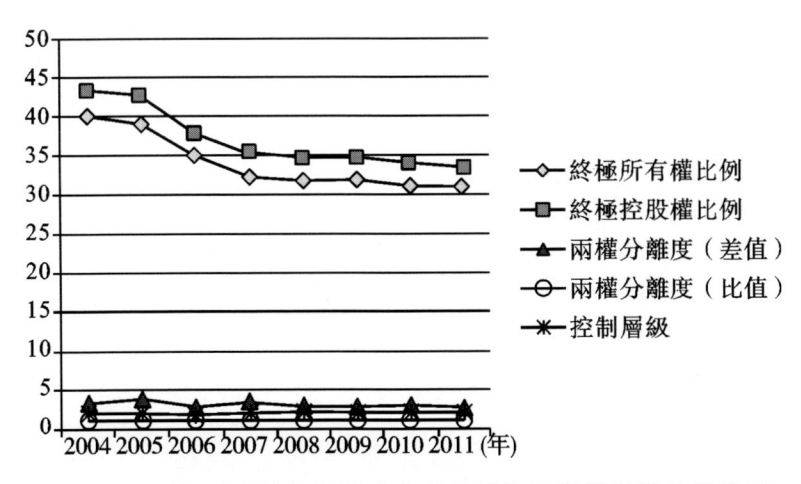

圖 4.11 縣級政府終極控股上市公司的終極股權結構特徵變量

○ 終極控制權、股東性質與資本成本

　　鄉鎮政府終極控股的上市公司的終極所有權均值、政府控股權比例均值起伏差異較大，但是整體趨勢是下降的（如圖4.12）。大幅度的波動與樣本量有一定關係，鄉鎮政府終極控股的上市公司分佈在各年份，每年的有效數量不超過10個。其他三個變量指標：兩權分離度（比值）均值、兩權分離度（差值）均值、控制層級均值的變化差異不大，隨著年份的增加沒有發現規律性的變化。

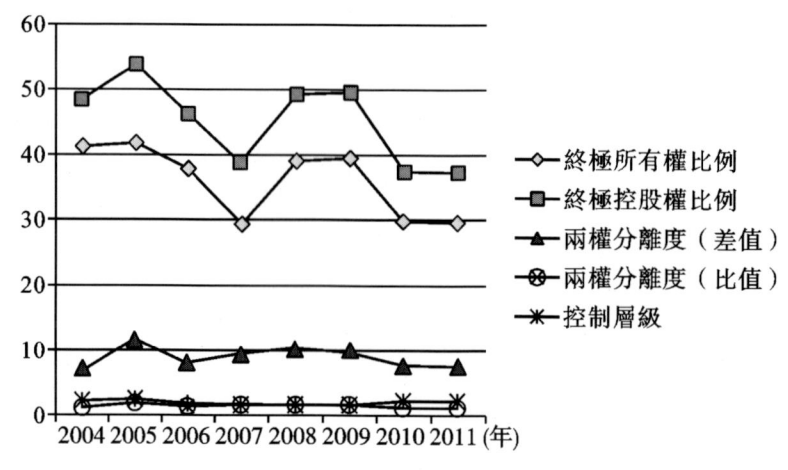

圖4.12　鄉鎮政府控股上市公司的終極股權結構特徵變量

　　村級政府的終極所有權均值、終極所有權均值在不同年份起伏差異較大，但整體呈下降趨勢（如圖4.13）。兩權分離度（差值）均值和控制層級均值的變化也較大，兩權分離度（比值）均值沒有明顯變化。鄉鎮政府、村級政府控股的上市公司的各股權結構特徵值波動較大的主要原因是有效觀測值太少，受個別公司的影響較大。

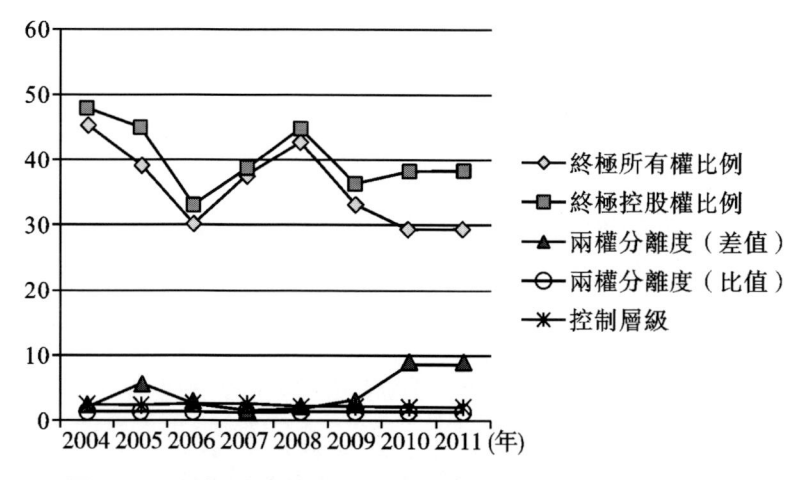

图 4.13 村级政府控股上市公司的终极股权结构特征变量

整体而言，个人或家族终极控股的上市公司的终极控制权均值和终极所有权均值呈下降趋势，但是，政府控股的上市公司的终极控制权均值和终极所有权均值呈上升趋势。这说明政府逐渐减持，同时，个人或家族增持，上市公司的终极控制股东正逐渐多元化。个人或家族控股的上市公司的两权分离度均值呈增大的趋势，说明这类终极控制股东用较少的资金控制了更多的可控资源。个人或家族终极控股的上市公司的控制层级越来越少，说明这类上市公司的股权结构逐渐扁平化；政府控股的上市公司的控制层级均值起伏不大，差异不明显。中央政府、省级政府、市级政府、县级政府控股的上市公司的终极控制权均值、终极所有权均值、两权分离度（差值）均值、两权分离度（比值）均值、控制层级均值的变化趋势基本一致。乡镇政府、村级政府终极控股的上市公司的上述指标均值变化波动大，因样本量的原因，结果的有效性有待考证。

4.4.2 控股链条数对上市公司的股权结构特征的影响

从表 4.13 可以看出当终极控制股东通过单链条实现终极控股时，终极所有权为 37.00%，高于控制链条为多链条时的

36.03%，但是，此時單鏈條的終極控制權卻低於多鏈條的終極控制權。從兩權分離度（差值）、兩權分離度（比值）兩個指標可以明顯看出：採用多鏈條實現控制的上市公司的兩權分離情況要嚴重得多，採用多鏈條實現控制的上市公司的控制層級也相對而言更高。所以整體而言，採用多鏈條控股，不僅橫向股權結構複雜，縱向控制層級也較多，兩權分離現象更加明顯。

表 4.13 股權結構特徵變量隨控股鏈條數的變化

是否為多鏈條結構		終極所有權比例(%)	終極控制權比例(%)	兩權分離度(差值)	兩權分離度(比值)	控制層級
單鏈條	均值	36.999	41.845	4.846	1.326	2.266
	N	8,990.000	8,990.000	8,990.000	8,990.000	8,990.000
多鏈條	均值	36.029	45.153	9.140	1.545	2.505
	N	2,331.000	2,331.000	2,331.000	2,331.000	2,331.000
總計	均值	36.799	42.526	5.730	1.371	2.315
	N	11,321.000	11,321.000	11,321.000	11,321.000	11,321.000

表 4.14 進一步檢驗了在不同年份當控股鏈條數不同時股權結構特徵變量的變化。結果發現：除 2010 年和 2011 年外，其餘所有年份中，單鏈條的終極所有權高於多鏈條；除 2004 年外，其餘年份中，單鏈條的終極控制權低於多鏈條；所有年份中，單鏈條的兩權分離度（差值）和兩權分離度（均值）均高於多鏈條，同時，所有的單鏈條的控制層級低於多鏈條的控制層級。通過單鏈條實現對上市公司終極控股的樣本與總有效樣本量之比從 2004 年到 2011 年呈下降趨勢。在 2004 年，單鏈條樣本占當年總樣本量的 86.85%；2005 年，單鏈條樣本量占當年樣本量的 84.11%，較上一年有所降低；2006 年，又回彈到 84.60%，之後一直到 2011 年，下降到 70.64%。

表 4.14　不同年份股權結構特徵變量隨股權結構鏈條數的變化

年份	是否為多鏈條結構		終極所有權比例(%)	終極控制權比例(%)	兩權分離度(差值)	兩權分離度(比值)	控制層級
2004	單鏈條	均值	39.402	44.635	5.234	1.364	2.366
		N	1,004.000	1,004.000	1,004.000	1,004.000	1,004.000
	多鏈條	均值	36.423	45.408	8.985	1.590	2.737
		N	152.000	152.000	152.000	152.000	152.000
	總計	均值	39.010	44.737	5.727	1.394	2.414
		N	1,156.000	1,156.000	1,156.000	1,156.000	1,156.000
2005	單鏈條	均值	37.905	43.282	5.377	1.393	2.383
		N	979.000	979.000	979.000	979.000	979.000
	多鏈條	均值	33.608	43.782	10.174	1.680	2.778
		N	185.000	185.000	185.000	185.000	185.000
	總計	均值	37.222	43.361	6.139	1.438	2.446
		N	1,164.000	1,164.000	1,164.000	1,164.000	1,164.000
2006	單鏈條	均值	34.701	40.006	5.305	1.411	2.396
		N	1,011.000	1,011.000	1,011.000	1,011.000	1,011.000
	多鏈條	均值	31.380	41.818	10.438	1.742	2.663
		N	184.000	184.000	184.000	184.000	184.000
	總計	均值	34.190	40.285	6.095	1.462	2.437
		N	1,195.000	1,195.000	1,195.000	1,195.000	1,195.000
2007	單鏈條	均值	35.042	40.288	5.246	1.361	2.343
		N	1,046.000	1,046.000	1,046.000	1,046.000	1,046.000
	多鏈條	均值	33.493	43.229	9.736	1.695	2.563
		N	215.000	215.000	215.000	215.000	215.000
	總計	均值	34.778	40.790	6.012	1.418	2.381
		N	1,261.000	1,261.000	1,261.000	1,261.000	1,261.000

表4.14(續)

年份	是否為多鏈條結構		終極所有權比例(%)	終極控制權比例(%)	兩權分離度(差值)	兩權分離度(比值)	控制層級
2008	單鏈條	均值	35.791	40.907	5.116	1.322	2.336
		N	1,068.000	1,068.000	1,068.000	1,068.000	1,068.000
	多鏈條	均值	34.139	43.812	9.733	1.589	2.570
		N	251.000	251.000	251.000	251.000	251.000
	總計	均值	35.477	41.460	5.994	1.373	2.381
		N	1,319.000	1,319.000	1,319.000	1,319.000	1,319.000
2009	單鏈條	均值	36.812	41.497	4.685	1.300	2.270
		N	1,132.000	1,132.000	1,132.000	1,132.000	1,132.000
	多鏈條	均值	36.072	45.218	9.194	1.528	2.505
		N	325.000	325.000	325.000	325.000	325.000
	總計	均值	36.647	42.327	5.691	1.351	2.323
		N	1,457.000	1,457.000	1,457.000	1,457.000	1,457.000
2010	單鏈條	均值	37.685	42.021	4.336	1.271	2.134
		N	1,340.000	1,340.000	1,340.000	1,340.000	1,340.000
	多鏈條	均值	38.054	46.687	8.633	1.448	2.386
		N	433.000	433.000	433.000	433.000	433.000
	總計	均值	37.775	43.160	5.385	1.315	2.196
		N	1,773.000	1,773.000	1,773.000	1,773.000	1,773.000
2011	單鏈條	均值	38.171	42.155	3.984	1.240	2.033
		N	1,410.000	1,410.000	1,410.000	1,410.000	1,410.000
	多鏈條	均值	38.373	46.676	8.320	1.437	2.348
		N	586.000	586.000	586.000	586.000	586.000
	總計	均值	38.230	43.482	5.257	1.298	2.125
		N	1,996.000	1,996.000	1,996.000	1,996.000	1,996.000

為明確實現不同控股鏈條數的各股權結構變量的差異，本書進行了單因素方差分析，結果如表4.15所示。在顯著性水平一欄，可以看出，所有的值均小於0.05，說明在0.05的顯著性水平上，鏈條數可以對各股權結構變量進行顯著區分。進

一步結合年份變量進行雙變量方差分析，結果所有的顯著性概率均小於 0.05，說明在 0.05 的顯著性水平上，不同年份不同鏈條數的股權結構特徵變量是有顯著差別的[①]。

表 4.15　控股鏈條數對股權結構特徵變量影響的顯著性

		平方和	df	均方	F	顯著性
終極所有權	組間	1,739.709	1.000	1,739.709	5.987	0.014
	組內	3,289,355.471	11,319.000	290.605		
	總數	3,291,095.180	11,320.000			
終極控制權	組間	20,253.989	1.000	20,253.989	95.430	0.000
	組內	2,402,342.355	11,319.000	212.240		
	總數	2,422,596.344	11,320.000			
兩權分離度(差值)	組間	34,139.414	1.000	34,139.414	505.373	0.000
	組內	764,631.072	11,319.000	67.553		
	總數	798,770.486	11,320.000			
兩權分離度(比值)	組間	89.254	1.000	89.254	110.585	0.000
	組內	9,135.663	11,319.000	0.807		
	總數	9,224.917	11,320.000			
控制層級	組間	105.610	1.000	105.610	137.715	0.000
	組內	8,680.246	11,319.000	0.767		
	總數	8,785.855	11,320.000			

4.4.3　控制層級對上市公司的股權結構特徵的影響

由前文可知，有效樣本的控制層級最小值為 1 層，最大值為 8 層，表 4.16 描述了終極所有權、終極控制權、兩權分離度（差值）、兩權分離度（比值）隨控制層級的變化情況。當控制層級為 1 層時，終極控制股東對上市公司直接控股；當控制層級超過 1 層時，屬於間接控股。

---

① 因篇幅限制，此處的雙因素方差分析表格不再體現.

表 4.16　　樣本在不同控制層級的分佈情況

控制層級		終極所有權比例（%）	終極控制權比例（%）	兩權分離度（差值）	兩權分離度（比值）
1	均值	40.412	41.415	1.003	1.039
	N	1,434.000	1,434.000	1,434.000	1,434.000
2	均值	39.232	43.522	4.291	1.220
	N	6,154.000	6,154.000	6,154.000	6,154.000
3	均值	33.596	42.150	8.559	1.556
	N	2,776.000	2,776.000	2,776.000	2,776.000
4	均值	25.123	38.694	13.591	2.339
	N	749.000	749.000	749.000	749.000
5	均值	23.720	40.113	16.463	2.198
	N	141.000	141.000	141.000	141.000
6	均值	25.188	39.314	14.126	2.240
	N	40.000	40.000	40.000	40.000
7	均值	35.624	41.785	6.161	2.298
	N	16.000	16.000	16.000	16.000
8	均值	20.064	29.621	9.557	1.626
	N	11.000	11.000	11.000	11.000
總計	均值	36.799	42.526	5.730	1.371
	N	11,321.000	11,321.000	11,321.000	11,321.000

當直接控制時，即本書所述控制層級為 1 層時，理論上，如果不存在其他鏈條，兩權之間是不存在分離的。但是中國的上市公司的股權結構存在多鏈條的情況，並且計算控制層級時，以終極控股比例大的鏈條作為計算控制層級標準，所以如表 4.16 所示。本書中，當控制層級為 1 層時，兩權分離度（差值）均值為 1.003，兩權分離度（比值）均值為 1.039。除終極所有權外，直接控股的上市公司的終極控制權、兩權分離度（差值）、兩權分離度（均值）均低於間接控股的情況。

在控制層級的前5層，終極控制權隨著控制層級的增加而減少，其餘層級沒有明顯規律。在控制層級的前4層，終極所有權隨著控制層級的增加而減少，其餘層級規律不明顯。

根據第二章文獻分析，認為控制層級與兩權分離度存在正相關關係，但用中國上市公司的數據查看兩者之間的變化趨勢並分析它們的關係，發現並不完全符合文獻所述規律。控制層級為1層時，相應樣本的兩權分離度（差值）均值為1.00，兩權分離度（比值）均值為1.04，從控制層級為1層至控制層級為4層，兩權分離度均值隨著控制層級的增加而增加。當控制層級為4層時，兩權分離度（比值）均值也達到最大值，為2.34，而兩權分離度（差值）在控制層級為5層時達到最大值，為16.46。當控制層級為5至7層時，兩權分離度（差值）均值逐漸下降，在控制層級為8層時，又上升。兩權分離度（比值）均值在控制層級為4至7層時，起伏波動不大，在控制層級為8層時，下降較大，達到1.63。

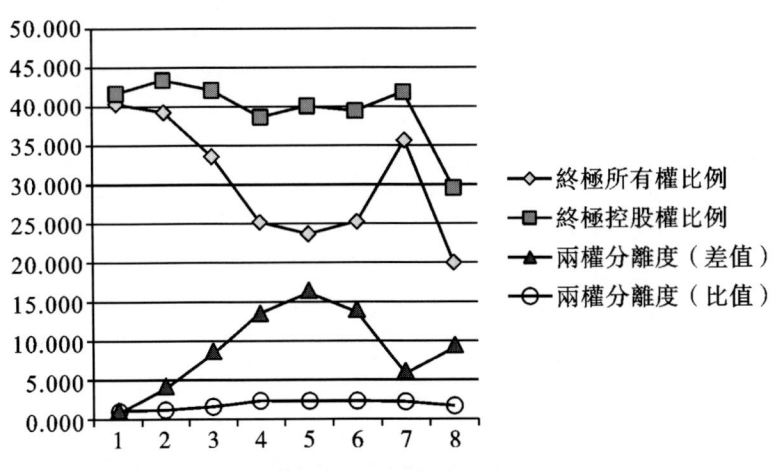

圖4.14 股權結構變量隨控制層級的變化情況

終極所有權、終極控制權、兩權分離度（差值）、兩權分離度（比值）在樣本量較大的前四個層級均出現了規律性的變化，在6至8層，沒有規律性變化，而這三個層級的樣本量相對較小，所以不能斷言四個股權結構特徵變量隨著控制層級增加沒有規律性的變化。

終極所有權、終極控制權、兩權分離度（差值）、兩權分離度（比值）隨控制層級的變化的顯著性檢驗結果如表4.17所示。從顯著性概率一欄可以看出，所有的顯著性概率水平均低於0.05，這說明在5%的顯著性水平上，終極所有權、終極控制權、兩權分離度（差值）、兩權分離度（比值）在不同控制層級上的均值是有顯著差別的。

表4.17　不同控制層級的上市公司兩權分離度差異的顯著性分析

		平方和	df	均方	F	顯著性
終極所有權	組間	218,327.766	7.000	31,189.681	114.831	0.000
	組內	3,072,767.414	11,313.000	271.614		
	總數	3,291,095.180	11,320.000			
終極控制權	組間	22,343.581	7.000	3,191.940	15.044	0.000
	組內	2,400,252.763	11,313.000	212.168		
	總數	2,422,596.344	11,320.000			
兩權分離度(差值)	組間	132,524.482	7.000	18,932.069	321.471	0.000
	組內	666,246.004	11,313.000	58.892		
	總數	798,770.486	11,320.000			
兩權分離度(比值)	組間	1,237.477	7.000	176.782	250.385	0.000
	組內	7,987.440	11,313.000	0.706		
	總數	9,224.917	11,320.000			

第五節　上市公司的直接股權結構特徵

為了對比研究上市公司終極股權結構特徵變量、直接股權結構變量對股權資本成本的影響，本書也將研究公司的直接股權結構特徵對股權資本成本的影響，這不但可以檢驗以往的研究結論，還可以確定終極股權結構特徵變量能否解釋公司的股權資本成本和公司績效的差異。

以往對於股權結構特徵的研究集中在第一大股東的性質與持股比例（股權集中度）上。一般根據持股主體的差異將持股的主體劃分為國家股、法人股和個人股東等。張宗新等人（2001）將中國的股東劃分為國家股、法人股、A股、B股、H股、內部職工股、轉配股、流通股與非流通股。也有說法認為股東可分為國家股東、法人股東及社會公眾股東（李亞等，2013），也有學者直接將股東性質劃分為法人實體和非法人實體（馬德林等，2011），在衡量股東性質過程中，主要考慮第一大股東的性質。對於第一大股東性質的劃分種類目前較多，2003年南開大學公司治理研究中心將第一大股東性質分為金融機構、高校、國有企業、國有資產管理公司、集體企業、民營企業、其他、外資、政府九種。李增泉等（2004）第一大股東性質的劃分為國有企業或非國有企業；南開大學公司治理研究中心公司治理評價課題組（2006）研究中將研究樣本上市公司分為國有控股、民營控股、外資控股、集體控股、社會團體控股、職工持股會控股六種類型。有學者將其分為國有股、境內法人股、自然人和機構投資者（張曉倩和張習鵬，2006），國有股一般包括國家股和國有法人股。姜付秀（2009）將第一大股東性質分為五類：國家絕對控股、國家相對控股、國家為第一大股東（但持股比例小於30%）、法人為第一大股東、其他持股主體為第一大股東。王中杰（2011）[1]將股東分為：國家持股、國有法人持股、境內非國有法人持

---

[1] 王中杰. 股東行為治理 [M]. 北京：中國發展出版社，2011.

股[①]、境內自然人持股、境外法人持股和境外自然人持股。有學者將第一大股東的性質分為國有企業或集團、政府部門和民營（章立軍，2012）[②]。此外，目前上市公司年報中對公司控股股東性質的發佈缺乏統一標準，如目前很多公司將股東分為流通股東和非流通股東，與國家股、法人股和個人股東並列，劃分比較混亂。綜上可以看出，中國學者對於上市公司的第一大股東性質的劃分沒有形成統一的標準，本書認為王中杰的劃分方式較合理，他從上市公司的第一大股東主體出發，將第一大股東性質分為了國有和非國家持有，非國家持股分為境內機構、個人持股、境外機構和個人持股，國有股進一步分為國家股和國有法人股，非國家股分為法人股和自然人持股，按照股東是否在國內，進一步將法人股分為境內法人股、境外法人股，自然人持股分為境內自然人和境外自然人。所以本書將上市公司第一大股東性質分為：國家股、國有法人股、境內法人股、境內自然人持股、境外法人股、境外自然人持股。

按照股權集中度的不同，有學者（瞿旭，2013）將公司分為三類：一類是股權高度集中，即公司存在決定控股股東，這個股東的持股比例超過50%；另外一類是股權高度分散，即公司中股東的控股比例均在10%以下，沒有大股東；最後一類是股權相對集中，即公司的第一股東持股比例在10%~50%之間。簡言之就是將股權結構分為了絕對控股、相對控股、股權分散三種模式。但是對於股權相對集中一類，本書採用第一大股東的持股比例在20%~50%這個範圍內，此外，書中還將探討以10%為階差的不同的控股比例區間的樣本分佈

[①] 姜付秀. 中國上市公司投資行為研究［M］. 北京：北京大學出版社，2009.

[②] 章立軍. 中國上市公司審計失敗研究［M］. 上海：立信會計出版社，2012.

情況。衡量股權集中度的指標有第一大股東的持股比例、前五大股東的持股比例之和、前十大股東的持股比例之和等。

股權制衡被很多學者（唐清泉等，2005）[①]認為具有抑制大股東利益侵占，提升公司價值的效用（白重恩等，2005）[②]。對於股權制衡部分學者選用第二大股東的持股比例與第一大股東的持股比例之比或者第二至第十大股東的持股比例之和與第一大股東持股比例的比值（馬德林，2011），也有學者（陳咏英，2008；呂懷立和李婉麗，2009）選用第二至第五大股東的持股比例的平方和與第一大股東的持股比例的平方之比。本書選用第二至第五大股東的持股比例的平方和與第一大股東持股比例的平方之比作為衡量公司股權制衡度的指標。

管理層持股比例對上市企業經營績效的影響方面的相關研究一直備受關注，管理層持股可以有效地將股東利益與管理者利益聯繫在一起，讓管理層持有公司一定比例的股份被認為是一個改善公司激勵約束機制的有效方法，這契合 Jensen 和 Meckling 提出來的利益趨同假說。目前大量研究成果表明，管理層持股比例與公司價值存在相關關係（馬施等，2010）[③]，但是有的是正相關關係，有的是 N 型相關關係，有的是倒 U 型相關關係。本書將選用管理層持股比例這一指標作為上市公司股權結構特徵的一個變量。

西方國家的研究經驗告訴我們：隨著機構投資者持股比例和持有上市公司數的增加，機構投資者越來越高調地扮演著積極股東的角色。中國的部分研究也支持了該觀點，如機構投資

---

① 唐清泉，等.大股東的隧道控制與制衡力量——來自中國市場的經驗數據[J].中國會計評論，2005（1）.

② 白重恩，劉俏，陸洲，等.中國上市公司治理結構的實證研究[J].經濟研究，2005（2）.

③ 馬馳，李娜，丁勇.管理層持股激勵效應研究——基於國有與非國有控股公司的對比[J].財會月刊，2010（21）.

者持股比例對上市企業經營績效有正向的影響（王琨和肖星，2005）。所以，本書試圖研究中國上市公司中基金持股情況。

4.5.1 上市公司的直接股權結構特徵變量選擇及數據來源

承接上文，本書選用第一大直接股東的持股比例、第一大股東性質、股權制衡度、國有股比重、管理人員持股比例等描述上市公司的直接股權結構特徵。數據查找的基礎是前文第二節中有終極控制股東的11,321個樣本，直接股權結構相關數據主要來自於國泰安數據庫和銳思金融數據庫，但是因為數據庫中提供的數據與本研究部分內容不符，所以本文根據證券之星、搜狐財經中有關上市公司的數據進行了修正[①]。

第一大直接股東的持股比例數據來源於國泰安數據庫中的股權信息，而有關第一大股東性質的數據對國泰安中的數據進行了大量的修正，數據庫中將上市公司的第一大股東分為國家股、國有法人、境內法人股、境內自然人、境外法人、境外自然人、外資、流通A股、流通B股、流通股、募集法人股、優先股、高管股等。不符合本書的研究要求，所以對樣本中的流通A股、流通B股、流通股、募集法人股、優先股、高管股等按照家股、國有法人、境內法人股、境內自然人、境外法人、境外自然人等分類方式進行了重新劃分。國家股股東指的是上市公司的第一大股東是各級政府及政府相關機構等事業單位；國有法人是指上市公司的第一大股東是法人機構，且是被國家全資持股的法人企業或者機構；境內法人指的是上市公司的全部或部分產權被法人企業持有，法人企業沒有或只有部分資產被國家或國有法人持有；境內自然人指上市公司被國內個人、家族及一致行動人所持有的股份最多；境外法人是指上市

[①] 修正的部分會在後文中提及.

公司被境外的法人機構或組織所持有的股份最多；境外自然人指上市公司的第一大股東是國外個人、家族及一致行動人。上市公司的股權制衡度相關數據、國家股比例、管理股比例均來自於國泰安數據庫，但是根據上市公司在證券之星等網站發佈的數據進行了部分修正。

4.5.2 上市公司的股權結構特徵描述

按照表4.5中對上市公司的終極控制股東的數量分佈情況的描述，可以發現國家終極控股的樣本占了61.8%，對比表4.18中，第一大股東是國家或者國有法人的占了樣本量的60.15%，差距並不大。從表4.19可以看出第一大股東的性質是國有法人的上市公司占了最大的比重，為57.26%，之後依次是國內法人、境內自然人、國家、境內法人、境外自然人，其中境外自然人占了最少的比重。

表4.19 不同第一大股東性質的樣本分佈情況

	頻率	百分比	有效百分比	累計百分比
國家	327.00	2.89	2.89	2.89
國有法人	6,482.00	57.26	57.26	60.14
境內法人	3,162.00	27.93	27.93	88.08
境內自然人	1,165.00	10.29	10.29	98.37
境外法人	172.00	1.52	1.52	99.89
境外自然人	13.00	0.11	0.11	100.00
合計	11,321.00	100.00	100.00	

第一大股東的持股比例區間共計九個區間，以第一大股東持股比例0為起點，以10%為梯度，樣本主要分佈的第一大股東持股比例區間為20%~30%、30%~40%、40%~50%、50%~60%，這些占了80%以上，其中20%~30%區間占了近30%，說明了第一大股東對上市公司的持股比例主要分佈在20%~

60%內，但是 20%～30%是大股東選擇最多的持股比例區間（如表 4.20）。0～10%和 80%～90%的持股比例區間是最大股東最少選擇的持股比例區間，它們加總占了不到 1%。第一大股東持股比例在 0～20%區間的占了總樣本量的 3.45%，持股比例在 20%～50%區間的占了總樣本量的 69.32%，說明了第一大股東相對控股的比重占了總樣本量的 69.32%，持股比例超過 50%的樣本占了總樣本量的 27.29%，這說明樣本中只有 27.29%的第一大股東對上市公司實現了絕對控股。

表 4.20　不同第一大股東持股比例區間樣本數量的分佈情況

第一大股東直接持股比例區間	頻率	百分比	有效百分比	累計百分比
第一大股東持股 0～10%	29.00	0.26	0.26	0.26
第一大股東持股 10%～20%	362.00	3.20	3.20	3.45
第一大股東持股 20%～30%	3,213.00	28.38	28.38	31.83
第一大股東持股 30%～40%	2,460.00	21.73	21.73	53.56
第一大股東持股 40%～50%	2,174.00	19.20	19.20	72.77
第一大股東持股 50%～60%	1,805.00	15.94	15.94	88.71
第一大股東持股 60%～70%	949.00	8.38	8.38	97.09
第一大股東持股 70%～80%	277.00	2.45	2.45	99.54
第一大股東持股 80%～90%	52.00	0.46	0.46	100.00
合計	11,321.00	100.00	100.00	

本書除了統計上市公司第一大股東在不同持股比例區間的分佈情況外，本書仍然要分析國家和國有法人持有股份在上市公司的股權中所占的比重。表 4.21 就是對不同國家持股比例區間的樣本分佈情況的統計，從中可以看出從 0～10%到 90%～100%比例區間均有樣本分佈，其中國家直接持股 0～10%的占了總樣本量的 51.49%，數量遠超過了其他國有股的持股比例區間，主要是因為有大量上市公司國家並未持股，因為

5,829 個國家持股比例在 0~10% 的樣本中；有 5,030 個樣本國家持股比例為 0，占了總樣本的 44.43%；國家持股超過 0 但小於 10% 的樣本總數有 799 個，占了總樣本量的 7.06%。所有 11,321 個樣本中，有 65.57% 的樣本有國有股的參與，相較於表 4.18 中的國家股和國有法人股合計占 60.15% 的比重，說明國家作為參股股東的上市公司占了總樣本量的 4.42%。樣本量最少的是 80%~90% 區間，占了總樣本量的 0.02%，除 0~10% 這個比例區間外，有兩個區間的樣本數占了總量的近 10%，即 40%~50% 和 50%~60% 的國家股持股比例區間。同時，我們可以發現，國家直接控股 50% 以上的樣本占了總樣本量的 10.11%，根據前文界定，國家相對控股的比例區間是 20%~50%，占了總樣本量的 24.84%。

表 4.21 不同國家直接持股比例區間樣本數量的分佈情況

國家直接持股比例區間	頻率	百分比	有效百分比	累計百分比
國家直接持股 0~10%	5,829.00	51.49	51.49	51.49
國家直接持股 10%~20%	425.00	3.75	3.75	55.24
國家直接持股 20%~30%	778.00	6.87	6.87	62.11
國家直接持股 30%~40%	961.00	8.49	8.49	70.60
國家直接持股 40%~50%	1,073.00	9.48	9.48	80.08
國家直接持股 50%~60%	1,111.00	9.81	9.81	89.89
國家直接持股 60%~70%	784.00	6.93	6.93	96.82
國家直接持股 70%~80%	305.00	2.69	2.69	99.51
國家直接持股 80%~90%	53.00	0.47	0.47	99.98
國家直接持股 90%~100%	2.00	0.02	0.02	100.00
合計	11,321.00	100.00	100.00	

本書除單獨統計國有股的樣本分佈情況外，還統計了管理人員持股的情況，表 4.22 中可以看出管理人員持股比例區間同樣以 10% 的持股比例為階差，將上市公司樣本分為了九個

管理人員直接持股比例區間，如表的最左列所示。從表中可以看出，管理人員持股0~10%的比例區間樣本量最大，佔了總樣本量的90.24%，有10,216個樣本，實際管理人沒有持股或者說持股比例為0的樣本為8,205個，占了總樣本量的72.48%，所以管理人員持股比例超過0、小於10%的樣本佔了總樣本量的17.76%，仍然是所有管理人員持股比例區間中樣本量最大的。管理人員持股的樣本量占了總樣本量的27.52%，所以，在中國管理人員持股的比重並不是很高，佔總樣本量不足三成。對於管理人員持股比例超過10%的佔了總樣本量不足10%，所以管理人員持股比例低，同時，管理人員持股的比重小應該是上市公司的一個普遍現狀。管理人員不對上市公司絕對或相對控股，參股的比重占了總樣本量的17.76%。在20%~50%的持股比例區間，占了4.26%，說明了4.26%上市公司管理人員實現了對企業的相對控股，絕對控股的比重占了3.63%，說明有3.63%的上市公司的管理人員對上市公司實現了絕對控股。

表4.22 不同管理人員直接持股比例區間樣本數量的分佈情況

管理人員直接持股比例區間	頻率	百分比	有效百分比	累計百分比
管理人員持股0~10%	10,216.00	90.24	90.24	90.24
管理人員持股10%~20%	212.00	1.87	1.87	92.11
管理人員持股20%~30%	132.00	1.17	1.17	93.28
管理人員持股30%~40%	165.00	1.46	1.46	94.74
管理人員持股40%~50%	185.00	1.63	1.63	96.37
管理人員持股50%~60%	193.00	1.70	1.70	98.07
管理人員持股60%~70%	175.00	1.55	1.55	99.62
管理人員持股70%~80%	41.00	0.36	0.36	99.98
管理人員持股80%~90%	2.00	0.02	0.02	100.00
合計	11,321.00	100.00	100.00	

本書在查找基金持股過程中，發現很多樣本基金持股比例數據存在嚴重的缺失，11,321個總樣本數據中只有8,374個樣本有數據，所以在此處本文不做描述性的統計。

其他股權結構指標的基本狀況如何呢？從表4.23可以看出，第一大股東持股比例的均值在40.08%，最大值為89.41%，最小值為5.18%。股權制衡度的均值為0.228,9，最小值趨於0，最大值為3.61。國家持股比例的最大值為97.12%，最小值為0，均值為22.02%，遠小於表4.7中的終極所有權和終極控制權區間。管理人員持股比例極小值為0，最大值為89.10%，從本書的研究樣本說明，管理人員全資的上市公司為0，管理人員平均持股水平為4.20%。

表4.23　不同直接股權結構變量的描述性統計

直接股權結構統計變量	N	極小值	極大值	均值	標準差
第一大股東持股比例	11,321.00	0.051,8	0.894,1	0.400,8	0.147,2
股權制衡度	11,321.00	0.000,0	3.613,1	0.228,9	0.366,6
國有股比例	11,321.00	0.000,0	0.971,2	0.220,2	0.250,0
管理人員持股比例	11,321.00	0.000,0	0.891,0	0.042,0	0.135,2
有效的N（列表狀態）	11,321.00				

通過這一部分的統計分析我們可以看出中國有終極控制股東的上市公司中，有大量公司的第一大股東是國家，國家作為小股東參與投資的比重很少。中國的第一大股東直接持股比例低於終極控制權比重，說明了中國上市公司的第一大股東存在利用複雜的股權結構實現超額控股的情況；此外，中國上市公司終極控制股東和第一大股東性質差別並不大。中國的管理人員對上市公司的股權佔有率總體水平較低，大量的上市公司中管理人員並不持股。中國上市公司的平均股權制衡度並不高，說明一股獨大的情況仍然在中國廣泛存在。

進一步地，本書將探討不同性質的第一大股東的持股比例、國家股比例及管理層持股比例的差異，具體可參見表4.24。從表中可以發現第一股股東持股比例最高的是境外法人，之後依次是國有法人、國家、境內法人、境外自然人、境內自然人等性質的股東，但是無論哪一類，其平均的第一大股東持股比例均超過了30%，低於50%。股權制衡度最高的是境內自然人，達到了0.514,3，之後依次是境外自然人、境外法人、境內法人、國家和國有法人，說明了第一大股東是非國有的個人或機構更加重視股權制衡，這與以往的研究結論是一致的。第一大股東是國家的，國有股比例均值為38.80%；第一大股東是國有法人的，國有股比例均值是33.89%；而第一大股東是境內法人、境內自然人、境外法人、境外自然人的上市公司，國家或國有法人也有一定比例的持股，均值分別是4.73%、0.94%、5.53%、0.68%。從上述數據可以看出，第一大股東是自然人的上市公司，國家參股的比重更小，而境內法人和境外法人是第一大股東的上市公司，國家股占的比重居中。第一大股東性質不同的上市公司，管理人員持股的比例差別也比較大，其中境內自然人和境外自然人是第一大股東的企業，管理人員持股比例都比較高，占了30%以上，這說明自然人控股的企業，廣泛存在出資人即管理人的現象，而國家、國有法人是第一大股東的上市公司的管理人持股比例都比較低，分別為0.17%和0.15%，說明國家控股的上市公司管理人員持股較低。境內法人和境外法人是第一大股東的，管理人員持股比例分別為1.70%和0.85%，居於中間位置，這與國家股在不同上市公司的情況剛好相反，同時，與股權制衡度在不同性質上市公司的分佈情況是一致的，即國有股比重高的，管理人員持股比例低，股權制衡度高，但自然人控股情況除外；管理人員持股比例高的，國有股比例低，股權制衡度高。後文中有待檢驗三者之間的相關關係，確定是否都可以作為影響公司價值的自變量。

表 4.24　不同第一大股東性質的上市公司股權特徵

第一大股東性質		第一大股東持股比例	股權制衡度	國有股比例	管理人員持股比例
國家	均值	0.369,8	0.205,7	0.388,0	0.001,7
	N	327.000,0	327.000,0	327.000,0	327.000,0
	標準差	0.133,2	0.330,2	0.157,9	0.013,0
	極小值	0.148,5	0.000,0	0.000,9	0.000,0
	極大值	0.864,2	1.843,5	0.862,9	0.209,0
國有法人	均值	0.432,2	0.160,8	0.338,9	0.001,5
	N	6,482.000,0	6,482.000,0	6,482.000,0	6,482.000,0
	標準差	0.147,2	0.297,3	0.246,1	0.013,8
	極小值	0.080,7	0.000,0	0.000,0	0.000,0
	極大值	0.863,5	2.709,0	0.971,2	0.373,6
境內法人	均值	0.365,5	0.262,0	0.047,3	0.017,0
	N	3,162.000,0	3,162.000,0	3,162.000,0	3,162.000,0
	標準差	0.137,6	0.348,5	0.126,7	0.055,5
	極小值	0.061,4	0.000,0	0.000,0	0.000,0
	極大值	0.894,1	2.780,3	0.766,0	0.594,4
境內自然人	均值	0.323,8	0.514,3	0.009,4	0.348,9
	N	1,165.000,0	1,165.000,0	1,165.000,0	1,165.000,0
	標準差	0.121,8	0.567,8	0.036,3	0.246,5
	極小值	0.051,8	0.000,0	0.000,0	0.000,0
	極大值	0.691,1	3.613,1	0.312,5	0.891,0
境外法人	均值	0.447,8	0.288,2	0.055,3	0.008,5
	N	172.000,0	172.000,0	172.000,0	172.000,0
	標準差	0.144,5	0.372,1	0.126,2	0.053,6
	極小值	0.147,2	0.000,1	0.000,0	0.000,0
	極大值	0.885,5	1.888,8	0.712,1	0.455,3

表4.24(續)

第一大股東性質		第一大股東持股比例	股權制衡度	國有股比例	管理人員持股比例
境外自然人	均值	0.342,3	0.310,6	0.006,8	0.308,9
	N	13.000,0	13.000,0	13.000,0	13.000,0
	標準差	0.127,2	0.221,1	0.013,2	0.236,9
	極小值	0.232,7	0.005,4	0.000,0	0.000,0
	極大值	0.611,9	0.697,5	0.033,2	0.611,9
總計	均值	0.400,8	0.228,9	0.220,2	0.042,0
	N	11,321.000,0	11,321.000,0	11,321.000,0	11,321.000,0
	標準差	0.147,2	0.366,6	0.250,0	0.135,2
	極小值	0.051,8	0.000,0	0.000,0	0.000,0
	極大值	0.894,1	3.613,1	0.971,2	0.891,0

那麼，第一大股東性質不同，其他直接股權結構變量是否有顯著差異？本文進行了針對不同第一大股東性質的第一大股東持股比例、股權制衡度、國家持股比例、管理人員持股比例均值差異的顯著性分析。分析結果顯示：顯著性系數均小於0.01的顯著性水平，說明第一大股東性質不同，其他直接股權結構變量是有顯著差異的（如表4.25）。

表4.25 不同第一大股東性質的上市公司股權特徵差異的顯著性檢驗

項目		平方和	df	均方	F	顯著性
第一大股東持股比例＊第一大股東性質	組間（組合）	17.993,9	5.000,0	3.598,8	179.280,6	0.000,0
	組內	227.131,3	11,315.000,0	0.020,1		
	總計	245.125,2	11,320.000,0			
股權制衡度＊第一大股東性質	組間（組合）	129.227,4	5.000,0	25.845,5	210.101,4	0.000,0
	組內	1,391.906,9	11,315.000,0	0.123,0		
	總計	1,521.134,3	11,320.000,0			

表4.25(續)

項目		平方和	df	均方	F	顯著性
國有股比例 * 第一大股東性質	組間(組合)	252.085,9	5.000,0	50.417,2	1,251.915,6	0.000,0
	組內	455.678,1	1,315.000,0	0.040,3		
	總計	707.764,0	1,320.000,0			
管理人員持股比例 * 第一大股東性質	組間(組合)	124.006,7	5.000,0	24.801,3	3,384.592,2	0.000,0
	組內	82.913,2	1,315.000,0	0.007,3		
	總計	206.919,9	1,320.000,0			

為保證這些上市公司直接股權結構向量的獨立性，本文對它們進行了相關性檢驗，檢驗結果如表4.26所示。正如我們前文所預期的那樣，在0.01的顯著性水平上，第一大股東持股比例與股權制衡度顯著負相關，與國有股比例顯著正相關，與管理人員持股比例顯著負相關；股權制衡度與國有股比例顯著的負相關，與管理人員持股比例顯著正相關；國有股比例與管理人員持股比例顯著負相關。第一大股東持股比例與國有股比例顯著正相關說明了中國很多公司的第一大股東是國家或者國有法人；第一大股東持股比例與管理人員持股比例負相關，可以考慮從中國大部分企業的直接控股股東是國家或國有企業解釋；國有股比例與管理人員持股比例顯著的負相關，說明國家或國有法人持股比例越高，則更加不重視將國家利益與管理人員利益聯繫起來，這和目前中國國有企業的管理人實行政府委派制度是有一定的關聯的，國家及相關機構控股的上市公司管理人員接受國家相關機構的考核，而不是與公司利益相掛勾。越是股權制衡度高的上市公司，國有股比例越低，這與我們國家參與股權投資的時候選擇控股或相對控股的模式是緊密聯繫在一起的，國家可以在適度參股方面有待加強。

表 4.26　不同上市公司股權特徵向量的相關性檢驗

直接股權結構變量		第一大股東持股比例	股權制衡度	國有股比例	管理人員持股比例
第一大股東持股比例	Pearson 相關性	1.00			
	顯著性（雙側）				
	N	11,321.00			
股權制衡度	Pearson 相關性	−0.53	1.00		
	顯著性（雙側）	0.00			
	N	11,321.00	11,321.00		
國有股比例	Pearson 相關性	0.43	−0.16	1.00	
	顯著性（雙側）	0.00	0.00		
	N	11,321.00	11,321.00	11,321.00	
管理人員持股比例	Pearson 相關性	−0.11	0.21	−0.26	1.00
	顯著性（雙側）	0.00	0.00	0.00	
	N	11,321.00	11,321.00	11,321.00	11,321.00

　　根據前文對有效樣本在不同行業的分佈進行的統計，下文將對比不同行業的直接股權結構特徵和終極股權結構特徵。為了便於比較，本書將兩個表格放在一起。從表 4.27 可以看出上市公司的終極所有權最高的是公用事業，達到了 39.30%，最低的是綜合行業，達到了 33.28%，所有行業的終極所有權均大於 30%、小於 40%。終極控制權最小的仍然是綜合行業，但是終極控制權達到了 38.54%，最大的仍然是公用事業，達到了 44.19%，這和前文得出的部分上市公司出現了兩權分離的結論是一致的，而且，兩權分離度（差值）和兩權分離度（比值）分別論證了在所有行業都存在兩權分離的現狀，但公用事業行業是兩權分離最突出的行業。所有行業中，控制層級的均值分佈從 2.21 層到 2.46 層，最高的是商業行業。

表4.27　不同行業上市公司終極股權特徵向量的分佈情況

不同行業		終極所有權比例(%)	終極控制權比例(%)	兩權分離度(差值)	兩權分離度(比值)	控制層級
房地產	均值	39.18	43.73	4.55	1.30	2.42
	N	1,057.00	1,057.00	1,057.00	1,057.00	1,057.00
	標準差	17.16	15.66	7.20	1.09	0.90
工業	均值	36.56	42.63	6.07	1.38	2.29
	N	7,567.00	7,567.00	7,567.00	7,567.00	7,567.00
	標準差	17.03	14.52	8.66	0.87	0.88
公用事業	均值	39.30	44.19	4.89	1.34	2.30
	N	1,345.00	1,345.00	1,345.00	1,345.00	1,345.00
	標準差	17.02	14.30	7.95	1.03	0.87
金融	均值	35.42	39.98	4.57	1.25	2.21
	N	107.00	107.00	107.00	107.00	107.00
	標準差	14.96	14.45	7.16	0.67	0.96
商業	均值	33.83	39.65	5.82	1.39	2.46
	N	859.00	859.00	859.00	859.00	859.00
	標準差	16.68	14.10	7.89	0.75	0.86
綜合	均值	33.28	38.54	5.26	1.43	2.31
	N	386.00	386.00	386.00	386.00	386.00
	標準差	16.73	14.57	8.53	0.93	0.80
總計	均值	36.80	42.53	5.73	1.37	2.32
	N	11,321.00	11,321.00	11,321.00	11,321.00	11,321.00
	標準差	17.05	14.63	8.40	0.90	0.88

對比表4.26，表4.27是對上市公司直接股權情況的說明，從表4.28可以看出，第一大股東持股比例最大的是房地產行業，這與終極所有權最大的公用事業行業是有差別的；第一大股東持股比例最低的是綜合行業，這與終極所有權最小的行業是一致的。股權制衡度最高的是金融行業，最低的是商業行業，其他行業從低到高依次是商業、綜合、工業和公共事業

等行業。國有股比例最高的是金融類行業，達到了34.39%，之後依次是公共事業、商業、房地產和工業，最小值為21.34%。管理人員持股比例最高的是公用事業，達到了5.07%，最低的是金融行業，持股比例趨近於0。

表4.28　不同行業上市公司直接股權特徵向量的分佈情況

不同行業		第一大股東持股比例（小數）	股權制衡度	國有股比例（小數）	管理人員持股比例（小數）
房地產	均值	0.414,8	0.161,2	0.218,6	0.011,0
	N	1,057.000,0	1,057.000,0	1,057.000,0	1,057.000,0
	標準差	0.155,7	0.286,9	0.247,9	0.066,8
工業	均值	0.401,5	0.239,9	0.213,4	0.049,7
	N	7,567.000,0	7,567.000,0	7,567.000,0	7,567.000,0
	標準差	0.146,5	0.376,0	0.249,6	0.146,2
公用事業	均值	0.412,4	0.254,7	0.261,3	0.050,7
	N	1,345.000,0	1,345.000,0	1,345.000,0	1,345.000,0
	標準差	0.146,4	0.400,7	0.261,7	0.150,3
金融	均值	0.372,6	0.373,1	0.343,9	0.000,0
	N	107.000,0	107.000,0	107.000,0	107.000,0
	標準差	0.157,1	0.442,5	0.279,6	0.000,1
商業	均值	0.380,7	0.171,1	0.225,4	0.010,1
	N	859.000,0	859.000,0	859.000,0	859.000,0
	標準差	0.143,4	0.306,4	0.235,7	0.059,4
綜合	均值	0.359,4	0.196,7	0.170,4	0.029,4
	N	386.000,0	386.000,0	386.000,0	386.000,0
	標準差	0.130,5	0.302,2	0.217,2	0.106,7
總計	均值	0.400,8	0.228,9	0.220,2	0.042,0
	N	11,321.000,0	11,321.000,0	11,321.000,0	11,321.000,0
	標準差	0.147,2	0.366,6	0.250,0	0.135,2

不同行業的樣本公司的終極股權結構向量差別的顯著性結果如表4.29所示，從表中可以看出：在0.05的顯著水平上，

終極所有權、終極控制權、兩權分離度（差值）、兩權分離度均值和控制層級均是有顯著差別的。在 0.01 的顯著性水平，只有兩權分離度（差值）沒有顯著差異，其餘終極股權結構變量均是有顯著差別的。

表 4.29　不同行業上市公司終極股權特徵向量均值差異的顯著性

		平方和	df	均方	F	顯著性
終極所有權	組間	27,260.90	7.00	3,894.41	13.50	0.00
	組內	3,263,834.28	11,313.00	288.50		
	總數	3,291,095.18	11,320.00			
終極控制權	組間	20,360.65	7.00	2,908.66	13.70	0.00
	組內	2,402,235.69	11,313.00	212.34		
	總數	2,422,596.34	11,320.00			
兩權分離度(差值)	組間	1,208.36	7.00	172.62	2.45	0.02
	組內	796,930.00	11,313.00	70.44		
	總數	798,138.36	11,320.00			
兩權分離度(比值)	組間	35.80	7.00	5.11	6.30	0.00
	組內	9,184.08	11,313.00	0.81		
	總數	9,219.88	11,320.00			
控制層級	組間	36.49	5.00	7.30	9.44	0.00
	組內	8,749.37	11,315.00	0.77		
	總數	8,785.86	11,320.00			

不同行業的直接股權結構變量：第一大股東比例、股權制衡度、國有股比例、管理人員持股比例在 0.01 的顯著性水平上均是有顯著差別的（如表 4.30）。

表4.30 不同行業上市公司直接股權特徵向量均值差異的顯著性

直接股權結構變量		平方和	df	均方	F	顯著性
第一大股東持股比例	組間	1.485,0	5.000,0	0.297,0	13.793,2	0.000,0
	組內	243.640,2	11,315.000,0	0.021,5		
	總數	245.125,2	11,320.000,0			
股權制衡度	組間	12.150,6	5.000,0	2.430,1	18.222,1	0.000,0
	組內	1,508.983,6	11,315.000,0	0.133,4		
	總數	1,521.134,3	11,320.000,0			
國有股比例	組間	5.247,2	5.000,0	1.049,4	16.902,8	0.000,0
	組內	702.516,8	11,315.000,0	0.062,1		
	總數	707.764,0	11,320.000,0			
管理人員持股比例	組間	2.695,5	5.000,0	0.539,1	29.869,2	0.000,0
	組內	204.224,4	11,315.000,0	0.018,0		
	總數	206.919,9	11,320.000,0			

4.5.3 上市公司的直接股權結構特徵隨年份的變化趨勢

表4.31統計了不同年份的各直接股權結構變量的變化趨勢。首先，第一大股東持股比例最高的年份是2004年，之後是2005年，2005—2011年差別不大，為38%~40%，最低的是2011年，第一大股東平均持股比例是38.86%。股權制衡度最高的是2011年，達到0.255,8，股權制衡度最低的是2008年，均值為0.202,1，2004年和2005年的股權制衡度也相對較高，分別是0.232,4和0.243,7。從2004年到2011年，國家平均持股比例逐步降低，從2004年的37.93%逐步降低到2011年的7.41%。管理人員的持股比例從2004年到2011年逐步增加，在2004年、2005年國有股比例趨近於0，2011年達到了11.50%，說明中國為了緩解代理衝突，做出了諸多努力，其中比較重要的就是使管理人員與股東的利益趨於一致，增加管理人員持股比例。

表 4.31 不同直接股權結構變量隨年份變化的趨勢描述

年份		第一大股東持股比例	股權制衡度	國有股比例	管理人員持股比例
2004	均值	0.444,1	0.232,4	0.379,3	0.000,0
	N	1,156.000,0	1,156.000,0	1,156.000,0	1,156.000,0
	標準差	0.158,5	0.370,8	0.258,8	0.000,1
	極小值	0.061,4	0.000,0	0.000,0	0.000,0
	極大值	0.850,0	2.709,0	0.850,0	0.002,0
2005	均值	0.427,8	0.243,7	0.366,9	0.000,0
	N	1,164.000,0	1,164.000,0	1,164.000,0	1,164.000,0
	標準差	0.154,1	0.379,8	0.252,7	0.000,1
	極小值	0.061,4	0.000,0	0.000,0	0.000,0
	極大值	0.849,8	2.821,8	0.849,9	0.002,0
2006	均值	0.390,2	0.230,1	0.320,1	0.001,9
	N	1,195.000,0	1,195.000,0	1,195.000,0	1,195.000,0
	標準差	0.141,4	0.347,7	0.236,3	0.021,9
	極小值	0.051,8	0.000,0	0.000,0	0.000,0
	極大值	0.840,0	2.244,4	0.844,4	0.501,9
2007	均值	0.391,1	0.212,3	0.287,3	0.005,0
	N	1,261.000,0	1,261.000,0	1,261.000,0	1,261.000,0
	標準差	0.139,7	0.329,2	0.233,3	0.039,9
	極小值	0.081,2	0.000,0	0.000,0	0.000,0
	極大值	0.862,9	2.274,9	0.914,8	0.544,1
2008	均值	0.395,9	0.202,1	0.252,2	0.012,9
	N	1,319.000,0	1,319.000,0	1,319.000,0	1,319.000,0
	標準差	0.141,0	0.328,6	0.230,8	0.071,3
	極小值	0.081,2	0.000,0	0.000,0	0.000,0
	極大值	0.864,2	2.301,8	0.971,2	0.747,7

表4.31(續)

年份		第一大股東持股比例	股權制衡度	國有股比例	管理人員持股比例
2009	均值	0.393,3	0.211,1	0.148,7	0.041,1
	N	1,457.000,0	1,457.000,0	1,457.000,0	1,457.000,0
	標準差	0.144,5	0.352,8	0.223,4	0.130,8
	極小值	0.080,7	0.000,0	0.000,0	0.000,0
	極大值	0.862,0	3.613,1	0.897,8	0.747,7
2010	均值	0.392,2	0.231,9	0.104,8	0.090,6
	N	1,773.000,0	1,773.000,0	1,773.000,0	1,773.000,0
	標準差	0.145,2	0.379,0	0.200,2	0.189,3
	極小值	0.089,1	0.000,0	0.000,0	0.000,0
	極大值	0.864,9	3.613,1	0.897,8	0.891,0
2011	均值	0.388,6	0.255,8	0.074,1	0.115,0
	N	1,996.000,0	1,996.000,0	1,996.000,0	1,996.000,0
	標準差	0.145,6	0.407,9	0.173,3	0.207,0
	極小值	0.089,3	0.000,0	0.000,0	0.000,0
	極大值	0.894,1	3.601,9	0.847,1	0.821,3
總計	均值	0.400,8	0.228,9	0.220,2	0.042,0
	N	11,321.000,0	11,321.000,0	11,321.000,0	11,321.000,0
	標準差	0.147,2	0.366,6	0.250,0	0.135,2
	極小值	0.051,8	0.000,0	0.000,0	0.000,0
	極大值	0.894,1	3.613,1	0.971,2	0.891,0

　　進一步檢驗不同年份的各股權結構變量的差異性，檢驗結果如表4.32所示，發現第一大股東持股比例、股權制衡度、國有股比例、管理人員持股比例各年均值均有顯著的差異。各年的差異系數均顯著小於0.01，說明在0.01的顯著水平上，各直接股權結構變量每年的均值是有顯著差別。那麼，上一個表格中說明第一大股東持股比例從2004年到2007年逐漸降

低，2008年增加，從2008年到2011年又逐漸減低，雖然中間有小幅波動，但整體說明，第一大股東持股比例是降低的趨勢，而且這個降低趨勢是顯著的。股權制衡度，2004年到2005年有小幅度增加，之後一直到2007年逐漸降低，2008—2011年逐漸增加，整體上呈一個U型。國有股比例每年逐漸減少，說明國家正逐漸退出市場；管理人員的持股比例每年都在顯著增加，一方面可能是因為企業越來越重視治理委託代理問題；另外一個角度說明很多個人或法人機構成為了中國上市公司的大股東，非國有企業仍然存在股東和管理人員合二為一的情況。

表4.32 不同年份各直接股權結構變量差異的顯著性檢驗

不同直接股權結構變量		平方和	df	均方	F	顯著性
第一大股東持股比例	組間	3.808,0	7.000,0	0.544,0	25.502,5	0.000,0
	組內	241.317,3	11,313.000,0	0.021,3		
	總數	245.125,2	11,320.000,0			
股權制衡度	組間	3.497,9	7.000,0	0.499,7	3.724,9	0.000,5
	組內	1,517.636,4	11,313.000,0	0.134,1		
	總數	1,521.134,3	11,320.000,0			
國有股比例	組間	146.965,8	7.000,0	20.995,1	423.535,0	0.000,0
	組內	560.798,2	11,313.000,0	0.049,6		
	總數	707.764,0	11,320.000,0			
管理人員持股比例	組間	23.689,9	7.000,0	3.384,3	208.952,0	0.000,0
	組內	183.230,0	11,313.000,0	0.016,2		
	總數	206.919,9	11,320.000,0			

儘管前文對不同年度的各直接股權結構變量的基本情況進行了描述，但因第一大股東性質是一個定性變量，故難以進行描述。表4.33將第一大股東性質和年份結合來描述不同第一大股東性質的上市公司在不同年份各股權結構變量的變化情

況。首先，國家作為第一大股東的樣本，第一大股東持股比例隨年份整體呈一個降低趨勢；股權制衡度的變化趨勢不明顯，出現了多次反覆的增減；國有股比例也出現了多次反覆的增減，變化趨勢不易描述；管理人員持股比例的變化趨勢不明顯，出現上述情況的原因，可能是因為每年國家持股的上市公司的樣本量每年都少於 60 個。第一大股東是國有法人的上市公司，第一大股東的持股比例從 2004—2007 年都逐漸在降低，但是 2008 年到 2011 年反覆小幅度變化，絕對值差別不大；股權制衡度從 2004 年到 2005 年增加之後，從 2006 年到 2011 年呈逐漸降低的趨勢；國有股比例 2004—2006 年變化趨勢不明顯，但是 2006 年到 2011 年呈逐年降低的趨勢；管理人員持股比例從 2004 年一直到 2011 年呈增加的趨勢。第一大股東性質是境內法人時，第一大股東持股比例從 2004 年到 2005 年略降，之後從 2006 年一直到 2011 年呈增加的趨勢；股權制衡度從 2004 年到 2005 年增加，從 2005 年到 2010 年一直降低，2011 年略增；國有股比例從 2004 年到 2005 年增加，從 2005 至 2011 年一直呈降低趨勢，這與第一大股東性質是國有法人的結論一致；管理人員持股比例則一直呈增加的趨勢，這與國有股比例的變化趨勢基本相反，與前文得出的結果一致。當第一大股東性質是境內自然人時，第一大股東持股比例、股權制衡度、國有股比例等指標反覆出現了增減；管理人員持股比例隨著年份呈遞增趨勢。第一大股東性質是境外法人時，第一大股東持股比例從 2004 年到 2005 年降低，2005 年到 2011 年遞增，股權制衡度、國有股比例和管理人持股比例出現了多次的反覆增減；境外法人的樣本個數相對非常少，每年的有效樣本個數均小於 40，這樣統計均值的代表性有待檢驗，具體情況不進行描述，可參見表 4.33。

通過分析我們發現，當第一大股東性質是國家和境內自然人、境外法人、境外自然人時，每年的樣本量都存在不夠大的問題，所以很難概括第一大股東性質、股權制衡度、國有股比例、管理人員持股比例隨年份的波動規律。

表 4.33　不同直接股權結構變量隨年份的變化趨勢描述

第一大股東性質	年份		第一大股東持股比例	股權制衡度	國有股比例	管理人員持股比例
國家	2004	均值	0.391,3	0.208,0	0.411,2	0.000,0
		N	55.000,0	55.000,0	55.000,0	55.000,0
		標準差	0.125,3	0.376,5	0.141,0	0.000,2
		極小值	0.203,6	0.000,0	0.056,1	0.000,0
		極大值	0.705,9	1.843,5	0.705,9	0.000,9
	2005	均值	0.391,3	0.218,6	0.422,4	0.000,0
		N	55.000,0	55.000,0	55.000,0	55.000,0
		標準差	0.135,3	0.355,8	0.151,5	0.000,1
		極小值	0.200,0	0.000,1	0.031,9	0.000,0
		極大值	0.687,5	1.187,8	0.687,5	0.000,5
	2006	均值	0.360,8	0.207,9	0.413,7	0.005,3
		N	45.000,0	45.000,0	45.000,0	45.000,0
		標準差	0.116,6	0.304,4	0.139,1	0.031,3
		極小值	0.148,5	0.000,7	0.163,9	0.000,0
		極大值	0.633,8	1.167,9	0.706,6	0.209,0
	2007	均值	0.365,6	0.208,9	0.405,0	0.000,8
		N	41.000,0	41.000,0	41.000,0	41.000,0
		標準差	0.147,5	0.355,3	0.166,4	0.003,9
		極小值	0.164,0	0.000,4	0.113,9	0.000,0
		極大值	0.862,9	1.655,1	0.862,9	0.024,1
	2008	均值	0.358,1	0.199,4	0.366,5	0.000,5
		N	39.000,0	39.000,0	39.000,0	39.000,0
		標準差	0.144,8	0.313,4	0.164,5	0.002,6
		極小值	0.164,0	0.000,1	0.144,4	0.000,0
		極大值	0.864,2	1.186,8	0.862,9	0.016,1

表4.33(續)

第一大股東性質	年份		第一大股東持股比例	股權制衡度	國有股比例	管理人員持股比例
國家	2009	均值	0.350,6	0.225,4	0.320,2	0.001,5
		N	31.000,0	31.000,0	31.000,0	31.000,0
		標準差	0.160,9	0.345,2	0.162,4	0.005,3
		極小值	0.152,0	0.000,1	0.023,0	0.000,0
		極大值	0.862,0	1.233,5	0.862,9	0.022,7
	2010	均值	0.360,3	0.170,9	0.354,0	0.003,3
		N	32.000,0	32.000,0	32.000,0	32.000,0
		標準差	0.122,8	0.269,0	0.178,9	0.013,1
		極小值	0.199,3	0.000,3	0.000,9	0.000,0
		極大值	0.633,8	1.183,9	0.862,0	0.071,8
	2011	均值	0.355,4	0.194,6	0.353,9	0.004,0
		N	29.000,0	29.000,0	29.000,0	29.000,0
		標準差	0.112,4	0.287,9	0.155,0	0.011,8
		極小值	0.199,3	0.000,1	0.077,5	0.000,0
		極大值	0.617,0	1.183,5	0.798,6	0.052,5
	總計	均值	0.369,8	0.205,7	0.388,0	0.001,7
		N	327.000,0	327.000,0	327.000,0	327.000,0
		標準差	0.133,2	0.330,2	0.157,9	0.013,0
		極小值	0.148,5	0.000,0	0.000,9	0.000,0
		極大值	0.864,2	1.843,5	0.862,9	0.209,0
國有法人	2004	均值	0.489,7	0.166,8	0.508,8	0.000,0
		N	726.000,0	726.000,0	726.000,0	726.000,0
		標準差	0.152,9	0.319,9	0.184,1	0.000,1
		極小值	0.109,3	0.000,0	0.000,0	0.000,0
		極大值	0.850,0	2.709,0	0.850,0	0.002,0
	2005	均值	0.442,8	0.209,6	0.398,2	0.000,0
		N	918.000,0	918.000,0	918.000,0	918.000,0
		標準差	0.154,0	0.340,5	0.246,4	0.000,1
		極小值	0.088,9	0.000,0	0.000,0	0.000,0
		極大值	0.849,8	2.708,9	0.849,9	0.002,0

表4.33(續)

第一大股東性質	年份		第一大股東持股比例	股權制衡度	國有股比例	管理人員持股比例
國有法人	2006	均值	0.423,3	0.165,0	0.452,6	0.000,1
		N	745.000,0	745.000,0	745.000,0	745.000,0
		標準差	0.141,3	0.300,8	0.160,2	0.001,2
		極小值	0.080,7	0.000,0	0.000,0	0.000,0
		極大值	0.840,0	1.996,1	0.844,4	0.029,6
	2007	均值	0.421,1	0.149,7	0.432,3	0.000,3
		N	759.000,0	759.000,0	759.000,0	759.000,0
		標準差	0.139,3	0.279,7	0.154,1	0.002,8
		極小值	0.084,6	0.000,0	0.000,0	0.000,0
		極大值	0.840,0	1.963,7	0.914,8	0.053,3
	2008	均值	0.421,7	0.149,9	0.389,0	0.000,5
		N	790.000,0	790.000,0	790.000,0	790.000,0
		標準差	0.139,8	0.283,7	0.179,3	0.005,1
		極小值	0.085,8	0.000,0	0.000,0	0.000,0
		極大值	0.840,0	1.943,9	0.971,2	0.091,7
	2009	均值	0.421,7	0.148,9	0.239,8	0.002,0
		N	823.000,0	823.000,0	823.000,0	823.000,0
		標準差	0.143,6	0.282,2	0.250,1	0.014,1
		極小值	0.080,7	0.000,0	0.000,0	0.000,0
		極大值	0.840,0	1.929,3	0.897,8	0.186,8
	2010	均值	0.422,2	0.148,3	0.191,8	0.004,1
		N	854.000,0	854.000,0	854.000,0	854.000,0
		標準差	0.144,9	0.282,5	0.247,6	0.024,0
		極小值	0.091,1	0.000,0	0.000,0	0.000,0
		極大值	0.862,0	1.789,2	0.897,8	0.373,6
	2011	均值	0.420,0	0.144,0	0.147,4	0.004,3
		N	867.000,0	867.000,0	867.000,0	867.000,0
		標準差	0.147,7	0.275,8	0.229,0	0.024,8
		極小值	0.091,1	0.000,0	0.000,0	0.000,0
		極大值	0.863,5	1.855,8	0.847,1	0.362,7

表4.33(續)

第一大股東性質		年份		第一大股東持股比例	股權制衡度	國有股比例	管理人員持股比例
國有法人	總計	均值		0.432,2	0.160,8	0.338,9	0.001,5
		N		6,482.000,0	6,482.000,0	6,482.000,0	6,482.000,0
		標準差		0.147,2	0.297,3	0.246,1	0.013,8
		極小值		0.080,7	0.000,0	0.000,0	0.000,0
		極大值		0.863,5	2.709,0	0.971,2	0.373,6
境內法人	2004	均值		0.367,0	0.344,3	0.133,3	0.000,0
		N		346.000,0	346.000,0	346.000,0	346.000,0
		標準差		0.138,2	0.395,5	0.205,6	0.000,1
		極小值		0.129,8	0.000,0	0.000,0	0.000,0
		極大值		0.756,2	2.223,7	0.766,0	0.001,1
	2005	均值		0.369,9	0.402,4	0.199,5	0.000,0
		N		176.000,0	176.000,0	176.000,0	176.000,0
		標準差		0.143,9	0.483,4	0.239,1	0.000,0
		極小值		0.061,4	0.000,0	0.000,0	0.000,0
		極大值		0.820,5	2.223,7	0.734,0	0.000,3
	2006	均值		0.338,0	0.322,2	0.069,1	0.002,2
		N		352.000,0	352.000,0	352.000,0	352.000,0
		標準差		0.125,9	0.365,8	0.137,6	0.016,2
		極小值		0.111,5	0.000,0	0.000,0	0.000,0
		極大值		0.814,7	2.228,7	0.750,0	0.248,8
	2007	均值		0.349,0	0.270,8	0.038,9	0.005,0
		N		361.000,0	361.000,0	361.000,0	361.000,0
		標準差		0.126,5	0.332,4	0.100,3	0.026,7
		極小值		0.119,2	0.000,0	0.000,0	0.000,0
		極大值		0.778,9	1.484,5	0.659,8	0.253,2
	2008	均值		0.361,1	0.236,7	0.026,6	0.009,8
		N		374.000,0	374.000,0	374.000,0	374.000,0
		標準差		0.134,4	0.313,9	0.081,9	0.040,8
		極小值		0.134,4	0.000,0	0.000,0	0.000,0
		極大值		0.806,0	1.440,3	0.659,8	0.367,9

表4.33(續)

第一大股東性質	年份		第一大股東持股比例	股權制衡度	國有股比例	管理人員持股比例
境內法人	2009	均值	0.362,9	0.214,5	0.016,0	0.022,0
		N	419.000,0	419.000,0	419.000,0	419.000,0
		標準差	0.135,9	0.306,3	0.062,8	0.067,8
		極小值	0.119,2	0.000,0	0.000,0	0.000,0
		極大值	0.806,0	1.795,9	0.659,8	0.594,4
	2010	均值	0.376,7	0.212,2	0.011,9	0.032,5
		N	526.000,0	526.000,0	526.000,0	526.000,0
		標準差	0.142,7	0.299,8	0.044,5	0.074,9
		極小值	0.092,7	0.000,1	0.000,0	0.000,0
		極大值	0.864,9	1.571,2	0.659,8	0.592,4
	2011	均值	0.384,0	0.226,3	0.011,5	0.035,0
		N	608.000,0	608.000,0	608.000,0	608.000,0
		標準差	0.143,5	0.336,6	0.055,3	0.073,3
		極小值	0.110,7	0.000,1	0.000,0	0.000,0
		極大值	0.894,1	2.780,3	0.659,8	0.450,0
	總計	均值	0.365,5	0.262,0	0.047,3	0.017,0
		N	3,162.000,0	3,162.000,0	3,162.000,0	3,162.000,0
		標準差	0.137,6	0.348,5	0.126,7	0.055,5
		極小值	0.061,4	0.000,0	0.000,0	0.000,0
		極大值	0.894,1	2.780,3	0.766,0	0.594,4
境內自然人	2004	均值	0.295,5	0.689,3	0.007,8	0.000,0
		N	20.000,0	20.000,0	20.000,0	20.000,0
	2005	標準差	0.122,2	0.690,5	0.023,3	0.000,0
		極小值	0.061,4	0.023,7	0.000,0	0.000,0
		極大值	0.487,0	2.280,3	0.097,2	0.000,0
		均值	0.280,1	0.837,6	0.000,0	0.000,0
		N	5.000,0	5.000,0	5.000,0	5.000,0
		標準差	0.139,3	1.145,5	0.000,0	0.000,0
		極小值	0.081,2	0.045,5	0.000,0	0.000,0
		極大值	0.428,9	2.821,8	0.000,0	0.000,0

表4.33(續)

第一大股東性質	年份		第一大股東持股比例	股權制衡度	國有股比例	管理人員持股比例
境內自然人	2006	均值	0.268,6	0.636,9	0.015,2	0.034,1
		N	36.000,0	36.000,0	36.000,0	36.000,0
		標準差	0.097,8	0.567,9	0.040,8	0.106,2
		極小值	0.051,8	0.023,9	0.000,0	0.000,0
		極大值	0.496,6	2.244,4	0.191,6	0.501,9
	2007	均值	0.307,8	0.520,1	0.014,8	0.058,6
		N	74.000,0	74.000,0	74.000,0	74.000,0
		標準差	0.118,8	0.475,4	0.045,5	0.144,1
		極小值	0.081,2	0.003,5	0.000,0	0.000,0
		極大值	0.691,1	2.274,9	0.279,8	0.544,1
	2008	均值	0.328,1	0.503,5	0.007,5	0.138,9
		N	93.000,0	93.000,0	93.000,0	93.000,0
		標準差	0.129,0	0.530,2	0.034,0	0.219,9
		極小值	0.081,2	0.003,7	0.000,0	0.000,0
		極大值	0.691,1	2.301,8	0.263,2	0.747,7
	2009	均值	0.321,3	0.525,6	0.013,0	0.307,3
		N	158.000,0	158.000,0	158.000,0	158.000,0
		標準差	0.123,8	0.581,0	0.045,5	0.252,9
		極小值	0.081,2	0.003,5	0.000,0	0.000,0
		極大值	0.691,1	3.613,1	0.312,5	0.747,7
	2010	均值	0.330,6	0.485,4	0.011,5	0.424,3
		N	325.000,0	325.000,0	325.000,0	325.000,0
		標準差	0.123,4	0.565,5	0.040,9	0.212,5
		極小值	0.089,1	0.000,8	0.000,0	0.000,0
		極大值	0.670,9	3.613,1	0.310,2	0.891,0
	2011	均值	0.327,5	0.511,2	0.005,9	0.443,9
		N	454.000,0	454.000,0	454.000,0	454.000,0
		標準差	0.119,7	0.573,0	0.026,9	0.191,1
		極小值	0.089,3	0.000,9	0.000,0	0.000,0
		極大值	0.668,0	3.601,9	0.300,0	0.821,3

表4.33(續)

第一大股東性質	年份		第一大股東持股比例	股權制衡度	國有股比例	管理人員持股比例
境內自然人	總計	均值	0.323,8	0.514,3	0.009,4	0.348,9
		N	1,165.000,0	1,165.000,0	1,165.000,0	1,165.000,0
		標準差	0.121,8	0.567,8	0.036,3	0.246,5
		極小值	0.051,8	0.000,8	0.000,0	0.000,0
		極大值	0.691,1	3.613,1	0.312,5	0.891,0
境外法人	2004	均值	0.401,4	0.336,8	0.020,0	0.000,0
		N	8.000,0	8.000,0	8.000,0	8.000,0
		標準差	0.143,9	0.548,2	0.056,7	0.000,0
		極小值	0.162,3	0.000,4	0.000,0	0.000,0
		極大值	0.566,3	1.244,2	0.160,4	0.000,0
	2005	均值	0.343,1	0.422,4	0.326,2	0.000,0
		N	10.000,0	10.000,0	10.000,0	10.000,0
		標準差	0.121,8	0.311,3	0.273,0	0.000,1
		極小值	0.162,3	0.020,3	0.000,0	0.000,0
		極大值	0.585,4	1.176,5	0.712,1	0.000,3
	2006	均值	0.363,6	0.368,6	0.118,0	0.000,1
		N	16.000,0	16.000,0	16.000,0	16.000,0
		標準差	0.096,5	0.383,8	0.141,6	0.000,1
		極小值	0.162,3	0.000,4	0.000,0	0.000,0
		極大值	0.510,0	1.189,1	0.410,3	0.000,4
	2007	均值	0.384,4	0.361,4	0.098,3	0.000,0
		N	25.000,0	25.000,0	25.000,0	25.000,0
		標準差	0.115,7	0.416,8	0.138,1	0.000,1
		極小值	0.165,5	0.000,4	0.000,0	0.000,0
		極大值	0.637,8	1.657,3	0.480,2	0.000,2
	2008	均值	0.422,6	0.233,0	0.019,2	0.000,6
		N	22.000,0	22.000,0	22.000,0	22.000,0
		標準差	0.105,7	0.256,9	0.052,8	0.002,8
		極小值	0.211,3	0.000,3	0.000,0	0.000,0
		極大值	0.637,8	1.000,5	0.186,5	0.013,3

表4.33(續)

第一大股東性質	年份		第一大股東持股比例	股權制衡度	國有股比例	管理人員持股比例
境外法人	2009	均值	0.478,6	0.189,0	0.023,9	0.000,5
		N	25.000,0	25.000,0	25.000,0	25.000,0
		標準差	0.132,9	0.224,5	0.056,2	0.002,5
		極小值	0.211,3	0.001,6	0.000,0	0.000,0
		極大值	0.715,6	1.007,1	0.169,5	0.012,4
	2010	均值	0.500,1	0.278,7	0.016,7	0.024,7
		N	33.000,0	33.000,0	33.000,0	33.000,0
		標準差	0.152,1	0.439,0	0.046,9	0.098,6
		極小值	0.147,2	0.000,8	0.000,0	0.000,0
		極大值	0.715,6	1.888,8	0.169,5	0.455,3
	2011	均值	0.520,6	0.262,7	0.005,1	0.018,5
		N	33.000,0	33.000,0	33.000,0	33.000,0
		標準差	0.157,2	0.386,6	0.029,5	0.070,8
		極小值	0.274,2	0.000,1	0.000,0	0.000,0
		極大值	0.885,5	1.163,0	0.169,5	0.352,7
	總計	均值	0.447,8	0.288,2	0.055,3	0.008,5
		N	172.000,0	172.000,0	172.000,0	172.000,0
		標準差	0.144,5	0.372,1	0.126,2	0.053,6
		極小值	0.147,2	0.000,1	0.000,0	0.000,0
		極大值	0.885,5	1.888,8	0.712,1	0.455,3
境外自然人	2004	均值	0.270,0	0.530,9	0.000,0	0.000,0
		N	1.000,0	1.000,0	1.000,0	1.000,0
		標準差	.	.	.	.
		極小值	0.270,0	0.530,9	0.000,0	0.000,0
		極大值	0.270,0	0.530,9	0.000,0	0.000,0
	2006	均值	0.232,7	0.462,2	0.000,0	0.000,0
		N	1.000,0	1.000,0	1.000,0	1.000,0
		標準差	.	.	.	.
		極小值	0.232,7	0.462,2	0.000,0	0.000,0
		極大值	0.232,7	0.462,2	0.000,0	0.000,0

表4.33(續)

第一大股東性質	年份		第一大股東持股比例	股權制衡度	國有股比例	管理人員持股比例
境外自然人	2007	均值	0.232,7	0.223,4	0.000,0	0.000,0
		N	1.000,0	1.000,0	1.000,0	1.000,0
		標準差	.	.	.	.
		極小值	0.232,7	0.223,4	0.000,0	0.000,0
		極大值	0.232,7	0.223,4	0.000,0	0.000,0
	2008	均值	0.232,7	0.159,6	0.000,0	0.000,0
		N	1.000,0	1.000,0	1.000,0	1.000,0
		標準差	.	.	.	.
		極小值	0.232,7	0.159,6	0.000,0	0.000,0
		極大值	0.232,7	0.159,6	0.000,0	0.000,0
	2009	均值	0.349,3	0.316,0	0.033,2	0.349,3
		N	1.000,0	1.000,0	1.000,0	1.000,0
		標準差	.	.	.	.
		極小值	0.349,3	0.316,0	0.033,2	0.349,3
		極大值	0.349,3	0.316,0	0.033,2	0.349,3
	2010	均值	0.426,3	0.181,0	0.018,6	0.435,6
		N	3.000,0	3.000,0	3.000,0	3.000,0
		標準差	0.161,6	0.159,2	0.016,9	0.152,7
		極小值	0.317,5	0.005,4	0.000,0	0.345,6
		極大值	0.611,9	0.316,0	0.033,2	0.611,9
	2011	均值	0.370,8	0.360,5	0.000,0	0.471,9
		N	5.000,0	5.000,0	5.000,0	5.000,0
		標準差	0.137,2	0.304,6	0.000,0	0.124,7
		極小值	0.283,8	0.005,4	0.000,0	0.345,6
		極大值	0.611,9	0.697,5	0.000,0	0.611,9
	總計	均值	0.342,3	0.310,6	0.006,8	0.308,9
		N	13.000,0	13.000,0	13.000,0	13.000,0
		標準差	0.127,2	0.221,1	0.013,2	0.236,9
		極小值	0.232,7	0.005,4	0.000,0	0.000,0
		極大值	0.611,9	0.697,5	0.033,2	0.611,9

第六節　小結

通過對本書選取的 2004—2011 年的有效樣本統計，可以得出：中國有終極控制股東的上市公司中，終極控制股東直接實現控股的樣本占了總量的 12.67%，間接控股的樣本主要分佈在 2、3 層級，所有樣本的控制層級均值為 2.32 層。有 79.41% 有效樣本的終極控制股東通過單鏈條實現對上市公司的控制，即比通過多鏈條實現控股的樣本多了近 60%。中國有 56% 的上市公司的兩權並未發生分離，平均兩權分離度（差值）均值為 5.73，平均分離度（比值）均值為 1.37。以上數據說明有終極控制股東的上市公司的控制層級絕對值並不多，兩權分離度絕對值不高，並且與以往文獻中對東亞、西歐和全球的兩權分離度均值比較，發現兩權分離度（比值）均值相差不大，但是兩權分離度（差值）均值相對較高。中國政府終極控股的樣本仍然占了相當大的比重，所占比例為 61.8%，個人或家族控股的占了 38.2%，但個人或家族終極控股的上市公司所占比重呈每年上升的趨勢，在 2011 年，個人或家族終極控股的上市公司的數量超過了政府。

平均終極控制權、平均終極所有權從 2004 年至 2011 年呈先降低後輕微增加的趨勢，在 2006 年達到最小值，這應該與中國的股權分置改革有一定關聯；平均兩權分離度（差值）、平均兩權分離度（比值）均值均呈現先增加後降低的趨勢，但差別不大；控制層級均值呈下降趨勢。通過單鏈條實現控股的上市公司在該年總有效樣本中所占比重從 2004 年到 2011 呈遞減趨勢，從 2004 年的 86.85% 降到了 2011 年的 70.64%。以上情況說明：中國上市公司的股權結構逐漸從簡單走向複雜化。

按照終極控制股東的性質將有效樣本的各指標值進行分類，發現個人或家族終極控股的上市公司的股權結構特徵值的變化趨勢與所有觀測值的整體情況不一致，如：個人或家族的終極控制權均值、終極所有權均值從 2004 年到 2011 年整體呈上升趨勢，而且上升幅度較大、兩權分離度（差值）均值、兩權分離度（比值）均值、控制層級均值都表現出下降趨勢。中央政府、省級政府、市級政府、縣級政府的終極控股的各上市公司股權結構指標均值從 2004 年至 2011 年的變化趨勢基本相同，終極控制權均值、終極所有權均值呈先下降後略微上升的趨勢，兩權分離度（差值）均值、兩權分離度（比值）均值、控制層級均值隨年份有起伏變化，但差異不大。對鄉鎮政府、村級政府終極控股的上市公司而言，各股權結構指標均值隨著年份起伏較大，但整體呈下降趨勢；兩權分離度（差值）均值、兩權分離度（比值）均值、控制層級均值起伏差異較大，沒有規律性變化，這種情況的發生與樣本量過少有一定關係。

通過方差分析，不同終極控制股東的終極所有權、終極控制權、兩權分離度（比值）、兩權分離度（差值）、控制層級均是有顯著差別的。實現終極控股的鏈條數也可以顯著區分終極所有權、終極控制權、兩權分離度（比值）、兩權分離度（差值）、控制層級。不同控制層級的終極所有權、終極控制權、兩權分離度（比值）、兩權分離度（差值）也是有顯著差別的。各股權結構變量在不同年份上的取值是有顯著差異的，並且將終極控制股東性質、實現控股的鏈條數、控制層級等與年份結合起來對樣本進行分類之後，檢驗得出各類之間也是有顯著差異的。通過以上分析，我們可以得出終極控制股東性質、年份可以將上市公司的股權結構特徵進行有效分類。

雖然本書對股權結構從垂直方向上進行了細緻地描述，但是，基本沒有涉及股東之間形成的契約關係，然而，在中國這样一個不太完善的經濟環境中，股東為降低自身風險，股東之間可能存在正式的契約關係和各種各樣的非正式契約關係，這個關係的研究可以從橫向上完善對原股權結構的描述，使得對股權結構的描述更加動態和完善。之所以研究股東關係，因為有關係的小股東和沒有關係的小股東的風險和收益是有差別的，有關係的股東會和內部人股東以其來侵占弱勢股東的利益。

　　本書對樣本公司的直接股權結構進行了分析，並與樣本公司的終極股權結構進行了對比。通過描述性統計分析，發現國家和國有法人直接控股的上市公司占了總樣本量的60.14%，這與終極控制股東是各層級政府的比重差距不大。中國的大部分上市公司的第一大股東通過相對控股實現對上市公司的控制，通過擁有絕對控股權對樣本公司實現控股的比重占了不到總樣本量的1/3，國家絕對控股的占了總樣本量的10%左右，管理人員絕對控股的比重不到總樣本量的2%。經統計，股權制衡度均值為0.228,9，股權制衡水平較低。不同第一大股東的第一大股東持股比例、股權制衡度、國有股比例、管理人員持股比例是有顯著差別的，第一大股東持股比例最高的是境外法人，最低的是境內自然人；同時，境內自然人的股權制衡水平更高，說明了自然人控股的上市公司多個大股東並存情況更加普遍。國家不僅作為第一大股東實現對上市公司的控股，目前還存在對部分上市公司參股的情況。國家股比例低的企業往往管理人員持股比例更高，這與中國國有企業的管理體制和治理機制是緊密相關的。不同行業的直接股權結構變量和終極股權結構變量有顯著差異。

　　通過統計各直接股權結構變量從2004年到2011年的變化趨勢發現：第一大股東持股比例最高的是2004年，之後是2005年，均在40%以上，中間是2006—2010年，第一大股東持股比例均在39%左右，說明整體上樣本公司的第一大股東持股比例呈上升的趨勢，股權制衡度隨著年份的變化基本呈 U 型變化趨勢，國有股比例從 2005 年到 2011 年基本呈遞減的趨勢，同時，管理人員持股比例卻呈現遞增的趨勢，並且經過檢驗，這種變化趨勢是顯著的。為了檢驗不同第一大股東的樣本隨著年份的變化規律，書中描述了不同第一大股東的樣本公司的直接股權結構變量隨著年份的變化趨勢，國家、境內自然人、境外法人、境外自然人是第一大股東的每一年的樣本量相對較小，不易發現一致性的變化規律。但是，國有法人和境內法人控股的樣本公司的直接股權結構變量卻呈現了一定的變化規律，如：境內法人的第一大股東持股比例呈現出 U 型變化規律；國有法人和境內法人的國有股比例基本呈遞減趨勢，管理人員持股比例基本呈遞增趨勢等。

第五章

有終極控制股東上市公司的股權資本成本現狀

第一節 有終極控制股東的上市公司的資本成本

對於資本估算方法的選擇，通過對國內外文獻的分析發現：實務界廣泛應用的風險補償報酬率模型是 CAPM 模型，和採用預測數據估算 Gordon 提出的戈登模型；理論界廣泛採用的模型有 GLS 模型、OJ 模型、CT 模型、PE 模型、ES 模型等。採用 PE 模型計算股權資本成本一般取當年每股股利（或每股收益）與前年股票價格之比，這種方法沒有考慮到股利或收益隨著年度發生的變化。Gordon 模型考慮到了股利的增長問題，但是認為股利增長率是固定的，這顯然與實際情況不符。儘管 Gordon 模型因計算簡單在實務界也廣受歡迎，但是有實證檢驗不支持該模型（Wippen，1966）[1]。儘管 GLS 模型

---

[1] Wippen, R. Financial Structure and The Value of the Firm [J]. Journal of Finance, 1966 (4).

是採用預期收益來計算股權資本成本，似乎更符合股權資本成本的預測本質，但 GLS 模型使用過程中，需要用到未來十二年的預期每股收益，而中國獨立的仲介機構近幾年才出現，發布的上市公司盈利預測信息的年份很短，並且只是針對部分上市公司有預測數據，所以很多以往文獻（陸正飛等，2004）採用 GLS 模型估算過程中，用實際淨資產收益率代替預期淨資產收益率，使模型失去了其預測的優勢，使模型變得不倫不類。而 CT 模型對預測數據的要求也較高，所以在中國其實用性就更受質疑。CAPM 模型自 20 世紀 90 年代後，在西方得到了認可，並且 Lowenstein（1991）曾指出由 CAPM 模型計算的股權資本成本代表了所有者權益的機會成本。因 CAPM 模型採用歷史數據對預期收益進行預測，這其中包括假設：平均事後收益率是事前收益率的無偏估計，這個假設在現實中是不成立的。但是這並未阻擋 CAPM 模型在實務界的廣泛應用。

結合各模型的實用性、模型特點和模型所需數據的可獲得性，本書選用：CAPM 模型、OJ 模型和 ES 模型估算股權資本成本。由於對資本成本估算方法目前無一致結論，以往文獻中多數是採用三種及以上的模型進行估算，並取其均值進行研究。

5.1.1　樣本選擇

在第四章對 2004 年至 2011 年上市公司樣本初步篩選的基礎上，計算資本成本的過程中，需進一步結合各資本成本估算模型的計算要求篩選樣本。

由前文 2.4 中的公式 2.1 瞭解到用 CAPM 估算資本成本需要確定無風險收益率、市場風險溢價和市場風險系數。無風險收益率的取值在實際應用中大致分為：採用長期證券的利率水平，尤其是政府長期債券①，選用一年期定期存款的加權平均利率②作為反應國債市場價格總體走勢的債券指數。年國債指數回報率指標反應了本年該市場國債的收盤指數相對於前一年交易收盤指數的增長情況。根據國泰安數據服務中心提供的債券市場年國債指數數據，選定上證國債指數（000012）的年指數回報率作為反應當年國債整體利潤水平的指標，2004年至2011年累計交易日為1,943日，這8年的平均指數回報率為3.68%，這是本書選取的無風險收益率。市場風險溢價的估算我們借鑑Damodaran的歷史風險溢價模型提供的解決方法，通過對中、美股票市場作比較，以美國的成熟市場的風險溢價作為基準，通過估算中國股權國家風險溢價，最終計算中國市場風險溢價，具體估算情況如表5.1所示。

表 5.1　Damodaran 關於美國和中國 2004—2011 年市場風險溢價的估計③　　單位:%

年份	美國市場風險溢價	中國股權國家風險溢價	中國市場風險溢價
2004	4.84	1.35	6.19
2005	4.80	1.20	6.00
2006	4.91	1.20	6.11
2007	4.79	1.05	5.84
2008	5.00	2.10	7.10
2009	4.50	1.35	5.85
2010	5.00	1.05	6.05
2011	6.00	1.05	7.05

---

① Aswath Damodaran. Estimating Risk Free Rates [J]. Working Paper, 2008 (12).

② 汪平，王雪梅，李陽陽. 國家控股、控制層級與股權資本成本 [J]. 經濟與管理評論，2012 (3).

③ 資料來源：http://www.stern.nyu.edu/~adamodar.

CAPM 模型中 β 系數表示的是個股的超額收益對市場超額收益的波動性，是此模型估算股權資本成本的關鍵。β 值一般用歷史數據迴歸計算得來，本書採用的 β 值取自國泰安數據服務中心。

用 CAPM 模型估算資本成本過程中，剔除因變量缺失導致無法估算的樣本，此時查看 CAPM 模型估算的結果仍有負值，因股東要求的報酬率不可能為負值，所以剔除掉估算結果為負的樣本，2004 年至 2011 年估算 CAPM 模型的有效樣本量分別為：1,096 個、1,164 個、1,018 個、1,151 個、1,276 個、1,293 個、1,459 個和 1,619 個。

Ohlson-Juettner 模型屬於運用預測數據對股權資本成本的測算，根據前文 2.4 對模型的介紹，若計算基於 OJ 模型的股權資本成本，需要確定未來兩期的預期每股收益、固定的股利增長率、預期每股股利及當前股票收盤價。未來兩期的預期每股股利指分析師以本年為基礎預測未來第一年和第二年的每股收益，因不同分析師對該指標值進行了預測，所以本書取上述預測值的均值。對於固定的股利增長率，沈紅波（2007）[1] 採用的做法是用 5% 替代；韓錄（2011）[2] 是用 CAPM 模型中的無風險報酬率進行替代。本書認為固定的股利增長率等同於公司的可持續增長率，取淨資產收益率與留存收益率的乘積。預期每股股利=預期每股收益*平均股利支付率，平均股利支付率取過去三年的平均股利支付率。預期每股收益、淨資產收益率、留存收益率、股利支付率、收盤價等數據均取自國泰安數據服務中心。

---

[1] 沈紅波. 市場分割、跨境上市與預期資金成本——來自 Ohlson—Juettner 模型的經驗證據 [J]. 金融研究, 2007 (2).

[2] 韓錄. 基於資本成本的中國企業股東利益保護研究 [D]. 北京：首都經濟貿易大學, 2011.

若計算過程中需要的指標值缺失，則剔除該樣本，並且在計算股權資本成本過程中，因為涉及開方，所以要去掉無解的樣本，同時需要刪掉估算的資本成本值為負的樣本。最終得到2004—2011年的有效樣本值如表5.2所示。

根據ES模型，我們需要知道未來兩期的每股收益，這裡的未來兩期收益的取值方法與OJ模型的未來兩期收益的計算方法一致。預期每股收益、收盤價均取自國泰安數據服務中心。剔除數據缺失的樣本，剔除無計算結果的樣本、剔除計算結果為負的樣本，最終得到的有效樣本量如表5.2所示。

表5.2　2004—2011年經篩選後各模型的有效樣本個數

年份	CAPM模型有效樣本數	OJ模型有效樣本數	ES模型有效樣本數
2004	1,096	127	138
2005	1,164	183	217
2006	1,018	278	260
2007	1,151	339	349
2008	1,276	342	427
2009	1,293	382	496
2010	1,459	406	540
2011	1,619	368	588
合計	10,076	2,425	3,015

5.1.2　股權資本成本估算結果

通過前文所述對樣本的篩選，接下來對10,076個有效觀測值用CAPM模型估算其資本成本，計算所得的實際股權資本成本如表5.3所示。

表 5.3　2004—2011 年 CAPM 估算的股權資本成本基本情況

年份	CAPM 模型估算的資本成本平均值	CAPM 模型估算的資本成本最小值	CAPM 模型估算的資本成本最大值	CAPM 模型估算的資本成本方差
2004	0.099	0.037	0.175	0.000
2005	0.097	0.040	0.167	0.000
2006	0.098	0.039	0.191	0.000
2007	0.095	0.018	0.171	0.000
2008	0.108	0.053	0.152	0.000
2009	0.096	0.031	0.668	0.000
2010	0.098	0.044	0.138	0.000
2011	0.108	0.058	0.436	0.000
總計	0.100	0.018	0.668	0.000

結合表 5.3 和圖 5.1 可以讀出，由 CAPM 模型估算的平均股權資本成本從 2004 年到 2011 年的變化不大，所有年份的估算的股權資本成本均值都分佈在 9.5%~10.8% 之間，而且標準差的水平很低，所有觀測值的 CAPM 估算的平均股權資本成本水平為 10%。這高於汪平等（2012）[1] 用中國 2000—2009 年所有上市公司的 CAPM 模型的估算結果 9.24%。

---

[1]　汪平. 中國企業資本成本估算及其估算值的合理界域：2000—2009 [J]. 投資研究，2012（11）.

終極控制權、股東性質與資本成本

[Figure: CAPM模型估算的資本成本平均值, y軸均值 0.085–0.110, x軸 2004–2011年]

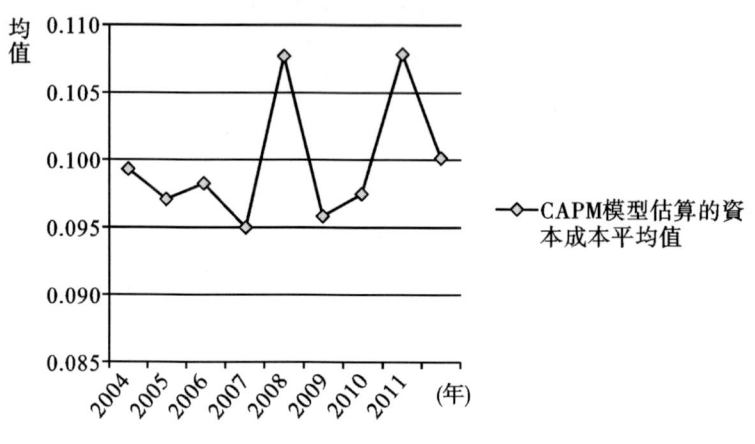

圖 5.1　CAPM 模型估算的股權資本成本水平

OJ 模型的計算需要多個指標值，並且計算方法相對複雜，經過篩選，最終 2004—2011 年共得到 2,425 個有效樣本，OJ 模型估算的股權資本成本水平參見表 5.4。

結合表 5.4 和圖 5.2，可以看出 OJ 模型估算的平均股權資本成本水平為 17.1%，各年份均值之間差距較大，最小值為 13.5%，最大值達到了 20.1%，這遠高於汪平等（2012）用 OJ 模型估算的結果 8.42%。

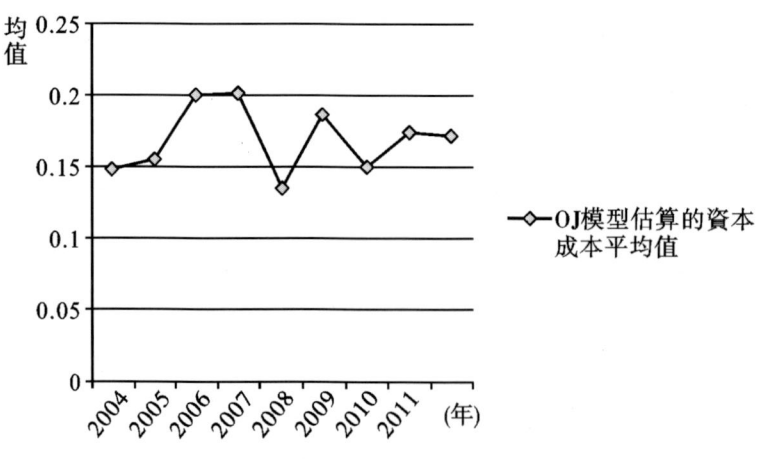

[Figure: OJ模型估算的資本成本平均值, y軸均值 0–0.25, x軸 2004–2011年]

圖 5.2　OJ 模型估算的股權資本成本水平

表 5.4　2004—2011 年 OJ 模型估算的資本成本基本情況

年份	OJ 模型估算的資本成本平均值	OJ 模型估算的資本成本最小值	OJ 模型估算的資本成本最大值	OJ 模型估算的資本成本方差
2004	0.149	0.063	0.431	0.003
2005	0.155	0.041	0.609	0.004
2006	0.200	0.046	0.552	0.006
2007	0.201	0.043	0.538	0.007
2008	0.135	0.026	0.362	0.002
2009	0.187	0.043	0.817	0.008
2010	0.149	0.030	0.625	0.003
2011	0.175	0.010	0.768	0.006
均值	0.171	0.010	0.817	0.006

從表 5.5 可以知道用 ES 模型估算股權資本成本的有效觀測值是 3,015 個，從 2004 年至 2011 年的平均股權資本成本最小值為 9%，最大值為 16.1%，不同年份間的起伏相對較大，從圖 5.3 也可以讀到相應信息。

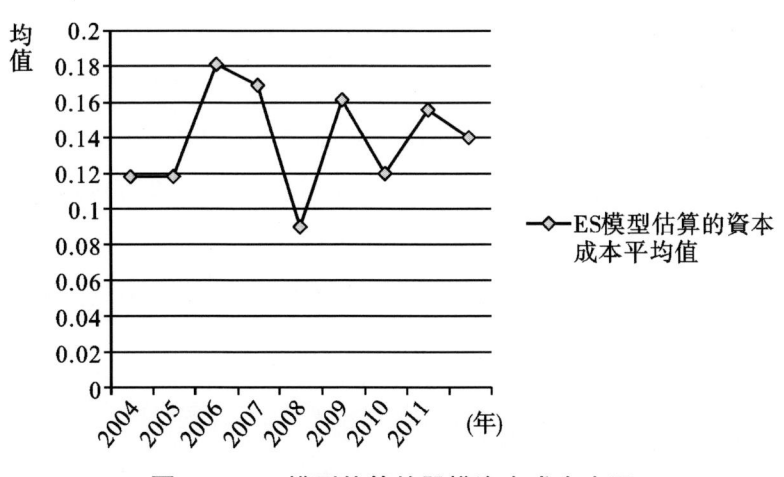

圖 5.3　ES 模型估算的股權資本成本水平

表 5.5　2004—2011 年 ES 模型估算的資本成本基本情況

年份	ES 模型估算的資本成本平均值	ES 模型估算的資本成本最小值	ES 模型估算的資本成本最大值	ES 模型估算的資本成本方差
2004	0.118	0.012	0.348	0.003
2005	0.118	0.030	0.311	0.002
2006	0.181	0.046	0.490	0.006
2007	0.169	0.002	0.828	0.006
2008	0.090	0.009	0.394	0.001
2009	0.161	0.016	0.841	0.008
2010	0.119	0.022	0.720	0.004
2011	0.156	0.024	0.954	0.006
總計	0.140	0.002	0.954	0.006

用 ES 模型估算的平均股權資本成本水平為14%，這一水平低於用 OJ 模型估算的 17.1%，高於用 CAPM 模型估算的 10%。OJ 模型和 ES 模型估算的資本成本均在 2006 年達到最大值，2008 年達到最小值，但 CAPM 模型估算的資本成本卻在 2008 年和 2011 年呈現最大值，2007 年呈現最小值。OJ 模型和 ES 模型估算的股權資本成本水平在不同年份起伏波動較大，CAPM 模型估算的結果相對平穩。OJ 模型估算的結果最高，ES 模型居中，CAPM 模型估算結果最低。因為計算過程中各模型計算條件的限制，我們已知各模型選用的樣本量不同，所以，有必要篩選三個模型都適用的共同樣本，並以此為基礎計算平均的股權資本成本。

第二節　有終極控制股東的上市公司的股權資本成本現狀分析

首先，將前文三模型的有效觀測值用 EXCEL 中的 VLOOKUP 公式進行篩選，篩選出三模型的共同有效樣本；進一步考慮到金融保險類行業執行不同的會計機制，並且保留的有效觀測值中這類樣本的保有量少，所以將其剔除；去掉 ST 類、PT 類等經營或財務狀況出現異常的公司；進一步剔除掉估算的股權資本成本畸高（高於 100%）的樣本，最終得到的有效觀測值為 2,254 個。此時，CAPM 模型的平均股權資本成本為 0.098，略低於樣本未刪選前的 0.010；OJ 模型估算的平均值為 0.171，與未篩選前估算的結果持平；ES 模型估算的結果為 0.141，略高於樣本篩選前的 0.140。三模型估算的平均值為 0.137（如表 5.6）。

表 5.6　2004—2011 年平均股權資本成本基本情況

會計年度		CAPM 估算的股權資本成本	OJ 模型估算的股權資本成本	ES 模型估算的股權資本成本	三模型估算的平均股權資本成本
2004	均值	0.088	0.147	0.118	0.118
	N	106.000	106.000	106.000	106.000
	標準差	0.012	0.048	0.043	0.029
	極小值	0.058	0.063	0.030	0.062
	極大值	0.120	0.280	0.246	0.201
2005	均值	0.088	0.150	0.122	0.120
	N	153.000	153.000	153.000	153.000
	標準差	0.015	0.057	0.044	0.031
	極小值	0.056	0.041	0.045	0.063
	極大值	0.121	0.339	0.311	0.242

表5.6(續)

會計年度		CAPM估算的股權資本成本	OJ模型估算的股權資本成本	ES模型估算的股權資本成本	三模型估算的平均股權資本成本
2006	均值	0.097	0.206	0.182	0.162
	N	211.000	211.000	211.000	211.000
	標準差	0.014	0.078	0.074	0.050
	極小值	0.039	0.046	0.046	0.065
	極大值	0.136	0.513	0.490	0.362
2007	均值	0.094	0.201	0.171	0.155
	N	333.000	333.000	333.000	333.000
	標準差	0.010	0.083	0.079	0.049
	極小值	0.031	0.043	0.057	0.067
	極大值	0.115	0.538	0.828	0.423
2008	均值	0.108	0.134	0.087	0.110
	N	334.000	334.000	334.000	334.000
	標準差	0.010	0.046	0.028	0.021
	極小值	0.069	0.026	0.022	0.056
	極大值	0.130	0.362	0.224	0.204
2009	均值	0.095	0.188	0.162	0.148
	N	377.000	377.000	377.000	377.000
	標準差	0.009	0.088	0.086	0.056
	極小值	0.059	0.043	0.034	0.062
	極大值	0.121	0.817	0.841	0.587
2010	均值	0.096	0.151	0.116	0.121
	N	382.000	382.000	382.000	382.000
	標準差	0.011	0.058	0.050	0.033
	極小值	0.059	0.030	0.022	0.058
	極大值	0.122	0.625	0.345	0.348

表5.6(續)

會計年度		CAPM 估算的股權 資本成本	OJ模型 估算的股權 資本成本	ES模型 估算的股權 資本成本	三模型 估算的平均 股權資本成本
2011	均值	0.105	0.176	0.160	0.147
	N	358.000	358.000	358.000	358.000
	標準差	0.015	0.079	0.086	0.051
	極小值	0.065	0.010	0.024	0.065
	極大值	0.144	0.768	0.954	0.617
總計	均值	0.098	0.171	0.141	0.137
	N	2,254.000	2,254.000	2,254.000	2,254.000
	標準差	0.013	0.075	0.075	0.047
	極小值	0.031	0.010	0.022	0.056
	極大值	0.144	0.817	0.954	0.617

　　從有效觀測值的分佈來看，2004年和2005年分別為106個和153個，2006年211個，2007年至2011年均超過300個。由三個模型估算的平均股權資本成本在2008年估算值最小，僅為11%，2006年的估算值最大，為16.2%；CAPM模型的估算結果從2004至2011年變化不大，最大波動幅度為0.02，比OJ和ES模型估算的結果波動幅度小；OJ模型在2006年的估算結果最大為0.206，在2008年的估算結果最小為0.134，最大波動幅度為0.072；ES模型最大波幅為0.105，最大值出現在2006年，最小值出現在2008年。三模型估算的平均股權資本成本最低點出現在2008年，為0.110，最高點出現在2006年，為0.162，波幅為0.052。其他相關數值參見表5.5，圖5.4是對三模型估算的股權資本成本的變化趨勢的描述。

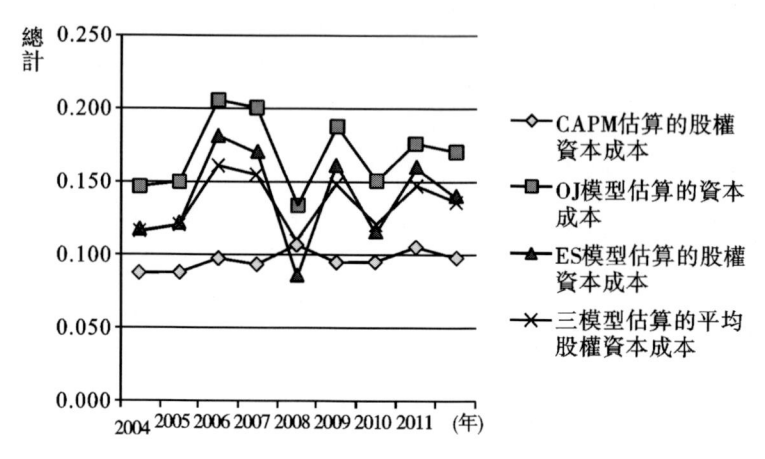

图 5.4　不同年份三模型估算的股权资本成本水平对比

进一步检验不同年份估算的平均股权资本成本的差异性，检验结果如表 5.7 所示。在显著性概率一列可以看到，四个显著性概率均小于 0.05，这说明在 0.05 的显著性水平上，CAPM 模型估算的平均股权资本成本、OJ 模型估算的平均股权资本成本、ES 模型估算的平均股权资本成本和三模型估算的平均股权资本成本均是有显著差异的。

表 5.7　不同年份各模型估算的平均股权资本成本差异的显著性

项目		平方和	df	均方	F	显著性
CAPM 估算的股权资本成本	组间	0.086	7.000	0.012	85.720	0.000
	组内	0.323	2,246.000	0.000		
	总数	0.409	2,253.000			
OJ 模型估算的股权资本成本	组间	1.413	7.000	0.202	39.894	0.000
	组内	11.363	2,246.000	0.005		
	总数	12.776	2,253.000			
ES 模型估算的股权资本成本	组间	2.239	7.000	0.320	69.615	0.000
	组内	10.322	2,246.000	0.005		
	总数	12.561	2,253.000			
三模型估算的平均股权资本成本	组间	0.752	7.000	0.107	57.072	0.000
	组内	4.228	2,246.000	0.002		
	总数	4.980	2,253.000			

第三節　股權資本成本比較

5.3.1　不同終極控股比例區間的股權資本成本

表 5.8 描述了不同的終極控股比例區間的三模型估算的平均股權資本成本水平，其中，當終極控股比例在 20%～30% 時，三模型估算的平均股權資本成本水平最高，達到了 13.75%。當終極控股比例在 30%～40% 時，三模型估算的平均股權資本成本最高，為 13.60%。當終極控制股東擁有 50% 以上的控股權，即絕對控股時，三模型估算的平均股權資本成本水平為 13.64%。

表 5.8　不同終極控股比例區間的平均股權資本成本

終極控股比例區間		CAPM 估算的股權資本成本	OJ 模型估算的股權資本成本	ES 模型估算的股權資本成本	三模型估算的平均股權資本成本
20%～30%	均值	0.100,1	0.172,5	0.139,8	0.137,5
	N	461.000,0	461.000,0	461.000,0	461.000,0
	標準差	0.013,3	0.073,1	0.067,1	0.044,1
30%～40%	均值	0.100,1	0.165,1	0.142,7	0.136,0
	N	513.000,0	513.000,0	513.000,0	513.000,0
	標準差	0.013,0	0.070,7	0.079,5	0.047,0
40%～50%	均值	0.098,3	0.170,9	0.142,4	0.137,2
	N	508.000,0	508.000,0	508.000,0	508.000,0
	標準差	0.013,6	0.077,8	0.081,1	0.050,7
50% 以上	均值	0.095,0	0.173,8	0.140,5	0.136,4
	N	772.000,0	772.000,0	772.000,0	772.000,0
	標準差	0.013,3	0.077,8	0.071,3	0.046,3

表 5.8(續)

終極控股比例區間		CAPM 估算的股權資本成本	OJ 模型估算的股權資本成本	ES 模型估算的股權資本成本	三模型估算的平均股權資本成本
總計	均值	0.097,9	0.170,9	0.141,3	0.136,7
	N	2,254.000,0	2,254.000,0	2,254.000,0	2,254.000,0
	標準差	0.013,5	0.075,3	0.074,7	0.047,0

表 5.9 描述了不同終極控股比例區間的股權資本成本差異的顯著性，從表格的最後一列可以看出，不同終極控股比例區間的三模型估算的平均股權資本成本沒有顯著差異，因顯著性概率為 0.95，遠大於 0.05。只有 CAPM 模型估算的股權資本成本在不同控股比例區間是有顯著差異的，OJ 模型和 ES 模型估算的平均股權資本成本在不同終極控股比例區間均無顯著差異。

表 5.9 不同終極控股比例區間的股權資本成本差異的顯著性

項目		平方和	df	均方	F	顯著性
CAPM 估算的股權資本成本	組間	0.01	3.00	0.00	21.61	0.00
	組內	0.40	2,250.00	0.00		
	總數	0.41	2,253.00			
OJ 模型估算的股權資本成本	組間	0.02	3.00	0.01	1.46	0.22
	組內	12.75	2,250.00	0.01		
	總數	12.78	2,253.00			
ES 模型估算的股權資本成本	組間	0.00	3.00	0.00	0.19	0.90
	組內	12.56	2,250.00	0.01		
	總數	12.56	2,253.00			
三模型估算的平均股權資本成本	組間	0.00	3.00	0.00	0.11	0.95
	組內	4.98	2,250.00	0.00		
	總數	4.98	2,253.00			

5.3.2 水平結構與金字塔結構的股權資本成本

按照第一章中對廣義的金字塔結構和水平結構的界定，將上述樣本分為兩類，可以看出水平結構的樣本量為 1,294 個，占 57.40%，金字塔結構的樣本量為 960 個，占 42.60%，具體分佈參照表 5.10。

表 5.10　金字塔結構與水平結構上市公司的數量分佈情況

股權結構	頻率	百分比	有效百分比	累計百分比
水平結構	1,294.00	57.40	57.40	57.40
金字塔結構	960.00	42.60	42.60	100.00
合計	2,254.00	100.00	100.00	

表 5.11 介紹了水平結構和金字塔結構的股權資本成本水平，水平結構的平均股權資本成本為 13.50%，低於金字塔結構的平均股權資本成本水平為 13.91%，通過單因素方差分析（見表 5.12）發現兩種股權結構的平均股權資本成本是有顯著差異的。水平結構的 CAPM 模型估算的股權資本成本、OJ 模型估算的股權資本成本和 ES 模型估算的股權資本成本均高於水平結構相應模型估算的股權資本成本水平，但是經單因素方差分析，發現只有 CAPM 模型估算的平均股權資本成本在水平結構和金字塔結構之間是有顯著差異的，OJ 模型和 ES 模型估算的股權資本成本在兩類股權結構之間無顯著差異。

表 5.11　金字塔結構與水平結構上市公司的資本成本水平

是否兩權分離度		CAPM 估算的股權資本成本	OJ 模型估算的股權資本成本	ES 模型估算的股權資本成本	三模型估算的平均股權資本成本
水平結構	均值	0.096,9	0.168,7	0.139,3	0.135,0
	N	1,294.000,0	1,294.000,0	1,294.000,0	1,294.000,0
	標準差	0.013,3	0.073,4	0.072,3	0.046,2
金字塔結構	均值	0.099,4	0.173,8	0.144,0	0.139,1
	N	960.000,0	960.000,0	960.000,0	960.000,0
	標準差	0.013,6	0.077,8	0.077,7	0.048,1

表 5.12　金字塔結構與水平結構上市公司的資本成本水平差異的顯著性檢驗

項目		平方和	df	均方	F	顯著性
CAPM 估算的股權資本成本	組間	0.004	1.000	0.004	19.679	0.000
	組內	0.405	2,252.000	0.000		
	總數	0.409	2,253.000			
OJ 模型估算的股權資本成本	組間	0.014	1.000	0.014	2.472	0.116
	組內	12.762	2,252.000	0.006		
	總數	12.776	2,253.000			
ES 模型估算的股權資本成本	組間	0.013	1.000	0.013	2.275	0.132
	組內	12.548	2,252.000	0.006		
	總數	12.561	2,253.000			
三模型估算的平均股權資本成本	組間	0.009	1.000	0.009	4.240	0.040
	組內	4.971	2,252.000	0.002		
	總數	4.980	2,253.000			

表 5.13 反應了各年份間水平結構和金字塔結構的資本成本水平。從 2004 年到 2006 年，水平結構的平均股權資本成本比金字塔結構的平均股權資本成本略高或與之持平，但是 2007—2011 年，金字塔結構的平均股權資本成本高於水平結構的平均股權資本成本。圖 5.5 通過直方圖反應了上述情況。

表 5.13　2004—2011 年金字塔結構與水平結構上市公司的資本成本水平

股權結構	年份		CAPM 估算的股權資本成本	OJ 模型估算的股權資本成本	ES 模型估算的股權資本成本	三模型估算的平均股權資本成本
水平結構	2004	均值	0.087	0.152	0.122	0.120
		N	74.000	74.000	74.000	74.000
		標準差	0.012	0.050	0.043	0.030
	2005	均值	0.087	0.152	0.121	0.120
		N	88.000	88.000	88.000	88.000
		標準差	0.015	0.056	0.039	0.029
	2006	均值	0.096	0.208	0.182	0.162
		N	122.000	122.000	122.000	122.000
		標準差	0.014	0.080	0.076	0.051
	2007	均值	0.093	0.199	0.167	0.153
		N	194.000	194.000	194.000	194.000
		標準差	0.010	0.079	0.067	0.043
	2008	均值	0.107	0.130	0.086	0.108
		N	185.000	185.000	185.000	185.000
		標準差	0.010	0.040	0.025	0.019
	2009	均值	0.095	0.181	0.157	0.144
		N	220.000	220.000	220.000	220.000
		標準差	0.009	0.080	0.082	0.053
	2010	均值	0.095	0.143	0.113	0.117
		N	219.000	219.000	219.000	219.000
		標準差	0.012	0.049	0.049	0.029
	2011	均值	0.103	0.180	0.160	0.148
		N	192.000	192.000	192.000	192.000
		標準差	0.015	0.086	0.091	0.057
	總計	均值	0.097	0.169	0.139	0.135
		N	1,294.000	1,294.000	1,294.000	1,294.000
		標準差	0.013	0.073	0.072	0.046

表5.13(續)

股權結構	年份		CAPM估算的股權資本成本	OJ模型估算的股權資本成本	ES模型估算的股權資本成本	三模型估算的平均股權資本成本
金字塔結構	2004	均值	0.090	0.134	0.111	0.112
		N	32.000	32.000	32.000	32.000
		標準差	0.013	0.042	0.042	0.026
	2005	均值	0.090	0.148	0.124	0.120
		N	65.000	65.000	65.000	65.000
		標準差	0.015	0.057	0.050	0.034
	2006	均值	0.099	0.203	0.181	0.161
		N	89.000	89.000	89.000	89.000
		標準差	0.014	0.075	0.072	0.048
	2007	均值	0.094	0.203	0.176	0.158
		N	139.000	139.000	139.000	139.000
		標準差	0.011	0.088	0.094	0.055
	2008	均值	0.108	0.139	0.089	0.112
		N	149.000	149.000	149.000	149.000
		標準差	0.011	0.051	0.031	0.023
	2009	均值	0.097	0.198	0.169	0.155
		N	157.000	157.000	157.000	157.000
		標準差	0.010	0.097	0.091	0.060
	2010	均值	0.097	0.161	0.120	0.126
		N	163.000	163.000	163.000	163.000
		標準差	0.010	0.068	0.052	0.037
	2011	均值	0.108	0.172	0.161	0.147
		N	166.000	166.000	166.000	166.000
		標準差	0.015	0.069	0.079	0.043
	總計	均值	0.099	0.174	0.144	0.139
		N	960.000	960.000	960.000	960.000
		標準差	0.014	0.078	0.078	0.048

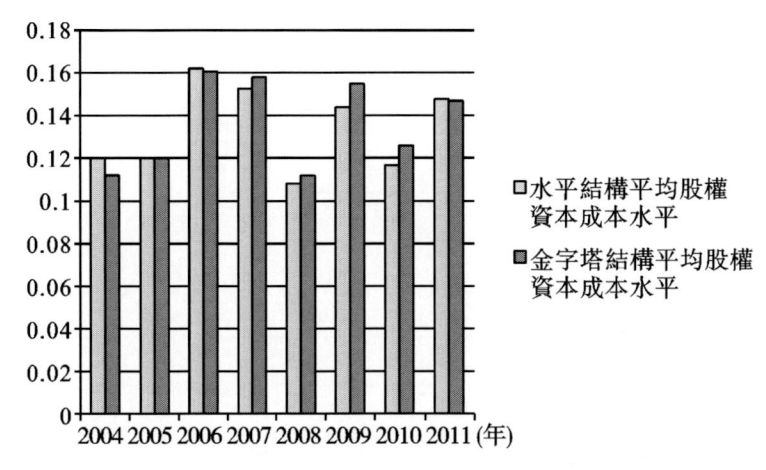

圖 5.5　2004—2011 年金字塔結構與水平結構上市公司的資本成本水平

5.3.3 不同終極控制股東控股的上市公司的股權資本成本

首先按照終極控制股東性質，將有效觀測值分為兩類：政府控股和非政府控股，政府控股上市公司數為 1,734 個，其平均股權資本成本為 0.138，CAPM 估算的平均值為 0.100，OJ 模型估算的平均值為 0.176，ES 模型估算的平均值為 0.140。非政府控股上市公司數為 520，其平均股權資本成本為 0.136，CAPM、OJ 模型和 ES 模型估算的結果分別為 0.097、0.169 和 0.142。具體數值參見表 5.14。

表 5.14　政府與非政府控股上市公司的平均股權資本成本比較

政府或非政府		CAPM 估算的股權資本成本	OJ 模型估算的股權資本成本	ES 模型估算的股權資本成本	三模型估算的平均股權資本成本
非政府	均值	0.100	0.176	0.140	0.138
	N	520.000	520.000	520.000	520.000
	標準差	0.013	0.077	0.078	0.047
	極小值	0.039	0.010	0.022	0.059
	極大值	0.144	0.625	0.828	0.437

表5.14(續)

政府或非政府		CAPM估算的股權資本成本	OJ模型估算的股權資本成本	ES模型估算的股權資本成本	三模型估算的平均股權資本成本
政府	均值	0.097	0.169	0.142	0.136
	N	1,734.000	1,734.000	1,734.000	1,734.000
	標準差	0.014	0.075	0.074	0.047
	極小值	0.031	0.026	0.022	0.056
	極大值	0.137	0.817	0.954	0.617

　　進一步將政府控股的上市公司分為六類，與個人或家族控股的公司並列為七類，即個人或家族、中央政府、省級政府、市級政府、縣級政府、鄉鎮政府和村級政府。樣本的分佈情況見表5.15，其中鄉鎮政府和村級政府的樣本量均不到10個，這將影響統計分析結果的準確性，所以本書將鄉鎮政府、村級政府與縣級政府樣本合併為縣級政府、鄉鎮政府和村級政府。

表5.15　2,254個樣本按照不同控股股東性質的分佈情況

控股股東性質	頻率	有效百分比	累計百分比
個人或家族	520	23.07	23.06
中央政府	538	23.87	46.94
省級政府	655	29.06	75.96
市級政府	493	21.87	97.87
縣級政府	36	1.60	99.47
鄉鎮政府	6	0.27	99.73
村級政府	6	0.27	100.00
合計	2,254	100.00	

　　合併之後不同終極控制股東性質的平均股權資本成本情況，如表5.16所示。不同終極控制股東控股的上市公司的平均股權資本成本差異不大，都分佈在0.132至0.139之間，省

级政府控股的資本成本水平最高，個人或家族次之，後面依次是市級政府、縣級政府、鄉鎮政府、村級政府和中央政府。CAPM 估算的股權資本成本，個人或家族最高，為 0.100，市級政府最低，為 0.096。OJ 模型估算的股權資本成本中，省級政府最高，為 0.173，中央政府和縣、鄉鎮和村級政府估算的股權資本成本水平最低，為 0.164。省級政府的 ES 模型股權資本成本最高，為 0.146，最低值出現在中央政府控股的樣本上。

表 5.16　不同終極控制股東控股上市公司的平均股權資本成本

合併數量化終極控股股東性質		CAPM 估算的股權資本成本	OJ 模型估算的股權資本成本	ES 模型估算的股權資本成本	三模型估算的平均股權資本成本
個人或家族	均值	0.100	0.176	0.140	0.138
	N	520.000	520.000	520.000	520.000
	標準差	0.013	0.077	0.078	0.047
	極小值	0.039	0.010	0.022	0.059
	極大值	0.144	0.625	0.828	0.437
中央政府	均值	0.098	0.164	0.135	0.132
	N	538.000	538.000	538.000	538.000
	標準差	0.014	0.066	0.059	0.039
	極小值	0.031	0.026	0.024	0.056
	極大值	0.136	0.509	0.557	0.386
省級政府	均值	0.098	0.173	0.146	0.139
	N	655.000	655.000	655.000	655.000
	標準差	0.013	0.076	0.075	0.048
	極小值	0.056	0.030	0.022	0.062
	極大值	0.135	0.646	0.688	0.480

表5.16(續)

合併數量化終極控股股東性質		CAPM估算的股權資本成本	OJ模型估算的股權資本成本	ES模型估算的股權資本成本	三模型估算的平均股權資本成本
市級政府	均值	0.096	0.171	0.143	0.137
	N	493.000	493.000	493.000	493.000
	標準差	0.013	0.083	0.086	0.054
	極小值	0.059	0.041	0.030	0.062
	極大值	0.130	0.817	0.954	0.617
縣、鄉鎮和村級政府	均值	0.098	0.164	0.143	0.135
	N	48.000	48.000	48.000	48.000
	標準差	0.013	0.058	0.060	0.037
	極小值	0.072	0.081	0.055	0.083
	極大值	0.137	0.353	0.326	0.246

圖5.6是用直方圖對不同終極控制股東控股的上市公司的資本成本水平的描述，從圖上可以清晰看出不同終極控制股東控股上市公司不同模型估算的股權資本成本及其均值的大小。

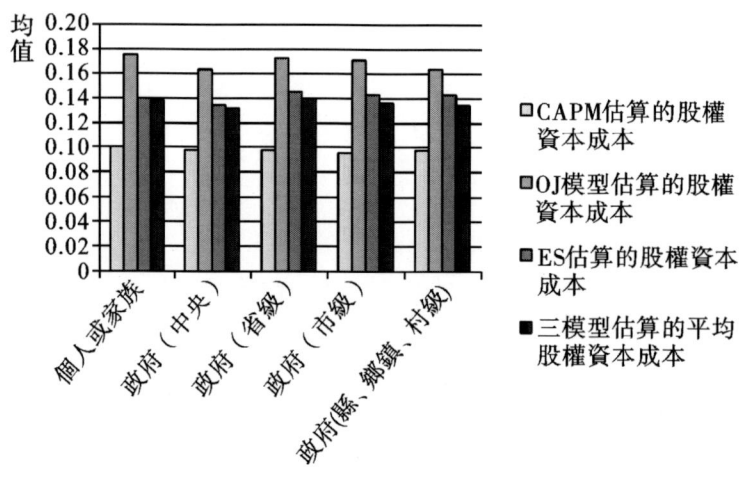

圖5.6 不同終極控制股東控股上市公司的資本成本水平

不同控股股東控股的上市公司的平均股權資本成本在10%的顯著水平上是有顯著差異的，因顯著性概率為0.096，小於0.1，通過單因素方差分析得到的結果如表5.17所示。三模型中，只有CAPM模型估算的股權資本成本按照合併後的終極控制股東性質劃分是有顯著差別的。

表5.17 不同終極控制股東控股上市公司的平均股權資本成本的方差分析

		平方和	df	均方	F	顯著性
CAPM估算的股權資本成本	組間	0.003	4.000	0.001	4.163	0.002
	組內	0.406	2,249.000	0.000		
	總數	0.409	2,253.000			
OJ模型估算的股權資本成本	組間	0.044	4.000	0.011	1.950	0.100
	組內	12.732	2,249.000	0.006		
	總數	12.776	2,253.000			
ES模型估算的股權資本成本	組間	0.042	4.000	0.011	1.892	0.109
	組內	12.519	2,249.000	0.006		
	總數	12.561	2,253.000			
三模型估算的平均股權資本成本	組間	0.017	4.000	0.004	1.976	0.096
	組內	4.962	2,249.000	0.002		
	總數	4.980	2,253.000			

5.3.4 國有不同層級政府控股的上市公司的股權資本成本

將個人或家族控股的樣本去掉，單獨研究政府控股的樣本中政府層級與股權資本成本之間的關係。考慮到縣級政府、鄉鎮政府和村級政府樣本量的問題，這部分的分析仍將三類樣本合併為縣、鄉鎮和村級政府。

政府控股的上市公司中，省級政府控股的上市公司量最多，之後依次是中央政府、市級政府和縣、鄉鎮和村級政府。省級政府控股的上市公司的平均股權資本成本水平最高，為0.139。中央政府控股的上市公司的平均資本成本水平最低，為0.132，其他政府層級的股權資本成本水平可參見表5.18。

表5.18　不同政府層級的平均股權資本成本

政府層級	股權資本成本均值	樣本數	標準差	極小值	極大值
中央政府	0.132	538	0.039	0.056	0.386
省級政府	0.139	655	0.048	0.062	0.48
市級政府	0.137	493	0.054	0.062	0.617
縣、鄉鎮和村級政府	0.135	48	0.037	0.083	0.246
總數	0.136	1,734	0.047	0.056	0.617

表5.19進一步檢驗了不同層級政府控股的上市公司的CAPM模型估算的股權資本成本、OJ模型估算的股權資本成本、ES模型估算的股權資本成本和平均股權資本成本差異的顯著性。結果發現：在0.10的顯著性水平上，ES模型估算的股權資本成本和三模型估算的平均股權資本成本是有顯著差異的，CAPM模型和ES模型估算的股權資本成本差異不顯著。

表5.19　不同政府層級樣本的股權資本成本的方差分析

		平方和	df	均方	F	顯著性
CAPM估算的股權資本成本	組間	0.001	3.000	0.000	2.059	0.104
	組內	0.315	1,730.000	0.000		
	總數	0.316	1,733.000			
OJ模型估算的股權資本成本	組間	0.028	3.000	0.009	1.702	0.165
	組內	9.644	1,730.000	0.006		
	總數	9.673	1,733.000			

表5.19(續)

		平方和	df	均方	F	顯著性
ES模型估算的股權資本成本	組間	0.041	3.000	0.014	2.536	0.055
	組內	9.338	1,730.000	0.005		
	總數	9.379	1,733.000			
三模型估算的平均股權資本成本	組間	0.015	3.000	0.005	2.330	0.073
	組內	3.804	1,730.000	0.002		
	總數	3.819	1,733.000			

針對三模型估算的平均股權資本成本，中央政府控股的上市公司的股權資本成本低。這主要是由於中央政府終極控股的上市公司一般而言規模較大，且它們所在行業都關係國計民生，這類企業受到中央部委的大力監督，代理衝突發生的概率變小，代理成本低。由於中央政府作為終極控制股東，故它不像地方政府終極控股的上市公司，與地方政府的政績存在很大關聯。而地方政府的政績即當地官員的政績，與官員的政治晉升緊密相關，於是地方政府將自身的社會目標放到上市公司中。地方政府先是花大力支持公司上市圈錢，繼而為瞭解決當地就業問題，改善當地形象，建立個人政績。資金從哪裡來？對上市公司進行掏空來獲取資金。同時，地方政府控股的上市公司受監管的力度遠不如中央政府直接控股的上市公司，這部分企業此時可能發生過度投資行為，損害中小股東的利益，增加代理成本。中央是最高行政機構，是國有資產的最終控制者，地方政府只是中央政府制定的一個代理人，地方政府有更強的動機去侵占上市公司價值。

5.3.5 不同控制層級的股權資本成本

在2,254個樣本中，控制層級分佈在1至8層，其中，分佈在6、7、8層級上的樣本量均不超過5，占總有效樣本量的不到 1%。樣本量過少，若直接進行分析，會影響結果的客觀性。所以本書將 6、7、8 層與 5 層合併為 5 層以上。有效樣本在不同控制層級上的分佈情況見表 5.20。

表 5.20　研究樣本按照不同控制層級的分佈情況

控制層級	頻率	百分比	有效百分比	累計百分比
1	197.000	8.740	8.740	8.740
2	1,291.000	57.276	57.276	66.016
3	571.000	25.333	25.333	91.349
4	165.000	7.320	7.320	98.669
5	25.000	1.109	1.109	99.778
6	1.000	0.044	0.044	99.823
7	1.000	0.044	0.044	99.867
8	3.000	0.133	0.133	100.000

按照合併後的控制層級，觀察不同控制層級的平均股權資本成本的水平，發現差異並不大，控制層級為 2 的樣本的資本成本均值最大，為 0.139，控制層級為 3 的樣本的資本成本最小，為 0.133，最大差值為 0.006，具體情況可參見表 5.21。CAPM 模型估算的資本成本，在不同控制層級之間波動非常小，最小均值為 0.097，最大值為 0.100。當控制層級為 1 層、2 層和 5 層及以上時，OJ 模型估算的股權資本成本相等，均為 0.174，當控制層級為 3 和 4 層時，估算的結果相對較低，分別為 0.163 和 0.167。ES 模型估算的結果，在控制層級為 1 層時達到最低，為 0.134；控制層級為 4 層時，股權資本成本最高，為 0.144。

表 5.21 不同控制層級的樣本的平均股權資本成本

控制層級		CAPM估算的股權資本成本	OJ模型估算的股權資本成本	ES模型估算的股權資本成本	三模型估算的平均股權資本成本
1	均值	0.097	0.174	0.134	0.135
	N	197.000	197.000	197.000	197.000
	標準差	0.013	0.078	0.073	0.047
	極小值	0.064	0.046	0.022	0.061
	極大值	0.130	0.678	0.695	0.490
2	均值	0.097	0.174	0.144	0.139
	N	1,291.000	1,291.000	1,291.000	1,291.000
	標準差	0.014	0.077	0.078	0.048
	極小值	0.039	0.010	0.022	0.056
	極大值	0.144	0.817	0.954	0.617
3	均值	0.099	0.163	0.138	0.133
	N	571.000	571.000	571.000	571.000
	標準差	0.013	0.069	0.067	0.043
	極小值	0.056	0.040	0.024	0.066
	極大值	0.136	0.599	0.566	0.420
4	均值	0.100	0.167	0.139	0.135
	N	165.000	165.000	165.000	165.000
	標準差	0.014	0.085	0.076	0.050
	極小值	0.031	0.043	0.036	0.066
	極大值	0.130	0.551	0.575	0.405
5層及以上	均值	0.097	0.174	0.138	0.136
	N	30.000	30.000	30.000	30.000
	標準差	0.014	0.058	0.071	0.041
	極小值	0.077	0.094	0.042	0.087
	極大值	0.134	0.323	0.308	0.237

為檢驗合併為 5 類控制層級之後的各類樣本的平均股權資本成本的差異，本書進行了單因素方差分析，具體分析結果如表 5.22 所示。從表中可以讀出，顯著性概率為 0.237，遠大於 0.1 的顯著性水平，所以，可以認為不同控制層級樣本的平均股權資本成本是沒有顯著差別的。CAPM 模型估算的股權資本成本在不同控制層級是有顯著差異的，其顯著性概率為 0.042，小於顯著性水平 0.05。OJ 模型估算的股權資本成本按照控制層級進行劃分，可以看出在 0.10 的顯著性水平上是有顯著差異的。按控制層級劃分的 ES 模型估算的股權資本成本是沒有顯著區別的。

表 5.22　不同控制層級樣本的平均股權資本成本的方差分析

		平方和	df	均方	F	顯著性
CAPM 估算的股權資本成本	組間	0.002	4.000	0.000	2.478	0.042
	組內	0.407	2,249.000	0.000		
	總數	0.409	2,253.000			
OJ 模型估算的股權資本成本	組間	0.051	4.000	0.013	2.236	0.063
	組內	12.725	2,249.000	0.006		
	總數	12.776	2,253.000			
ES 模型估算的股權資本成本	組間	0.030	4.000	0.008	1.358	0.246
	組內	12.531	2,249.000	0.006		
	總數	12.561	2,253.000			
三模型估算的平均股權資本成本	組間	0.012	4.000	0.003	1.384	0.237
	組內	4.968	2,249.000	0.002		
	總數	4.980	2,253.000			

按照終極控制股東實現對上市公司控制是否是單鏈條，將樣本分為兩類。兩類樣本的股權資本成本水平如表 5.23 所示。結果單鏈條控股的上市公司的平均股權資本成本為 0.136，低於多鏈條控股的上市公司的平均股權資本成本。CAPM 模型、

OJ 模型和 ES 模型的估算結果也均顯示單鏈條的股權資本成本低於多鏈條的股權資本成本。

表 5.23　不同控股鏈條數樣本的平均股權資本成本的方差分析

是否為多鏈條結構（CQ）		CAPM估算的股權資本成本	OJ模型估算的股權資本成本	ES模型估算的股權資本成本	三模型估算的平均股權資本成本
單鏈條	均值	0.098	0.170	0.141	0.136
	N	1,744.000	1,744.000	1,744.000	1,744.000
	標準差	0.013	0.074	0.074	0.047
	極小值	0.031	0.026	0.022	0.056
	極大值	0.144	0.817	0.954	0.617
多鏈條	均值	0.099	0.175	0.143	0.139
	N	510.000	510.000	510.000	510.000
	標準差	0.013	0.078	0.076	0.047
	極小值	0.064	0.010	0.034	0.065
	極大值	0.137	0.625	0.788	0.437

但是，經過單因素方差分析，如表 5.24 所示，發現 CAPM 模型、OJ 模型、ES 模型和三模型估算的平均股權資本成本不會因控制鏈條數不同而有顯著差異。顯著性概率一列的值均高於 0.05，所以，結果是不顯著的。

表 5.24　不同控股鏈條數的平均股權資本成本的方差分析

		平方和	df	均方	F	顯著性
CAPM估算的股權資本成本	組間	0.000	1.000	0.000	2.680	0.102
	組內	0.408	2,252.000	0.000		
	總數	0.409	2,253.000			
OJ模型估算的股權資本成本	組間	0.012	1.000	0.012	2.169	0.141
	組內	12.763	2,252.000	0.006		
	總數	12.776	2,253.000			

表5.24(續)

		平方和	df	均方	F	顯著性
ES模型估算的股權資本成本	組間	0.002	1.000	0.002	0.320	0.572
	組內	12.559	2,252.000	0.006		
	總數	12.561	2,253.000			
三模型估算的平均股權資本成本	組間	0.003	1.000	0.003	1.557	0.212
	組內	4.976	2,252.000	0.002		
	總數	4.980	2,253.000			

前文按照上市公司的不同終極股權結構特徵變量對資本成本的影響進行了分析，下一部分將按照上市公司的直接股權結構變量對資本成本的影響進行分析。

5.3.6　不同第一大控股股東性質的股權資本成本

首先，將統計不同第一大股東性質的上市公司的股權資本成本水平，表5.25是對這一情況的描述。表中境內法人的平均資本成本水平最高，之後依次是國有法人、國家、境內自然人、境外法人。ES模型估算的資本成本水平，最高的是國有法人，之後依此是境內法人、國家股、境外法人和境內自然人，結果和三模型估算的平均水平基本一致。OJ模型估算的股權資本成本，國家是第一大股東的資本成本水平為17.78%，之後是境內法人、境內自然人、國有法人、境外法人。CAPM模型估算的平均資本成本水平，境內法人最高達到10.00%，之後依次是境內自然人、國有法人、境外法人、國家等股東。無論哪一類第一大股東直接控股的上市公司的資本成本，OJ模型估算的結果都最高，最低的是CAPM模型估算的結果。

表5.25 不同第一大股東性質的上市公司的股權資本成本的均值描述

第一大股東性質		三模型估算的平均股權資本成本	ES模型估算的股權資本成本	OJ模型估算的資本成本	CAPM模型估算的股權資本成本
國家	均值	0.136,8	0.140,6	0.177,8	0.092,1
	N	91.000,0	91.000,0	91.000,0	91.000,0
	標準差	0.060,3	0.087,8	0.099,3	0.012,7
	極小值	0.065,0	0.046,0	0.046,0	0.064,0
	極大值	0.490,0	0.695,0	0.678,0	0.118,0
國有法人	均值	0.136,9	0.142,9	0.170,2	0.097,7
	N	1,578.000,0	1,578.000,0	1,578.000,0	1,578.000,0
	標準差	0.046,6	0.073,7	0.073,8	0.013,6
	極小值	0.056,0	0.022,0	0.026,0	0.031,0
	極大值	0.617,0	0.954,0	0.817,0	0.137,0
境內法人	均值	0.137,7	0.140,7	0.172,2	0.100,0
	N	462.000,0	462.000,0	462.000,0	462.000,0
	標準差	0.049,3	0.081,1	0.080,3	0.013,1
	極小值	0.059,0	0.024,0	0.010,0	0.039,0
	極大值	0.437,0	0.828,0	0.625,0	0.144,0
境內自然人	均值	0.130,3	0.121,2	0.171,5	0.097,8
	N	92.000,0	92.000,0	92.000,0	92.000,0
	標準差	0.026,9	0.040,9	0.050,5	0.012,9
	極小值	0.061,0	0.022,0	0.066,0	0.071,0
	極大值	0.210,0	0.249,0	0.339,0	0.124,0
境外法人	均值	0.130,2	0.131,5	0.161,6	0.097,5
	N	31.000,0	31.000,0	31.000,0	31.000,0
	標準差	0.033,4	0.052,3	0.057,6	0.012,2
	極小值	0.073,0	0.062,0	0.053,0	0.065,0
	極大值	0.235,0	0.294,0	0.312,0	0.128,0

表5.25(續)

第一大股東性質		三模型估算的平均股權資本成本	ES模型估算的股權資本成本	OJ模型估算的資本成本	CAPM模型估算的股權資本成本
總計	均值	0.136,7	0.141,3	0.170,9	0.097,9
	N	2,254.000,0	2,254.000,0	2,254.000,0	2,254.000,0
	標準差	0.047,0	0.074,7	0.075,3	0.013,5
	極小值	0.056,0	0.022,0	0.010,0	0.031,0
	極大值	0.617,0	0.954,0	0.817,0	0.144,0

　　三模型估算的資本成本及平均後的資本成本是否會因第一大股東性質的不同而有差異呢？通過單因素方差分析發現，在0.1的顯著性水平上，不同第一大股東控股的上市公司的ES模型估算的資本成本有顯著差異；在0.01的顯著性水平上，CAPM模型估算的資本成本因第一大股東性質的不同有顯著差異；同時，OJ模型估算的資本成本及三模型取均值後的資本成本不會因第一大股東性質的不同而有顯著差異（如表5.26）。

表5.26　不同第一大股東性質的上市公司的股權資本成本差異的檢驗

項目			平方和	df	均方	F	顯著性
三模型估算的平均股權資本成本 * 第一大股東性質	組間	（組合）	0.005,6	4.000,0	0.001,4	0.638,6	0.635,0
	組內		4.974,2	2,249.000,0	0.002,2		
	總計		4.979,9	2,253.000,0			
ES模型估算的股權資本成本 * 第一大股東性質	組間	（組合）	0.044,3	4.000,0	0.011,1	1.989,0	0.093,6
	組內		12.516,7	2,249.000,0	0.005,6		
	總計		12.560,9	2,253.000,0			

表5.26(續)

項目			平方和	d*f*	均方	*F*	顯著性
OJ模型估算的資本成本＊第一大股東性質	組間	(組合)	0.008,5	4.000,0	0.002,1	0.375,8	0.826,1
	組內		12.767,2	2,249.000,0	0.005,7		
	總計		12.775,8	2,253.000,0			
CAPM估算的資本成本＊第一大股東性質	組間	(組合)	0.005,3	4.000,0	0.001,3	7.338,7	0.000,0
	組內		0.403,7	2,249.000,0	0.000,2		
	總計		0.409,0	2,253.000,0			

不同第一大股東持股比例區間的股權資本成本水平情況如表5.27所示。其中：當第一大股東持股比例為80%~90%時，平均股權資本成本最低的是第一大股東持股比例區間為0~10%的區間；當第一大股東持股比例為10%~20%時，平均股權資本成本也相對偏高，為15.10%。但是，在其為20%~30%、30%~40%、40%~50%、50%~60%、60%~70%、70%~80%時，平均股權資本成本差別不大，都在13%至14%之間。ES模型和OJ模型估算的股權資本成本在第一股東控股80%~90%的區間水平最高，同時，ES模型在第一大股東持股比例為0~10%的時候，資本成本水平最低，為9.90%，其餘不同持股比例區間的股權資本成本也有一定的差別。在第一大股東持股比例為30%~40%的時候，OJ模型估算的股權資本成本水平最低。第一大股東持股比例為10%~20%的時候，OJ模型估算的資本成本水平達到了19.56%。CAPM模型估算的資本成本最低的是第一大股東持股比例區間為0~10%時，達到7.33%，最高的是第一大股東持股比例為20%~30%的時候。在其他控股比例區間CAPM估算的資本成本差別不大。

表 5.27　不同第一大股東持股比例區間的上市公司的股權資本成本

第一大股東持股比例區間		三模型估算的平均股權資本成本	ES 模型估算的股權資本成本	OJ 模型估算的資本成本	CAPM 估算的資本成本
第一大股東持股 0~10%	均值	0.112,7	0.099,0	0.166,3	0.073,3
	N	3.000,0	3.000,0	3.000,0	3.000,0
	標準差	0.004,0	0.011,4	0.002,1	0.004,0
	極小值	0.109,0	0.091,0	0.164,0	0.071,0
	極大值	0.117,0	0.112,0	0.168,0	0.078,0
第一大股東持股 10%~20%	均值	0.151,0	0.157,6	0.195,6	0.099,7
	N	71.000,0	71.000,0	71.000,0	71.000,0
	標準差	0.068,2	0.112,8	0.102,8	0.014,2
	極小值	0.070,0	0.034,0	0.088,0	0.065,0
	極大值	0.437,0	0.788,0	0.625,0	0.137,0
第一大股東持股 20%~30%	均值	0.139,4	0.142,9	0.175,2	0.100,1
	N	502.000,0	502.000,0	502.000,0	502.000,0
	標準差	0.047,7	0.073,5	0.077,9	0.013,0
	極小值	0.058,0	0.036,0	0.010,0	0.031,0
	極大值	0.490,0	0.695,0	0.678,0	0.144,0
第一大股東持股 30%~40%	均值	0.133,5	0.137,9	0.163,0	0.099,4
	N	495.000,0	495.000,0	495.000,0	495.000,0
	標準差	0.040,2	0.067,3	0.063,6	0.013,3
	極小值	0.059,0	0.022,0	0.046,0	0.060,0
	極大值	0.423,0	0.828,0	0.538,0	0.130,0
第一大股東持股 40%~50%	均值	0.136,6	0.142,2	0.168,8	0.098,7
	N	510.000,0	510.000,0	510.000,0	510.000,0
	標準差	0.048,2	0.077,6	0.073,6	0.013,2
	極小值	0.056,0	0.024,0	0.026,0	0.039,0
	極大值	0.617,0	0.954,0	0.817,0	0.136,0

第五章 有終極控制股東上市公司的股權資本成本現狀

表5.27(續)

第一大股東持股比例區間		三模型估算的平均股權資本成本	ES模型估算的股權資本成本	OJ模型估算的資本成本	CAPM估算的資本成本
第一大股東持股 50%~60%	均值	0.134,5	0.137,0	0.170,2	0.096,3
	N	362.000,0	362.000,0	362.000,0	362.000,0
	標準差	0.046,9	0.071,8	0.079,9	0.013,7
	極小值	0.061,0	0.022,0	0.030,0	0.056,0
	極大值	0.362,0	0.534,0	0.551,0	0.136,0
第一大股東持股 60%~70%	均值	0.136,7	0.141,9	0.175,0	0.093,2
	N	236.000,0	236.000,0	236.000,0	236.000,0
	標準差	0.043,5	0.067,7	0.073,8	0.012,8
	極小值	0.062,0	0.030,0	0.041,0	0.058,0
	極大值	0.328,0	0.442,0	0.522,0	0.126,0
第一大股東持股 70%~80%	均值	0.131,0	0.139,5	0.163,5	0.090,1
	N	63.000,0	63.000,0	63.000,0	63.000,0
	標準差	0.041,7	0.065,1	0.063,9	0.012,9
	極小值	0.073,0	0.024,0	0.083,0	0.059,0
	極大值	0.270,0	0.362,0	0.348,0	0.114,0
第一大股東持股 80%~90%	均值	0.180,9	0.213,9	0.236,3	0.092,9
	N	12.000,0	12.000,0	12.000,0	12.000,0
	標準差	0.110,9	0.178,4	0.155,0	0.014,4
	極小值	0.081,0	0.046,0	0.078,0	0.066,0
	極大值	0.480,0	0.688,0	0.646,0	0.120,0
總計	均值	0.136,7	0.141,3	0.170,9	0.097,9
	N	2,254.000,0	2,254.000,0	2,254.000,0	2,254.000,0
	標準差	0.047,0	0.074,7	0.075,3	0.013,5
	極小值	0.056,0	0.022,0	0.010,0	0.031,0
	極大值	0.617,0	0.954,0	0.817,0	0.144,0

為了檢驗第一大股東不同控股比例區間的資本成本水平的差異性，以不同第一大股東持股比例區間作為自變量進行了資本成本均值差異的顯著性分析，具體情況如表 5.28 所示。在 0.05 的顯著性水平時，第一大股東持股比例區間可以顯著區分三模型估算的平均股權資本成本、ES 模型估算的資本成本、OJ 模型估算的資本成本和 CAPM 估算的資本成本，說明了第一大股東不同持股比例區間的資本成本是有顯著差異的。

表 5.28　不同第一大股東持股比例區間的上市公司的股權資本成本差異的顯著性檢驗

項目		平方和	df	均方	F	顯著性
三模型估算的平均股權資本成本 * 第一大股東持股比例區間	組間（組合）	0.052,4	8.000,0	0.006,5	2.982,2	0.002,5
	組內	4.927,5	2,245.000,0	0.002,2		
	總計	4.979,9	2,253.000,0			
ES 模型估算的股權資本成本 * 第一大股東持股比例區間	組間（組合）	0.101,9	8.000,0	0.012,7	2.294,3	0.019,1
	組內	12.459,1	2,245.000,0	0.005,5		
	總計	12.560,9	2,253.000,0			
OJ 模型估算的資本 * 第一大股東持股比例區間	組間（組合）	0.144,9	8.000,0	0.018,1	3.220,0	0.001,2
	組內	12.630,8	2,245.000,0	0.005,6		
	總計	12.775,8	2,253.000,0			
CAPM 估算的資本成本 * 第一大股東持股比例區間	組間（組合）	0.016,2	8.000,0	0.002,0	1.599,6	0.000,0
	組內	0.392,7	2,245.000,0	0.000,2		
	總計	0.409,0	2,253.000,0			

儘管前文對不同控股比例區間股權資本成本的基本情況及其差別的顯著性進行了檢驗，但是規律性的結論不是特別明確，所以本書將根據前文所述：按不同大股東對上市公司的控股情況進一步分析，同時分析第一大股東不控股、相對控股和絕對控股時，股權資本成本的規律。從表 5.29 的結論來看，三模型估算的平均股權資本成本、OJ 模型和 ES 模型估算的股

權資本成本在第一大股東不控股、相對控股和絕對控股時的分佈規律是一致的。首先，第一大股東不控股時，即股權相對分散時，樣本的平均和 OJ 模型、ES 模型估算股權資本成本水平最低；其次，當第一大股東相對控股時，樣本的平均和 OJ 模型、ES 模型估算股權資本成本水平居中；最後，當第一大股東絕對控股時，樣本的平均和 OJ 模型、ES 模型估算股權資本成本水平最高。但是 CAPM 模型估算的資本成本在上市公司有相對控股股東時，股權資本成本水平最高，之後依次是沒有控股股東和有絕對控股股東的情況。

表 5.29　不同控股情況的上市公司的股權資本成本

第一大股東控股情況		三模型估算的平均股權資本成本	ES 模型估算的資本成本	OJ 模型估算的資本成本	CAPM 估算的資本成本
第一大股東不控股	均值	0.129,8	0.126,6	0.164,4	0.098,2
	N	291.000,0	291.000,0	291.000,0	291.000,0
	標準差	0.044,7	0.071,1	0.072,1	0.011,4
	極小值	0.058,0	0.030,0	0.033,0	0.065,0
	極大值	0.437,0	0.788,0	0.625,0	0.137,0
第一大股東相對控股	均值	0.137,1	0.142,7	0.169,5	0.099,1
	N	1,389.000,0	1,389.000,0	1,389.000,0	1,389.000,0
	標準差	0.046,5	0.074,7	0.073,1	0.013,6
	極小值	0.056,0	0.022,0	0.010,0	0.031,0
	極大值	0.617,0	0.954,0	0.817,0	0.144,0
第一大股東絕對控股	均值	0.139,4	0.145,4	0.177,7	0.095,1
	N	574.000,0	574.000,0	574.000,0	574.000,0
	標準差	0.049,2	0.075,5	0.081,6	0.013,7
	極小值	0.062,0	0.030,0	0.041,0	0.056,0
	極大值	0.480,0	0.688,0	0.646,0	0.136,0

表5.29(續)

第一大股東控股情況		三模型估算的平均股權資本成本	ES模型估算的資本成本	OJ模型估算的資本成本	CAPM估算的資本成本
總計	均值	0.136,7	0.141,3	0.170,9	0.097,9
	N	2,254.000,0	2,254.000,0	2,254.000,0	2,254.000,0
	標準差	0.047,0	0.074,7	0.075,3	0.013,5
	極小值	0.056,0	0.022,0	0.010,0	0.031,0
	極大值	0.617,0	0.954,0	0.817,0	0.144,0

通過對不同控股情況樣本公司的資本成本水平的方差分析可以發現：在0.05的顯著性水平上，三模型估算的平均資本成本、ES模型估算的股權資本成本、OJ模型估算的資本成本和CAPM估算的資本成本都是隨著第一大股東的不同控股情況而有顯著差異的。這說明了有絕對控股股東的上市公司的股權資本成本水平顯著高於其他類型的樣本公司。

國家直接控股的上市公司仍然占了很大比重，那麼對於樣本公司，國家不同的持股比例區間，它們的資本成本是怎樣的呢？表5.30詳細描述了以10%為階差，不同控股比例區間上市公司的資本成本情況。其中，當國家控股比例為70%~80%時，三模型估算的平均資本成本水平最低，而當國家持股比例是80%~90%時，三模型估算的平均股權資本成本最高，平均股權資本成本沒有隨著國有股持股比例的增加而發生規律性的變化。ES模型和OJ模型估算的資本成本最大值出現的區間、最小值出現的區間和平均股權資本成本沒有區別，但是CAPM模型估算的資本成本最大值出現區間在國有股比例為20%~30%，最小值出現在國有股持股比例是60%~70%的區間。ES模型、OJ模型和CAPM模型估算的資本成本隨著控股比例區間的變化沒有發生規律性的變動（如表5.31）。

表 5.30 不同控股情況的上市公司的股權資本成本差異的顯著性檢驗

項目			平方和	df	均方	F	顯著性
三模型估算的平均股權資本成本＊第一大股東控股情況	組間	（組合）	0.018,3	2.000,0	0.009,2	4.155,5	0.015,8
	組內		4.961,6	2,251.000,0	0.002,2		
	總計		4.979,9	2,253.000,0			
ES 模型估算的股權資本成本＊第一大股東控股情況	組間	（組合）	0.075,0	2.000,0	0.037,5	6.759,4	0.001,2
	組內		12.485,9	2,251.000,0	0.005,5		
	總計		12.560,9	2,253.000,0			
OJ 模型估算的資本成本＊第一大股東控股情況	組間	（組合）	0.041,5	2.000,0	0.020,7	3.666,4	0.025,7
	組內		12.734,3	2,251.000,0	0.005,7		
	總計		12.775,8	2,253.000,0			
CAPM 估算的資本成本＊第一大股東控股情況	組間	（組合）	0.006,4	2.000,0	0.003,2	7.882,8	0.000,0
	組內		0.402,6	2,251.000,0	0.000,2		
	總計		0.409,0	2,253.000,0			

表 5.31 國家持不同股權比例區間的股權資本成本

國家股持股比例區間		三模型估算的平均股權資本成本	ES 模型估算的股權資本成本	OJ 模型估算的資本成本	CAPM 股權的資本成本
國家持股 0~10%	均值	0.137,4	0.141,7	0.171,1	0.099,5
	N	1,082.000,0	1,082.000,0	1,082.000,0	1,082.000,0
	標準差	0.048,6	0.079,4	0.076,3	0.013,4
	極小值	0.058,0	0.022,0	0.010,0	0.039,0
	極大值	0.617,0	0.954,0	0.817,0	0.144,0
國家直接持股 10%~20%	均值	0.141,2	0.147,3	0.179,0	0.097,3
	N	77.000,0	77.000,0	77.000,0	77.000,0
	標準差	0.044,9	0.066,9	0.074,5	0.010,2
	極小值	0.076,0	0.039,0	0.063,0	0.074,0
	極大值	0.295,0	0.328,0	0.512,0	0.128,0

表5.31(續)

國家股持股比例區間		三模型估算的平均股權資本成本	ES模型估算的股權資本成本	OJ模型估算的資本成本	CAPM股權的資本成本
國家直接持股20%~30%	均值	0.135,9	0.140,6	0.167,2	0.099,9
	N	162.000,0	162.000,0	162.000,0	162.000,0
	標準差	0.047,3	0.073,1	0.074,6	0.013,2
	極小值	0.073,0	0.050,0	0.053,0	0.031,0
	極大值	0.490,0	0.695,0	0.678,0	0.135,0
國家直接持股30%~40%	均值	0.132,1	0.133,6	0.165,1	0.097,4
	N	230.000,0	230.000,0	230.000,0	230.000,0
	標準差	0.038,8	0.059,9	0.066,5	0.012,8
	極小值	0.063,0	0.022,0	0.046,0	0.063,0
	極大值	0.313,0	0.419,0	0.414,0	0.124,0
國家直接持股40%~50%	均值	0.136,0	0.140,2	0.169,9	0.097,9
	N	254.000,0	254.000,0	254.000,0	254.000,0
	標準差	0.042,7	0.064,4	0.071,9	0.013,2
	極小值	0.056,0	0.034,0	0.026,0	0.061,0
	極大值	0.291,0	0.431,0	0.451,0	0.136,0
國家直接持股50%~60%	均值	0.140,4	0.147,1	0.178,5	0.095,6
	N	237.000,0	237.000,0	237.000,0	237.000,0
	標準差	0.048,9	0.076,2	0.079,6	0.013,7
	極小值	0.066,0	0.026,0	0.058,0	0.059,0
	極大值	0.362,0	0.490,0	0.538,0	0.134,0
國家直接持股60%~70%	均值	0.134,2	0.141,3	0.169,6	0.091,7
	N	146.000,0	146.000,0	146.000,0	146.000,0
	標準差	0.044,0	0.066,8	0.073,0	0.013,5
	極小值	0.062,0	0.030,0	0.034,0	0.056,0
	極大值	0.273,0	0.340,0	0.386,0	0.129,0

表5.31(續)

國家股持股比例區間		三模型估算的平均股權資本成本	ES模型估算的股權資本成本	OJ模型估算的資本成本	CAPM股權的資本成本
國家直接持股70%~80%	均值	0.125,7	0.130,4	0.154,9	0.091,9
	N	57.000,0	57.000,0	57.000,0	57.000,0
	標準差	0.044,5	0.069,7	0.067,0	0.014,6
	極小值	0.067,0	0.038,0	0.077,0	0.064,0
	極大值	0.270,0	0.362,0	0.348,0	0.120,0
國家直接持股80%~90%	均值	0.174,8	0.196,3	0.233,7	0.094,9
	N	9.000,0	9.000,0	9.000,0	9.000,0
	標準差	0.125,6	0.200,1	0.177,7	0.012,0
	極小值	0.083,0	0.067,0	0.084,0	0.078,0
	極大值	0.480,0	0.688,0	0.646,0	0.112,0
總計	均值	0.136,7	0.141,3	0.170,9	0.097,9
	N	2,254.000,0	2,254.000,0	2,254.000,0	2,254.000,0
	標準差	0.047,0	0.074,7	0.075,3	0.013,5
	極小值	0.056,0	0.022,0	0.010,0	0.031,0
	極大值	0.617,0	0.954,0	0.817,0	0.144,0

　　國家不同持股比例區間的資本成本是否是有顯著差別的呢？從表5.32的結果來看，只有在0.1的顯著水平上，三模型估算的平均股權資本成本才是有顯著差異的。然而，ES模型估算的資本成本不會因為國家持股比例區間的不同而有顯著差異。在0.1的顯著性水平上，OJ模型估算的資本成本會因國家持股比例區間的不同而有顯著差異。在0.01的顯著性水平上，CAPM模型估算的資本成本因國家持股比例的不同有顯著的差異。

表 5.32　國家持不同股權比例區間的股權資本成本的差異分析

項目			平方和	df	均方	F	顯著性
三模型估算的平均股權資本成本 * 國家股持股比例區間	組間	（組合）	0.031,4	8.000,0	0.003,9	1.777,9	0.076,8
	組內		4.948,5	2,245.000,0	0.002,2		
	總計		4.979,9	2,253.000,0			
ES 模型估算的股權資本成本 * 國家股持股比例區間	組間	（組合）	0.058,8	8.000,0	0.007,4	1.320,8	0.228,2
	組內		12.502,1	2,245.000,0	0.005,6		
	總計		12.560,9	2,253.000,0			
OJ 模型估算的資本成本 * 國家持股股比例區間	組間	（組合）	0.079,2	8.000,0	0.009,9	1.751,0	0.082,2
	組內		12.696,5	2,245.000,0	0.005,7		
	總計		12.775,8	2,253.000,0			
CAPM 模型估算的資本成本 * 國家股持股比例區間	組間	（組合）	0.012,5	8.000,0	0.001,6	8.844,8	0.000,0
	組內		0.396,5	2,245.000,0	0.000,2		
	總計		0.409,0	2,253.000,0			

　　現根據國家是否控股，是絕對控股還是相對控股來比較上市公司的資本成本水平是否有顯著差異，表 5.33 即分析結果。從三模型估算的平均股權資本成本來看，國家相對控股時最低，之後是國家絕對控股和國家不控股的情況。ES 模型估算的股權資本成本最低的是國家相對控股的情況，最高的是國家絕對控股的情況，其次是國家不控股的情況。CAPM 模型估算的股權資本成本最低的是國家絕對控股的情況，與 ES 模型和 OJ 模型估算的結論不一致，同時，CAPM 模型估算的資本成本國家不控股的時候是最高的，這也是與其他兩模型估算結果不一致的地方。從表 5.31 和 5.33 的分析結果看，CAPM 模型估算的結論與前兩模型估算的結果差別較大，這也進一步印證了以往學者的說法，即進行資本成本估算的時候應該至少選擇三個模型進行平均。

表 5.33　　國家不同控股情況的股權資本成本

國家控股情況		三模型估算的平均股權資本成本	ES 模型估算的股權資本成本	OJ 模型估算的資本	CAPM 模型估算的資本成本
國家不控股	均值	0.137,7	0.142,1	0.171,6	0.099,3
	N	1,159.000,0	1,159.000,0	1,159.000,0	1,159.000,0
	標準差	0.048,3	0.078,6	0.076,1	0.013,2
	極小值	0.058,0	0.022,0	0.010,0	0.039,0
	極大值	0.617,0	0.954,0	0.817,0	0.144,0
國家相對控股	均值	0.134,6	0.138,0	0.167,6	0.098,3
	N	646.000,0	646.000,0	646.000,0	646.000,0
	標準差	0.042,5	0.065,2	0.070,6	0.013,1
	極小值	0.056,0	0.022,0	0.026,0	0.031,0
	極大值	0.490,0	0.695,0	0.678,0	0.136,0
國家絕對控股	均值	0.137,2	0.144,1	0.173,7	0.093,9
	N	449.000,0	449.000,0	449.000,0	449.000,0
	標準差	0.049,7	0.076,9	0.079,5	0.013,8
	極小值	0.062,0	0.026,0	0.034,0	0.056,0
	極大值	0.480,0	0.688,0	0.646,0	0.134,0
總計	均值	0.136,7	0.141,3	0.170,9	0.097,9
	N	2,254.000,0	2,254.000,0	2,254.000,0	2,254.000,0
	標準差	0.047,0	0.074,7	0.075,3	0.013,5
	極小值	0.056,0	0.022,0	0.010,0	0.031,0
	極大值	0.617,0	0.954,0	0.817,0	0.144,0

進一步檢驗國家不同控股情況下上市公司的股權資本成本差異的顯著性，結論如表 5.34 所示。三模型估算的平均股權資本成本、ES 模型估算的股權資本成本和 OJ 模型估算的股權資本成本因為國家不同控股情況而有顯著差異，CAPM 估算的資本成本在 0.01 的顯著性水平上，有顯著差異。

表 5.34　國家不同控股情況的股權資本成本的差異分析

項目			平方和	df	均方	F	顯著性
三模型估算的平均股權資本成本 * 國家控股情況	組間	（組合）	0.004,1	2.000,0	0.002,0	0.922,8	0.397,6
	組內		4.975,8	2,251.000,0	0.002,2		
	總計		4.979,9	2,253.000,0			
ES 模型估算的股權資本成本 * 國家控股情況	組間	（組合）	0.011,4	2.000,0	0.005,7	1.020,4	0.360,6
	組內		12.549,6	2,251.000,0	0.005,6		
	總計		12.560,9	2,253.000,0			
OJ 模型估算的資本成本 * 國家控股情況	組間	（組合）	0.011,5	2.000,0	0.005,8	1.015,1	0.362,5
	組內		12.764,2	2,251.000,0	0.005,7		
	總計		12.775,8	2,253.000,0			
CAPM 估算的股權資本成本 * 國家控股情況	組間	（組合）	0.009,8	2.000,0	0.004,9	27.766,0	0.000,0
	組內		0.399,1	2,251.000,0	0.000,2		
	總計		0.409,0	2,253.000,0			

不同管理人持股比例區間是否導致資本成本的差異呢？表 5.35 反應了管理人員持股比例從 0～10%，以 10%的持股比例為階差，一直到持股比例在 60%～70%區間的不同資本成本水平。首先，隨著管理人員持股比例的增加，平均股權資本成本基本上呈遞減的趨勢，最高水平為 13.69%。ES 模型估算的股權資本成本也基本呈遞減趨勢，OJ 模型估算的結果沒有明顯的變化趨勢，CAPM 模型估算的結果也隨著管理人員持股比例區間的增加而基本呈遞減關係。但是，從樣本的分佈來看，保留的 2,254 個有效樣本中，管理人員持股比例為 0～10%時，樣本量有 2,156 個，但是部分區間的樣本量不足 10 個，所以這會影響統計結論的客觀性。

表 5.35 管理人員不同股權比例區間的股權資本成本

管理人員持股比例區間		三模型估算的平均股權資本成本	ES 模型估算的股權資本成本	OJ 模型估算的資本成本	CAPM 模型估算的資本成本
管理人員持股 0~10%	均值	0.136,9	0.141,9	0.170,8	0.097,9
	N	2,156.000,0	2,156.000,0	2,156.000,0	2,156.000,0
	標準差	0.047,3	0.075,3	0.075,5	0.013,5
	極小值	0.056,0	0.022,0	0.010,0	0.031,0
	極大值	0.617,0	0.954,0	0.817,0	0.144,0
管理人員持股 10%~20%	均值	0.136,2	0.132,7	0.177,1	0.098,8
	N	49.000,0	49.000,0	49.000,0	49.000,0
	標準差	0.044,4	0.058,8	0.085,0	0.014,0
	極小值	0.077,0	0.047,0	0.065,0	0.059,0
	極大值	0.348,0	0.319,0	0.625,0	0.122,0
管理人員持股 20%~30%	均值	0.131,9	0.126,0	0.170,5	0.099,2
	N	35.000,0	35.000,0	35.000,0	35.000,0
	標準差	0.032,9	0.051,2	0.054,3	0.012,7
	極小值	0.070,0	0.034,0	0.084,0	0.065,0
	極大值	0.201,0	0.240,0	0.303,0	0.119,0
管理人員持股 30%~40%	均值	0.138,9	0.133,1	0.181,0	0.102,3
	N	8.000,0	8.000,0	8.000,0	8.000,0
	標準差	0.040,2	0.071,8	0.051,9	0.008,6
	極小值	0.089,0	0.066,0	0.101,0	0.091,0
	極大值	0.227,0	0.300,0	0.280,0	0.114,0
管理人員持股 40%~50%	均值	0.134,5	0.102,2	0.197,0	0.103,5
	N	2.000,0	2.000,0	2.000,0	2.000,0
	標準差	0.002,1	0.004,2	0.011,3	0.013,4
	極小值	0.133,0	0.099,0	0.189,0	0.094,0
	極大值	0.136,0	0.105,0	0.205,0	0.113,0

表5.35(續)

管理人員持股比例區間		三模型估算的平均股權資本成本	ES模型估算的股權資本成本	OJ模型估算的資本成本	CAPM模型估算的資本成本
管理人員持股50%~60%	均值	0.096,0	0.080,7	0.114,0	0.092,3
	N	3.000,0	3.000,0	3.000,0	3.000,0
	標準差	0.030,8	0.052,4	0.033,6	0.014,6
	極小值	0.061,0	0.022,0	0.079,0	0.082,0
	極大值	0.119,0	0.123,0	0.146,0	0.109,0
管理人員持股60%~70%	均值	0.107,0	0.069,0	0.134,0	0.119,0
	N	1.000,0	1.000,0	1.000,0	1.000,0
	標準差	.	.	.	.
	極小值	0.107,0	0.069,0	0.134,0	0.119,0
	極大值	0.107,0	0.069,0	0.134,0	0.119,0
總計	均值	0.136,7	0.141,3	0.170,9	0.097,9
	N	2,254.000,0	2,254.000,0	2,254.000,0	2,254.000,0
	標準差	0.047,0	0.074,7	0.075,3	0.013,5
	極小值	0.056,0	0.022,0	0.010,0	0.031,0
	極大值	0.617,0	0.954,0	0.817,0	0.144,0

那麼，管理人員不同持股比例區間的資本成本是否有顯著差異呢？表5.36對其進行了差異的顯著性檢驗，結果以10%為階差，管理人員在不同持股比例區間的資本成本是沒有顯著差異的，無論是ES模型、OJ模型和CAPM模型單獨估算的資本成本還是三模型估算的平均資本成本。

表 5.36　管理人員不同股權比例區間的股權資本成本的差異分析

項目			平方和	df	均方	F	顯著性
三模型估算的平均股權資本成本 * 管理人員持股比例區間	組間	（組合）	0.006,8	6.000,0	0.001,1	0.511,3	0.800,2
	組內		4.973,1	2,247.000,0	0.002,2		
	總計		4.979,9	2,253.000,0			
ES模型估算的股權資本成本 * 管理人員持股比例區間	組間	（組合）	0.032,6	6.000,0	0.005,4	0.974,7	0.440,7
	組內		12.528,3	2,247.000,0	0.005,6		
	總計		12.560,9	2,253.000,0			
OJ模型估算的股權資本成本 * 管理人員持股比例區間	組間	（組合）	0.015,2	6.000,0	0.002,5	0.445,3	0.848,7
	組內		12.760,6	2,247.000,0	0.005,7		
	總計		12.775,8	2,253.000,0			
CAPM估算的股權資本成本 * 管理人員持股比例區間	組間	（組合）	0.000,9	6.000,0	0.000,1	0.780,3	0.585,3
	組內		0.408,1	2,247.000,0	0.000,2		
	總計		0.409,0	2,253.000,0			

　　進一步檢驗管理人員不控股、相對控股和絕對控股情況下上市公司的資本成本，比較結果如表5.37所示。三模型估算的平均股權資本成本，管理人員不控股時，水平最高，達到了13.69%；管理人員相對控股時，平均資本成本水平居中，達到了13.32%；管理人員絕對控股時，資本成本水平最低，達到了9.88%。ES模型估算的股權資本成本與平均資本成本分佈情況一致，管理人員不控股時最高，管理人員絕對控股時最低，管理人員相對控股時居中。OJ模型估算的股權資本成本，當管理人員相對控股時最高，之後是管理人員不控股時，最後是管理人員絕對控股時。CAPM模型估算的股權資本成本，最高的是管理人員相對控股，最低的是管理人員不控股，居中的是管理人員絕對控股的情況。

表 5.37　管理人員不同控股情況的股權資本成本

管理人員控股情況		三模型估算的平均股權資本成本	ES 模型估算的股權資本成本	OJ 模型估算的股權資本成本	CAPM 估算的股權資本成本
管理人員不控股	均值	0.136,9	0.141,7	0.170,9	0.097,9
	N	2,205.000,0	2,205.000,0	2,205.000,0	2,205.000,0
	標準差	0.047,3	0.075,0	0.075,7	0.013,5
	極小值	0.056,0	0.022,0	0.010,0	0.031,0
	極大值	0.617,0	0.954,0	0.817,0	0.144,0
管理人員相對控股	均值	0.133,2	0.126,2	0.173,5	0.099,9
	N	45.000,0	45.000,0	45.000,0	45.000,0
	標準差	0.033,2	0.053,6	0.052,4	0.011,9
	極小值	0.070,0	0.034,0	0.084,0	0.065,0
	極大值	0.227,0	0.300,0	0.303,0	0.119,0
管理人員絕對控股	均值	0.098,8	0.077,8	0.119,0	0.099,0
	N	4.000,0	4.000,0	4.000,0	4.000,0
	標準差	0.025,7	0.043,2	0.029,2	0.017,9
	極小值	0.061,0	0.022,0	0.079,0	0.082,0
	極大值	0.119,0	0.123,0	0.146,0	0.119,0
總計	均值	0.136,7	0.141,3	0.170,9	0.097,9
	N	2,254.000,0	2,254.000,0	2,254.000,0	2,254.000,0
	標準差	0.047,0	0.074,7	0.075,3	0.013,5
	極小值	0.056,0	0.022,0	0.010,0	0.031,0
	極大值	0.617,0	0.954,0	0.817,0	0.144,0

那麼，管理人員不同控股情況的資本成本水平是否有顯著差異呢？表 5.38 是檢驗結果，根據管理人員控股情況的不同，三模型估算的平均股權資本成本、OJ 模型估算的資本成本和 CAPM 模型估算的資本成本都是沒有顯著差異。但是，在 0.1 的顯著性水平上，ES 模型估算的資本成本隨管理人員控股情

況的不同而有顯著差異。

表 5.38　管理人員不同控股情況的股權資本成本差異的顯著性檢驗

項目			平方和	df	均方	F	顯著性
三模型估算的平均股權資本成本 * 管理人員控股情況	組間	（組合）	0.006,4	2.000,0	0.003,2	1.438,5	0.237,5
	組內		4.973,5	2,251.000,0	0.002,2		
	總計		4.979,9	2,253.000,0			
ES 模型估算的股權資本成本 * 管理人員控股情況	組間	（組合）	0.026,8	2.000,0	0.013,4	2.409,1	0.090,1
	組內		12.534,1	2,251.000,0	0.005,6		
	總計		12.560,9	2,253.000,0			
OJ 模型估算的股權資本成本 * 管理人員控股情況	組間	（組合）	0.011,1	2.000,0	0.005,5	0.977,2	0.376,5
	組內		12.764,7	2,251.000,0	0.005,7		
	總計		12.775,8	2,253.000,0			
CAPM 估算的股權資本成本 * 管理人員控股情況	組間	（組合）	0.000,2	2.000,0	0.000,1	0.516,1	0.596,9
	組內		0.408,8	2,251.000,0	0.000,2		
	總計		0.409,0	2,253.000,0			

那麼，上市公司的直接股權結構特徵變量中哪些會對資本成本進行顯著區分呢？通過分析發現，第一大股東持股比例區間不同，相應的資本成本是有顯著差異的。但是第一大股東性質不同、國有股比例不同、管理人員持股比例的差異也不能導致資本成本的顯著差異。

第四節　小結

根據 CAPM 模型、OJ 模型和 ES 模型計算需要，分別篩選出 10,076 個、2,425 個、3,015 個有效樣本，估算的平均資本成本分別為 0.100、0.171 和 0.141，OJ 模型估算的結果最高，CAPM 模型估算的結果最低。CAPM 模型在 2004 年到 2011 年估算的結果變化幅度不大，主要分佈在 0.095 至 0.108 之間。OJ 模型估算的結果波動浮動相對較大，2008 年的估算結果最小，為 0.135，2007 年的估算結果最高，為 0.201，2006 年的估算結果與 2007 年基本持平。ES 模型估算的股權資本成本在 2006 年取得最大值，為 0.181，2008 年取得最小值，為 0.090。各模型之間的估算結果差別較大，為了保證估算結果不受某一種方法的限制，所以本書將三模型估算結果取均值。若取均值，必須篩選三模型的共同樣本，本書獲得了 2,254 個有效樣本。對比樣本篩選前後各模型估算的股權資本成本均值，發現變化不大，最大為 0.001。三模型估算的平均股權資本成本水平為 0.137，在 2006 年的估算結果最高，達到了 0.162，2008 年估算結果最低，為 0.110。通過單因素方差分析，發現各模型估算的平均股權資本成本在不同年份是有顯著差異的。

按照終極控制股東的終極控股比例，將 2,254 個共同樣本分為四類，即 20%～30%、30%～40%、40%～50%、50% 以上。通過統計分析發現，20%～30% 的平均股權資本成本水平最高，為 13.75%；30%～40% 的平均股權資本成本水平最低，為 13.60%；當終極控股比例超過 50% 時，平均股權資本成本偏低，為 13.64%，但是通過方差檢驗發現他們之間的差異是不顯著的。將樣本按照股權結構分為水平結構和金字塔結構終極控股的上市公司，水平結構終極控股的平均股權資本成本為 13.50%，低於金字塔結構的平均股權資本成本水平 13.91%，通過單因素方差分析發現兩種股權結構的平均股權資本成本是有顯著差異的。縱觀 2004—2011 年兩類股權結構的資本成本水平，2004—2006 年，水平結構的資本成本高於或等於金字塔結構，但是在 2007—2009 年，結果剛好相反。

2,254 個樣本中，政府終極控股的樣本量為 1,734 個，高於非政府終極控股的 520 個，政府終極控股的樣本的平均股權資本成本為 0.138，高於非政府終極控股的股權資本成本值。但是通過單因素方差分析發現：政府與非政府控股的上市公司的股權資本成本是沒有顯著差異的。政府控股的樣本內部，多數上市公司被中央政府、省級政府和市級政府所控制，縣級政府、鄉鎮政府和村級政府控股的樣本量之和只有 48 個。為了保證研究結果不會因樣本量過少而影響其客觀性，本書將縣級政府、鄉鎮政府和村級政府樣本合併為縣、鄉鎮和村級政府，至此，根據控股股東性質將上市公司樣本分為了五類，不同樣本的三模型估算的平均股權資本成本差異不大，均分佈在 0.132 至 0.139 之間，省級政府的平均股權資本成本水平最高，市級政府最低。通過方差分析發現：在 0.10 的顯著性水平上，五類終極控制股東的平均股權資本成本是有顯著差異的。

樣本的控制層級分佈在 1~8 級，但是因 6、7、8 層級上的樣本量均不超過 5，占總樣本量不及 1%，故將其與控制層級為 5 層的樣本合併。這五類樣本中，當控制層級為 2 層時，平均股權資本成本水平最高，達到 0.139；當控制層級為 3 層時，平均股權資本成本最小，為 0.133。通過方差分析發現：不同政府層級的平均股權資本成本是沒有顯著差異的。根據終極控制股東實現控股的鏈條數，將樣本分為單鏈條控股和多鏈條控股兩類，單鏈條控股的上市公司的股權資本成本高於多鏈條，無論資本成本是由 CAPM 模型、OJ 模型、ES 模型單獨估算還是平均股權資本成本估算。但是通過方差分析發現：無論單鏈條控股還是多鏈條控股，平均股權資本成本是沒有顯著差別的。

此外，本書還對政府控股的樣本做了單獨討論，結果得到：在 0.10 的顯著水平上，不同政府層級的平均股權資本成本是有顯著差異。省級政府的平均股權資本成本最高，為 0.139。

2,254個有效樣本中，國有法人直接控股的有1,578個，國家控股的樣本有91個，境內法人462個，境內自然人92個，境外法人31個。2,254個樣本中第一大股東持股比例40%~50%時分佈的樣本量最多，達到了510個；樣本量最少的是第一大股東持股比例為0~10%時，只有3個樣本；第一大股東持股10%~20%的樣本量為71個，說明了存在終極控制股東的樣本中有很少一部分不存在非直接控股股東。2,254個樣本中，管理人員不控股的樣本有2,205個，管理人員相對控股的樣本有45個，管理人員絕對控股的樣本有4個。除了統計分析之外，本書還做了方差分析，分析了第一大股東性質、第一大股東持股比例區間、國家股的持股比例區間和管理人員持股比例區間對三模型估算的資本成本的影響。結果發現：第一大股東性質的不同、國家股不同持股比例區間和管理人員不同持股比例區間不會使資本成本產生顯著差異，但是第一大股東持股比例區間的不同會導致資本成本水平的顯著差異。

　　從上述論述來看，2006年的平均股權資本成本水平最高，2008年的股權資本成本水平最低。拋開企業內部影響因素，結合中國的股權分置改革實踐來看，中國的股權分置改革從2005年4月29日開始，2006年底大部分公司完成改革，對於改革的成效可以預測但不能預知，面對突如其來的風險，終極控制股東只能通過提升要求報酬率來保護自身利益。在股權分置改革完成後，投資者整體對改革成效比較樂觀，自然降低對最低要求報酬率的要求。

第六章

終極股權結構、直接股權結構與資本成本關係分析

　　按照第三章中對因變量、自變量和控制變量的界定，在收集控制變量數據過程中發現股利支付率、財務槓桿系數、經營槓桿系數、淨資產收益率等數值均有缺失，現將無法收集到所有數值的樣本去掉，最終得到了 1,471 個有效樣本。

第一節　所有變量基本情況描述

　　自變量中按照實現終極控股的鏈條是單鏈條還是多鏈條將樣本分為兩類，所以需要設置成虛擬變量。在實現終極控股的鏈條中，將單鏈條設置成 1，以多鏈條為參照變量。在控制變量中，將年份變量設置成虛擬變量，以 2004 年為參照變量，2005—2011 年設置成七個虛擬變量。

　　其他連續變量的基本情況描述，如表 6.1 所示。首先，三模型估算的平均股權資本成本為 0.138，略低於樣本為 2,254 個時估算的平均股權資本成本；CAPM 模型估算的股權資本成本均值為 0.098，與原來一致；OJ 模型估算的股權資本成本均值和 ES 模型估算的股權資本成本均值均比原來高 0.002。終

極所有權均值為37.652%，終極所有權為43.563%，兩權分離度（差值）均值為5.893%，兩權分離度（比值）均值為1.372，控制層級為2.342層，均略高於第四章的統計結果，其他控制變量的統計結果參見表6.1。

表6.1　　　　　各變量的基本情況描述

變量	樣本量	極小值	極大值	均值	標準差
三模型估算的平均股權資本成本(ACC)	1,471	0.056	0.617	0.138	0.046
CAPM估算的股權資本成本	1,471	0.059	0.144	0.098	0.013
OJ模型估算的股權資本成本	1,471	0.010	0.768	0.173	0.076
ES模型估算的股權資本成本	1,471	0.022	0.954	0.143	0.072
終極所有權(OP)	1,471	2.927	86.710	37.652	16.375
終極控制權(CP)	1,471	20.000	86.710	43.563	14.126
兩權分離度（差值）(DEVD)	1,471	0.000	37.030	5.893	8.450
兩權分離度（比值）(DEVR)	1,471	1.000	24.102	1.372	1.254
控制層級(CL)	1,471	1.000	8.000	2.342	0.780
股利支付率(DIV)	1,471	0.000	154.412	0.665	4.233
帳面市值比(B/M)	1,471	0.092	1.619	0.732	0.260
資產負債率(DR)	1,471	0.005	0.916	0.457	0.200
公司規模(SIZE)	1,471	19.243	28.136	22.456	1.290
總資產週轉率(AT)	1,471	0.058	5.378	0.766	0.547
前十大股東的赫菲德爾指數(H10)	1,471	0.029	0.760	0.217	0.131
換手率(TR)	1,471	0.039	15.796	2.997	2.153
財務槓桿率(DFL)	1,471	-110.298	22.488	1.351	3.295
經營槓桿率(DOL)	1,471	-4.164	25.124	2.223	1.446
流動比率(CR)	1,471	0.061	11.300	1.320	0.819

表6.1(續)

變量	樣本量	極小值	極大值	均值	標準差
股東權益增長率①(RCA)	1,471	−0.506	6.859	0.186	0.345
總資產增長率(TAGR)	1,471	−0.524	7.523	0.212	0.315
淨資產收益率(ROE)	1,471	0.000	0.617	0.114	0.073

第二節　終極控制權、終極股權結構與資本成本的相關性分析

表6.2反應了各變量之間的相關性分析結果。通過對各變量的相關性分析，發現所有的自變量中，在0.1的顯著水平上，只有控制層級變量與平均股權資本成本顯著負相關。終極所有權、終極控制權與股權資本成本在方向上為負向關係。兩權分離度（差值）、兩權分離度（比值）與股權資本成本在方向上為正向關係，這符合理論預期。控制變量在方向上基本符合理論預期，但在顯著性方面，結論不一。在0.01的顯著水平上，上市公司規模、總資產週轉率、換手率、經營風險系數、股東權益增長率、總資產增長率、淨資產收益率均與平均股權資本成本顯著相關；在0.05的顯著性水平上，前十大股東的 Herfindahl 指數與平均股權資本成本顯著相關；在0.1的顯著性水平上，資產負債率與平均股權資本成本顯著相關。因為控制變量：股利支付率、財務風險系數、流動比率等與平均股權資本成本不顯著相關，所以去掉上述幾個變量。股東權益增長率與總資產增長率的相關係數為0.750，大於0.7，所以兩者強相關，放棄總資產增長率。因前十大股東的 Herfindahl

---

① 又稱為資本累積率。

指數與終極控制權、終極所有權的相關係數為 0.881、0.764，均大於 0.7，屬於強相關，所以放棄前十大股東的 *Herfindahl* 指數。終極控制權與終極所有權的相關係數為 0.857，大於 0.7，雖然終極所有權與股權資本成本的相關性系數高，考慮到本書研究的對象是終極控股問題，所以，保留終極控制權，捨棄自變量終極所有權。兩權分離度（比值）和兩權分離度（差值）作為衡量兩權分離水平的兩個並列指標，兩者相關係數為 0.441。為避免共線性造成結果的不準確性，故而本書捨棄其中一個指標兩權分離度（比值），因其與終極控制權均值、控制層級均顯著相關，兩權分離度（差值）僅與控制層級顯著相關，為避免共線性問題作出上述取捨。

根據上文分析，對模型 3.1 進行修改後得到模型為：

$$R_i = \lambda_0 + \lambda_1 CP + \lambda_2 DEVD + \lambda_3 CL + \lambda_4 CQ + \lambda_5 B/M + \lambda_6 DR + \lambda_7 SIZE + \lambda_8 AT + \lambda_9 TO + \lambda_{10} DOL + \lambda_{11} RCA + \lambda_{12} ROE + \lambda_{13} YEAR + \varepsilon \tag{6.1}$$

其中，R_i 表示不同估算方法估算的股權資本成本，CP 表示終極控制權，$DEVD$ 表示兩權分離度（差值），CL 表示控制層級，CQ 表示控股鏈條數，B/M 表示面值市值比，DR 表示資產負債率，$SIZE$ 表示上市公司規模，AT 表示總資產週轉率，TR 表示換手率，DOL 表示經營風險係數，RCA 表示股東權益增長率，ROE 表示淨資產收益率，$YEAR$ 表示年份，ε 表示剩餘項，λ_i 表示不同變量與股權資本成本之間的相關係數，λ_0 表示截距。控股鏈條數按照實現終極控股的鏈條是單鏈條還是多鏈條將樣本分為兩類，不是連續變量，故將其設置成虛擬變量。在實現終極控股的鏈條中，將單鏈條設置成 1，以多鏈條為參照變量。在控制變量中，將年份變量設置成虛擬變量，以 2004 年為參照變量，2005—2011 年設置成七個虛擬變量。

第六章 終極股權結構、直接股權結構與資本成本關係分析

表 6.2 各變量的相關性檢驗

變量	ACC	OP	CP	DEVD	DEVR	CL	DIV	B/M	DR	SIZE	AT	H10	TR	DFL	DOL	CR	RCA	ROE	TAGR
ACC	1.00																		
OP	-0.04 0.12	1.00																	
CP	-0.03 0.26	0.86 0.00	1.00																
DEVD	0.03 0.25	-0.50 0.00	0.01 0.64	1.00															
DEVR	0.04 0.17	-0.30 0.00	-0.09 0.00	0.44 0.00	1.00														
CL	-0.05 0.07	-0.16 0.00	0.05 0.04	0.40 0.00	0.14 0.00	1.00													
DIV	-0.03 0.24	0.01 0.63	0.00 0.98	-0.02 0.37	-0.01 0.69	-0.01 0.69	1.00												
B/M	-0.06 0.03	0.18 0.00	0.18 0.00	-0.04 0.09	-0.08 0.00	0.08 0.00	0.06 0.03	1.00											
DR	0.04 0.09	0.03 0.22	0.03 0.32	-0.02 0.42	-0.05 0.04	0.01 0.61	0.02 0.36	0.37 0.00	1.00										
SIZE	0.07 0.01	0.36 0.00	0.37 0.00	-0.08 0.00	-0.09 0.00	0.03 0.29	0.06 0.03	0.42 0.00	0.29 0.00	1.00									

223

表6.2（續）

變量	ACC	OP	CP	DEVD	DEVR	CL	DIV	B/M	DR	SIZE	AT	H10	TR	DFL	DOL	CR	RCA	ROE	TAGR
AT	0.07	0.02	0.03	0.00	−0.03	0.02	0.00	−0.06	0.04	−0.04	1.00								
	0.01	0.37	0.27	0.89	0.19	0.50	0.98	0.03	0.13	0.16									
H10	−0.06	0.76	0.88	−0.01	−0.03	0.06	0.02	0.22	0.00	0.39	0.03	1.00							
	0.02	0.00	0.00	0.80	0.24	0.03	0.55	0.00	0.96	0.00	0.21								
TR	0.14	−0.32	−0.37	0.00	0.04	−0.02	−0.04	−0.43	−0.11	−0.34	0.01	−0.41	1.00						
	0.00	0.00	0.00	0.90	0.15	0.45	0.17	0.00	0.00	0.00	0.63	0.00							
DFL	0.01	−0.01	−0.01	0.00	0.00	0.00	0.17	0.04	0.04	0.05	−0.01	0.00	0.00	1.00					
	0.57	0.65	0.58	0.96	0.93	0.90	0.00	0.11	0.10	0.04	0.82	0.97	0.88						
DOL	−0.09	−0.08	−0.08	0.01	0.00	0.06	0.10	0.02	0.07	−0.12	0.31	−0.09	0.10	−0.01	1.00				
	0.00	0.00	0.00	0.57	0.92	0.01	0.00	0.49	0.01	0.00	0.00	0.00	0.00	0.57					
CR	−0.04	−0.06	−0.05	0.04	0.08	−0.01	−0.01	−0.22	−0.29	−0.24	−0.02	−0.10	0.12	−0.03	0.01	1.00			
	0.18	0.01	0.04	0.16	0.00	0.74	0.66	0.00	0.00	0.00	0.52	0.00	0.00	0.19	0.85				
RCA	0.20	0.00	0.00	0.00	−0.01	−0.02	−0.06	−0.10	−0.14	0.03	−0.04	−0.02	0.00	−0.02	−0.12	0.12	1.00		
	0.00	0.99	1.00	0.94	0.77	0.50	0.02	0.00	0.00	0.20	0.11	0.34	1.00	0.53	0.00	0.00			
ROE	0.20	0.04	0.03	−0.02	−0.03	−0.03	−0.02	−0.06	−0.03	0.06	−0.07	0.01	−0.02	−0.02	−0.12	0.04	0.75	1.00	
	0.00	0.12	0.20	0.42	0.32	0.22	0.35	0.03	0.23	0.01	0.01	0.58	0.44	0.52	0.00	0.18	0.00		
TAGR	0.21	0.00	0.05	0.08	0.05	−0.09	−0.12	−0.31	−0.02	0.07	0.17	0.06	−0.15	−0.07	−0.27	0.04	0.15	0.16	1.00
	0.00	0.87	0.04	0.00	0.04	0.04	0.00	0.00	0.49	0.00	0.00	0.01	0.00	0.00	0.00	0.10	0.00	0.00	

註：每個行變量對應的第一行數據表示 Pearson 相關性數值，第二行數據表示顯著性概率。

第三節　終極股權結構、直接股權結構與資本成本的迴歸分析

6.3.1　終極股權結構與資本成本的迴歸分析

將四個自變量與平均股權資本成本做多元線性迴歸，迴歸結果如表 6.3 所示。在不考慮控制變量的情況下，多元迴歸模型 1 在 0.1 的顯著性水平上是顯著的，四個自變量可以解釋 0.006 的股權資本成本的變化。從方向上看，兩權分離度與平均股權資本成本的關係符合理論預期，控制層級與平均股權資本成本關係不符合理論預期，有待像夏冬林（2008）等的做法一樣綜合考慮終極控制股東性質，然後確定控制層級與平均股權資本成本的關係。控股鏈條數、終極控制權均與股權資本成本之間的線性相關性不顯著。四個變量的共線性 VIF 統計值均小於 2，說明不存在嚴重共線性。

表 6.3　終極控制權、兩權分離度、控制層級、控股鏈條數與資本成本的線性迴歸 1

模型		非標準化系數 B	標準誤差	標準系數 試用版	t	Sig.	共線性統計量 容差	VIF	模型顯著性	模型 R 方
1	（常量）	0.152	0.006		25.208	0.000			0.059	0.006
	終極控制權比例	-0.000	0.000	-0.026	-0.999	0.318	0.997	1.003		
	兩權分離度（差值）	0.000	0.000	0.052	1.807	0.071	0.804	1.244		
	控制層級	-0.004	0.002	-0.071	-2.489	0.013	0.831	1.204		
	控股鏈條數	-0.002	0.003	-0.022	-0.802	0.423	0.914	1.094		

從表 6.3 可以看出，終極控制權、兩權分離度（差值）、控制層級、控股鏈條數四變量對平均股權資本成本的解釋力不足，所以，需要對前文控制變量進行控制，迴歸結果如表 6.4

所示。

表 6.4 終極控制權、兩權分離度、控制層級、控股鏈條數
與資本成本的線性迴歸 2①

模型		非標準化系數		標準系數	t	Sig.	共線性統計量		模型顯著性	模型 R 方
		B	標準誤差	試用版			容差	VIF		
2	（常量）	0.059	0.023		2.605	0.009			0.000	0.292
	終極控制權比例	0.000	0.000	0.022	0.862	0.389	0.755	1.324		
	兩權分離度（差值）	0.000	0.000	0.045	1.798	0.072	0.778	1.286		
	控制層級	-0.005	0.001	-0.078	-3.171	0.002	0.802	1.246		
	控股鏈條數	-0.003	0.003	-0.026	-1.092	0.275	0.854	1.171		
	帳面市值比（B/M）	0.025	0.007	0.139	3.753	0.000	0.356	2.809		
	資產負債率（DR）	0.057	0.008	0.243	6.999	0.000	0.406	2.462		
	公司規模（$SIZE$）	0.000	0.001	-0.007	-0.234	0.815	0.483	2.069		
	總資產週轉率（AT）	0.004	0.002	0.051	2.097	0.036	0.813	1.230		
	換手率（TR）	0.004	0.001	0.176	5.646	0.000	0.503	1.987		
	經營槓桿率（DOL）	-0.002	0.001	-0.052	-2.068	0.039	0.771	1.297		
	股東權益增長率（RCA）	0.019	0.003	0.144	6.266	0.000	0.929	1.077		
	淨資產收益率（ROE）	0.126	0.018	0.198	7.001	0.000	0.613	1.631		
	2005	0.007	0.006	0.042	1.256	0.209	0.439	2.277		
	2006	0.043	0.006	0.270	7.412	0.000	0.367	2.723		
	2007	0.056	0.007	0.423	8.484	0.000	0.196	5.104		
	2008	-0.008	0.005	-0.062	-1.525	0.128	0.295	3.391		
	2009	0.027	0.006	0.215	4.366	0.000	0.202	4.957		
	2010	0.001	0.006	0.010	0.206	0.837	0.209	4.779		
	2011	0.030	0.006	0.234	5.445	0.000	0.264	3.794		

---

① 在對 6.2 中的控制變量進行控制之後的結果.

從迴歸結果可以看出，終極控制權、控股鏈條數與平均股權資本成本沒有顯著的相關關係，兩權分離度（差值）與平均股權資本成本在 0.1 的顯著水平上，正線性相關。控制層級與平均股權資本成本在 0.05 的顯著水平上，負線性相關。與表 6.3 的結果比較來看，只有終極控制權在方向上不一致，其他三個變量在方向上都是一致的；各自變量對平均股權資本成本影響的顯著性基本是一致的。所有的自變量和控制變量不存在嚴重的共線性問題，因 VIF 值均小於 10。加入控制變量後的模型是顯著的，可以解釋 0.292 的平均股權資本成本變化。因模型 2 中的結果顯示，公司規模與平均股權資本成本的線性相關不顯著，所以將公司規模這個控制變量放棄，進行線性迴歸，得到模型 3，迴歸結果如表 6.5 所示。

表 6.5 終極控制權比例、兩權分離度、控制層級、控股鏈條數與資本成本的線性迴歸 3

模型		非標準化系數		標準系數	t	Sig.	共線性統計量		模型顯著性	模型 R 方
		B	標準誤差	試用版			容差	VIF		
3	（常量）	0.054	0.010		5.554	0.000			0.000	0.292
	終極控制權比例	0.000	0.000	0.020	0.830	0.407	0.802	1.246		
	兩權分離度（差值）	0.000	0.000	0.046	1.823	0.069	0.782	1.278		
	控制層級	-0.005	0.001	-0.078	-3.180	0.002	0.803	1.245		
	控股鏈條數	-0.003	0.003	-0.027	-1.129	0.259	0.867	1.154		
	帳面市值比（B/M）	0.024	0.006	0.135	4.079	0.000	0.445	2.249		
	資產負債率（DR）	0.056	0.008	0.241	7.168	0.000	0.433	2.310		
	總資產週轉率（AT）	0.004	0.002	0.052	2.110	0.035	0.815	1.228		
	換手率（TR）	0.004	0.001	0.178	5.862	0.000	0.532	1.881		
	經營槓桿率（DOL）	-0.002	0.001	-0.052	-2.064	0.039	0.772	1.296		
	股東權益增長率（RCA）	0.019	0.003	0.144	6.264	0.000	0.929	1.076		

表6.5(續)

模型		非標準化系數		標準系數	t	Sig.	共線性統計量		模型 顯著性	模型 R方
		B	標準誤差	試用版			容差	VIF		
3	淨資產收益率（ROE）	0.125	0.018	0.196	7.100	0.000	0.638	1.566	0.000	0.292
	2005	0.008	0.006	0.042	1.269	0.205	0.440	2.272		
	2006	0.043	0.006	0.269	7.424	0.000	0.370	2.700		
	2007	0.055	0.006	0.419	9.019	0.000	0.226	4.428		
	2008	-0.008	0.005	-0.063	-1.559	0.119	0.298	3.352		
	2009	0.027	0.006	0.211	4.488	0.000	0.220	4.550		
	2010	0.001	0.006	0.006	0.139	0.889	0.232	4.310		
	2011	0.030	0.005	0.232	5.557	0.000	0.280	3.568		

模型3、模型2中有關終極控制權、兩權分離度（差值）、控制層級、控股鏈條數與平均股權資本的關係結論與模型1中的結論基本一致。在前文文獻梳理部分中有提到，控制層級與平均股權資本成本之間的關係與終極控制股東的性質有一定關係。所以，在下文研究中，將對個人或家族控股和政府控股情況分別討論。

6.3.2 個人或家族控股公司的終極股權結構與資本成本的迴歸分析

首先，從1,471個樣本中篩選終極控制股東為個人或家族的上市公司的樣本，最終得到308個有效觀測值，做終極控制權、兩權分離度（差值）、控制層級、控股鏈條數與平均股權資本成本的多元線性迴歸分析。迴歸結果如表6.6所示。其中，終極控制權、控股鏈條數與平均股權資本成本不顯著線性相關；兩權分離度（差值）與平均股權資本成本在0.1的顯著水平上顯著負線性相關；控制層級與平均股權資本成本雖然線性關係不顯著，但在方向上屬於負向關係，這是符合理論預期的。但模型本身就是不顯著的，所以，難以說明表中內容的實際意義。

表 6.6　終極控制權比例、兩權分離度、控制層級、控股鏈條數
與資本成本的線性迴歸 4

模型		非標準化系數		標準系數	t	Sig.	共線性統計量		模型顯著性	模型R方
		B	標準誤差	試用版			容差	VIF		
4	（常量）	0.131	0.012		10.646	0			0.254	0.017
	終極控制權比例	0.000	0	0.067	1.127	0.261	0.908	1.101		
	兩權分離度（差值）	-0.001	0	-0.138	-2.143	0.033	0.781	1.281		
	控制層級	0.005	0.004	0.078	1.254	0.211	0.831	1.204		
	控股鏈條數	-0.000	0.006	-0.005	-0.081	0.935	0.904	1.106		

為了保證結論的客觀性，本書控制了變量：帳面市值比、資產負債率、公司規模、總資產週轉率、換手率、經營槓桿率、股東權益增長率、淨資產收益率和年份，而後，對平均股權資本成本與上述變量進行多元線性迴歸分析，分析結果如表 6.7 所示。

表 6.7　終極控制權比例、兩權分離度、控制層級、控股鏈條數
與資本成本的線性迴歸 5

模型		非標準化系數		標準系數	t	Sig.	共線性統計量		模型顯著性	模型R方
		B	標準誤差	試用版			容差	VIF		
5	（常量）	-0.126	0.070		-1.780	0.076			0.000	0.376
	終極控制權比例（CP）	0.000	0.000	-0.027	-0.479	0.633	0.678	1.474		
	兩權分離度（差值）（DEVD）	-0.001	0.000	-0.100	-1.828	0.069	0.721	1.386		
	控制層級（CL）	0.000	0.003	0.004	0.065	0.948	0.694	1.441		
	控股鏈條數（CQ）	-0.010	0.005	-0.103	-1.951	0.052	0.771	1.297		
	帳面市值比（B/M）	0.026	0.017	0.129	1.552	0.122	0.313	3.196		
	資產負債率（DR）	0.034	0.021	0.133	1.640	0.102	0.331	3.018		
	公司規模（SIZE）	0.009	0.004	0.172	2.505	0.013	0.457	2.186		

229

表6.7(續)

模型	非標準化系數 B	標準誤差	標準系數 試用版	t	Sig.	共線性統計量 容差	VIF	模型顯著性	模型 R方
總資產週轉率（AT）	−0.010	0.008	−0.068	−1.232	0.219	0.721	1.387		
換手率（TR）	0.004	0.002	0.197	2.830	0.005	0.446	2.244		
經營槓桿率（DOL）	−0.004	0.002	−0.093	−1.617	0.107	0.662	1.510		
股東權益增長率(RCA)	0.016	0.005	0.163	3.165	0.002	0.817	1.225		
5 淨資產收益率（ROE）	0.246	0.049	0.333	5.050	0.000	0.498	2.010	0.000	0.376
2005	0.026	0.020	0.125	1.271	0.205	0.223	4.494		
2006	0.045	0.020	0.241	2.236	0.026	0.187	5.351		
2007	0.057	0.021	0.404	2.646	0.009	0.093	10.750		
2008	0.002	0.019	0.014	0.100	0.920	0.110	9.071		
2009	0.033	0.020	0.278	1.622	0.106	0.074	13.518		
2010	−0.007	0.020	−0.059	−0.355	0.723	0.080	12.579		
2011	0.032	0.019	0.233	1.638	0.103	0.107	9.321		

　　模型本身是顯著的，此時，在0.1的顯著水平上，兩權分離度（差值）、控股鏈條數與平均股權資本成本有顯著的線性關係，兩權分離度（差值）與平均股權資本成本呈負向關係。從共線性統計量VIF可以看出，年份虛擬變量存在嚴重共線性問題，這與樣本量少有一定的關係。放棄年份虛擬變量，考察在控制其他控制變量的情況下，自變量與平均股權資本成本的關係，得出的結論與表6.6和表6.7的結論基本一致①。

---

① 考慮篇幅問題，上述迴歸分析結果不在文中展示.

6.3.3 政府控股公司的終極股權結構變量與資本成本的迴歸分析

表6.8描述了政府終極控股的1,163個樣本的線性迴歸結果，首先，模型的顯著性概率為0.004，小於0.05的顯著性水平，模型本身是顯著的。終極控制權、控股鏈條數與平均股權資本成本均不是顯著相關的，兩權分離度與平均股權資本成本顯著正線性相關，控制層級與平均股權資本成本顯著負向相關，這是符合理論預期的。

表6.8 終極控制權比例、兩權分離度、控制層級、控股鏈條數與資本成本的線性迴歸6

模型		非標準化系數 B	標準誤差	標準係數 試用版	t	Sig.	共線性統計量 容差	VIF	模型顯著性	模型 R方
6	（常量）	0.158	0.008		20.610	0.000			0.004	0.010
	終極控制權比例	0.000	0.000	-0.037	-1.253	0.210	1.000	1.000		
	兩權分離度（差值）	0.001	0.000	0.097	2.936	0.003	0.777	1.287		
	控制層級	-0.007	0.002	-0.112	-3.308	0.001	0.744	1.343		
	控股鏈條數	-0.003	0.004	-0.020	-0.659	0.510	0.908	1.101		

考慮到政府終極控股的上市公司分為四類：中央政府、省級政府、市級政府和縣、鄉鎮和村級政府。所以，將政府層級設置成虛擬變量，進行迴歸分析，迴歸結果如表6.9中所示。從下表可以看出，模型是顯著的，終極控制權、控股鏈條數與平均股權資本成本不顯著線性相關，兩權分離度、控制層級分別與平均股權資本成本顯著正、負相關，這與模型6的迴歸結果基本一致。省級政府終極控股的上市公司的平均股權資本成本顯著高於中央政府和市級政府。

231

表 6.9　終極控制權比例、兩權分離度、控制層級、控股鏈條數與資本成本的線性迴歸 7

模型		非標準化系數 B	非標準化系數 標準誤差	標準系數 試用版	t	Sig.	共線性統計量 容差	共線性統計量 VIF	模型顯著性	模型 R 方
7	（常量）	0.161	0.008		19.366	0.000				
	終極控制權比例	0.000	0.000	-0.042	-1.396	0.163	0.935	1.069		
	兩權分離度（差值）	0.001	0.000	0.089	2.685	0.007	0.769	1.300		
	控制層級	-0.006	0.002	-0.097	-2.688	0.007	0.650	1.540	0.002	0.019
	鏈條虛擬	-0.003	0.004	-0.022	-0.726	0.468	0.904	1.106		
	政府（中央）	-0.007	0.003	-0.074	-2.214	0.027	0.752	1.331		
	市級政府	-0.007	0.003	-0.066	-1.989	0.047	0.781	1.280		
	政府（縣、鄉鎮、村級）	-0.002	0.008	-0.008	-0.275	0.783	0.934	1.071		

第四節　穩健性檢驗

本書的穩健性檢驗從兩個角度展開。第一，採用第五章中估算股權資本成本過程中的 2,254 個有效樣本，來檢驗平均股權資本成本與終極控制權、兩權分離度（差值）、控制層級、控股鏈條數的關係。第二，採用 Gordon 模型和 PEG 模型估算股權資本成本，與原來 3 模型估算的股權資本成本取均值，並檢驗終極控制權、兩權分離度（差值）、控制層級、控股鏈條數與 5 模型估算的平均股權資本成本的關係。

6.4.1　樣本改變後的終極控股結構與資本成本的迴歸分析

首先，檢驗當樣本改變時，平均股權資本成本與各自變量的關係，迴歸結果如表 6.10 所示。多元迴歸模型不顯著，四個控制變量對平均股權資本成本的解釋力也相對更小。除終極控制權外，其他三個變量與平均股權資本成本在方向上的關係與表 6.3 的結果一致。經前文分析發現，終極控股性質不同，平均股權資本成本與四自變量的關係有區別，所以下文在對樣本進行分類基礎上來考察上述關係。

表 6.10　終極控制權比例、兩權分離度、控制層級、控股鏈條數與資本成本的線性迴歸 8

模型		非標準化系數		標準系數	t	Sig.	共線性統計量		模型顯著性	模型 R 方
		B	標準誤差	試用版			容差	VIF		
8	（常量）	0.14	0.00		29.77	0.00			0.20	0.00
	終極控制權比例	0.00	0.00	0.00	0.05	0.96	1.00	1.00		
	兩權分離度（差值）	0.00	0.00	0.04	1.57	0.12	0.81	1.23		
	控制層級	-0.00	0.00	-0.04	-1.89	0.06	0.83	1.20		
	控股鏈條數	-0.00	0.00	-0.02	-1.14	0.26	0.94	1.06		

進一步將終極控制股東性質因素納入考察範圍，分別檢驗個人或家族終極控股的上市公司的平均股權資本成本與四自變量的多元迴歸結果。表 6.11 是個人或家族終極控股的上市公司的平均股權資本成本與各自變量的關係，模型本身是顯著的。除控股鏈條數外，其他自變量與平均股權資本成本在方向上是正向關係，但只有控制層級這個變量是顯著的正向線性相關關係。表 6.6 中也展示了控制層級與平均股權資本成本顯著正線性相關。

233

表 6.11　終極控制權比例、兩權分離度、控制層級、控股鏈條數與資本成本的線性迴歸 9

模型		非標準化系數		標準系數	t	Sig.	共線性統計量		模型顯著性	模型 R 方
		B	標準誤差	試用版			容差	VIF		
9	（常量）	0.12	0.01		13.30	0.00			0.07	0.02
	終極控制權比例	0.00	0.00	0.05	1.11	0.27	0.92	1.08		
	兩權分離度（差值）	0.00	0.00	-0.08	-1.64	0.10	0.75	1.33		
	控制層級	0.01	0.00	0.13	2.53	0.01	0.77	1.29		
	控股鏈條數	-0.00	0.00	-0.03	-0.60	0.55	0.90	1.12		

　　表 6.12 顯示了政府終極控股的上市公司的平均股權資本成本與終極控制權、控制層級、控股鏈條數在方向上呈負向關係，這其中只有控制層級是顯著的；與兩權分離度呈顯著的正線性相關關係。多元迴歸模型本身是顯著的，並且兩權分離度（差值）、控制層級與平均股權資本成本的線性關係也是顯著的，這與表 6.8 的結果是一致的。

表 6.12　終極控制權比例、兩權分離度、控制層級、控股鏈條數與資本成本的線性迴歸 10

模型		非標準化系數		標準系數	t	Sig.	共線性統計量		模型顯著性	模型 R 方
		B	標準誤差	試用版			容差	VIF		
10	（常量）	0.152	0.006		24.631	0.000			0.006	0.008
	終極控制權比例	-0.000	0.000	-0.012	-0.517	0.605	1.000	1.000		
	兩權分離度（差值）	0.000	0.000	0.071	2.622	0.009	0.785	1.274		
	控制層級	-0.006	0.002	-0.097	-3.555	0.000	0.767	1.304		
	控股鏈條數	-0.003	0.003	-0.022	-0.901	0.368	0.948	1.055		

6.4.2　終極股權結構與五模型估算的平均股權資本成本的迴歸分析

　　本書進一步用 Gordon 模型和 PEG 模型對 1,471 個樣本的股權資本成本進行估算，結果 Gordon 模型和 PEG 模型都有結果缺失的情況，Gordon 模型得到 1,433 個有效值，PEG 模型的有效估算結果有 1,470 個，取 CAPM 模型、OJ 模型、ES 模型、Gordon 模型和 PEG 模型的共同樣本，共得到 1,432 個有效樣本，平均股權資本成本取上述五種模型估算結果的均值。

從 5 模型的估算結果看，CAPM 模型估算的結果最低，Gordon 模型和 OJ 模型的估算結果相對較高，ES 模型和 PEG 模型估算的結果居中。表 6.13 是對各模型估算的平均股權資本成本結果和各自變量、控制變量的基本情況描述。

表 6.13　加入 Gordon 模型和 PEG 模型後的各變量的基本情況

	N	極小值	極大值	均值	標準差
平均股權資本成本	1,432.000	-0.506	5.092	0.144	0.157
CAPM估算的平均股權資本成本	1,432.000	0.059	0.144	0.098	0.013
OJ 模型估算的平均股權資本成本	1,432.000	0.010	0.768	0.174	0.076
ES 模型估算的平均股權資本成本	1,432.000	0.022	0.954	0.144	0.072
GORDON 估算的平均股權資本成本	1,432.000	-2.875	25.014	0.175	0.751
PEG 估算的平均股權資本成本	1,432.000	0.005	0.560	0.128	0.058
終極控制權	1,432.000	20.000	86.710	43.439	14.102
兩權分離度（差值）	1,432.000	0.000	37.030	5.909	8.460
控制層級	1,432.000	1.000	8.000	2.344	0.782
帳面市值比（B/M）	1,432.000	0.092	1.619	0.726	0.260
資產負債率（DR）	1,432.000	0.005	0.916	0.456	0.201
總資產週轉率（AT）	1,432.000	0.058	5.378	0.767	0.549
換手率（TR）	1,432.000	0.039	15.796	3.054	2.152
經營槓桿率（DOL）	1,432.000	-4.164	25.124	2.225	1.450
股東權益增長率（RCA）	1,432.000	-0.506	6.859	0.185	0.347
淨資產收益率（ROE）	1,432.000	0.000	0.617	0.114	0.073
有效的 N（列表狀態）	1,432.000				

5模型估算的平均股權資本成本與終極控制權、兩權分離度（差值）、控制層級和控股鏈條數的關係，如表6.14所示，模型本身不是顯著的，四個變量中，只有兩權分離度（差值）與平均股權資本成本顯著正線性相關。

表6.14 終極控制權比例、兩權分離度、控制層級、控股鏈條數與資本成本的線性迴歸11

模型		非標準化系數		標準系數	t	Sig.	共線性統計量		模型顯著性	模型R方
		B	標準誤差	試用版			容差	VIF		
11	（常量）	0.138	0.021		6.704	0.000	0.138	0.021	0.178	0.004
	終極控制權比例	0.000	0.000	-0.029	-1.101	0.271	0.000	0.000		
	兩權分離度（差值）	0.001	0.001	0.056	1.908	0.057	0.001	0.001		
	控制層級	0.001	0.006	0.003	0.114	0.909	0.001	0.006		
	鏈條虛擬	0.015	0.010	0.040	1.444	0.149	0.015	0.010		

綜合考慮終極控制股東性質因素，將樣本分為：個人或家族終極控股、政府終極控股兩類。個人或家族終極控股的上市公司的平均股權資本成本與各自變量之間的線性迴歸結果，如表6.15所示。模型本身是顯著的，而且從方向上說，這與表6.6的結果也是基本一致的。

表6.15 終極控制權比例、兩權分離度、控制層級、控股鏈條數與資本成本的線性迴歸12

模型		非標準化系數		標準系數	t	Sig.	共線性統計量		模型顯著性	模型R方
		B	標準誤差	試用版			容差	VIF		
12	（常量）	0.087	0.024		3.657	0.000	0.087	0.024	0.041	0.033
	終極控制權比例	0.001	0.000	0.157	2.629	0.009	0.001	0.000		
	兩權分離度（差值）	-0.001	0.001	-0.097	-1.503	0.134	-0.001	0.001		
	控制層級	0.009	0.007	0.073	1.177	0.240	0.009	0.007		
	鏈條虛擬	0.018	0.011	0.096	1.612	0.108	0.018	0.011		

政府終極控股的上市公司的平均股權資本成本與各自變量之間的線性迴歸關係，如表 6.16 所示。從方向上而言，兩權分離度（差值）、控制層級、控股鏈條與平均股權資本成本的關係與表 6.8 的結果基本是一致的。

表 6.16 終極控制權比例、兩權分離度、控制層級、控股鏈條數與資本成本的線性迴歸 13

模型		非標準化系數		標準系數	t	Sig.	共線性統計量		模型顯著性	模型 R 方
		B	標準誤差	試用版			容差	VIF		
13	（常量）	0.154	0.029		5.311	0.000	0.154	0.029	0.081	0.007
	終極控制權比例	-0.001	0.000	-0.049	-1.647	0.100	-0.001	0.000		
	兩權分離度（差值）	0.002	0.001	0.072	2.144	0.032	0.002	0.001		
	控制層級	-0.002	0.008	-0.008	-0.238	0.812	-0.002	0.008		
	控股鏈條數	0.015	0.015	0.033	1.044	0.297	0.015	0.015		

整個迴歸分析和穩健性分析過程可以看出，在考察平均股權資本成本與各自變量的關係時，需要綜合考慮終極控制股東性質。終極控制權與平均股權資本成本的線性關係沒有一致性的結論。無論終極控制股東是個人、家族還是政府，兩權分離度與平均股權資本成本之間都是正相關關係。個人或家族終極控股的上市公司的控制層級與平均股權資本成本正線性相關，政府終極控股的上市公司的控制層級與平均股權資本成本負線性相關。

第五節　直接股權結構變量對股權資本成本的影響

因為前文已將終極股權結構變量與股權資本成本的關係進行了研究，這部分將重點驗證直接股權結構變量與資本成本之

237

間的關係。

6.5.1 直接股權結構變量與其他變量的相關性分析

直接股權結構變量與終極股權結構變量是否具有一定的相關性？本書首先對各直接股權結構變量和終極股權結構變量之間進行相關性分析，具體分析結果如表6.17所示。

第一大股東持股比例與終極控制權顯著正相關，相關係數為0.761,1，屬於強相關。第一股東持股比例與股權制衡度、國有股比例、管理人員持股比例、終極所有權、控制層級，在0.01的顯著性水平上，顯著正相關，但是相關係數均小於0.7，屬於中相關或弱相關；第一大股東持股比例與兩權分離度（差值）和兩權分離度（比值）均不顯著相關。股權制衡度與國有股比例、管理人員持股比例、終極所有權、終極控制權、控制層級，在0.01的顯著性水平，顯著相關，而且都是弱相關。在0.1的顯著水平上，股權制衡度與兩權分離度（差值）、兩權分離度（比值）顯著弱相關。國有股比例與管理人員持股比例、終極所有權、終極控制權、兩權分離度（比值）、兩權分離度（差值）和控制層級，在0.01的顯著性水平上，顯著相關，屬於弱相關。管理人員持股比例，在0.01的顯著性水平上，與終極控制權、終極所有權、兩權分離度（差值）、兩權分離度（比值）和控制層級顯著相關，但屬於弱相關。終極所有權與終極控制權、兩權分離度（差值）、兩權分離度（比值）在0.01的顯著水平上，顯著相關，但是都屬於中度或弱度相關。終極控制權與兩權分離度（差值）不顯著相關，但是和兩權分離度（比值）在0.01的顯著性水平上顯著相關。兩權分離度（差值）和兩權分離度比例屬於顯著中度相關。

基於上述分析，我們發現第一大股東持股比例與終極控制權強相關，據前文研究終極控制權與股權資本成本之間沒有顯

第六章 終極股權結構、直接股權結構與資本成本關係分析

表6.17 直接股權結構變量與終極股權結構變量的相關性分析

		第一大股東持股比例	股權制衡度	國有股比例	管理人員持股比例	終極所有權比例	終極控制權比例	兩權分離度(差值)	兩權分離度(比值)	控制層級
第一大股東持股比例	Pearson 相關性	1.000,0								
	顯著性(雙側)									
	N	11,321.000,0								
股權制衡度	Pearson 相關性	−0.530,5	1.000,0							
	顯著性(雙側)	0.000,0								
	N	11,321.000,0	11,321.000,0							
國有股比例	Pearson 相關性	0.427,1	−0.159,7	1.000,0						
	顯著性(雙側)	0.000,0	0.000,0							
	N	11,321.000,0	11,321.000,0	11,321.000,0						
管理人員持股比例	Pearson 相關性	−0.110,2	0.212,1	−0.257,5	1.000,0					
	顯著性(雙側)	0.000,0	0.000,0	0.000,0						
	N	11,321.000,0	11,321.000,0	11,321.000,0	11,321.000,0					
終極所有權比例	Pearson 相關性	0.683,0	−0.202,1	0.378,6	0.149,2	1.000,0				
	顯著性(雙側)	0.000,0	0.000,0	0.000,0	0.000,0					
	N	11,321.000,0	11,321.000,0	11,321.000,0	11,321.000,0	11,321.000,0				

239

表6.17(續)

		第一大股東持股比例	股權制衡度	國有股比例	管理人員持股比例	終極所有權比例	終極控制權比例	兩權分離度(差值)	兩權分離度(比值)	控制層級
終極控制權比例	Pearson 相關性	0.811,9	-0.246,3	0.340,4	0.087,5	0.870,4	1.000,0			
	顯著性(雙側)	0.000,0	0.000,0	0.000,0	0.000,0	0.000,0				
	N	11,321.000,0	11,321.000,0	11,321.000,0	11,321.000,0	11,321.000,0	11,321.000,0			
兩權分離度(差值)	Pearson 相關性	0.027,6	-0.018,7	-0.175,9	-0.150,6	-0.514,2	-0.025,3	1.000,0		
	顯著性(雙側)	0.003,3	0.046,5	0.000,0	0.000,0	0.000,0	0.007,1			
	N	11,321.000,0	11,321.000,0	11,321.000,0	11,321.000,0	11,321.000,0	11,321.000,0	11,321.000,0		
兩權分離度(比值)	Pearson 相關性	-0.139,2	0.059,2	-0.160,5	-0.108,0	-0.514,3	-0.217,5	0.665,4	1.000,0	
	顯著性(雙側)	0.000,0	0.000,0	0.000,0	0.000,0	0.000,0	0.000,0	0.000,0		
	N	11,321.000,0	11,321.000,0	11,321.000,0	11,321.000,0	11,321.000,0	11,321.000,0	11,321.000,0	11,321.000,0	
控制層級	Pearson 相關性	0.056,7	-0.123,2	0.093,1	-0.395,0	-0.236,1	-0.052,3	0.388,3	0.334,8	1.000,0
	顯著性(雙側)	0.000,0	0.000,0	0.000,0	0.000,0	0.000,0	0.000,0	0.000,0	0.000,0	
	N	11,321.000,0	11,321.000,0	11,321.000,0	11,321.000,0	11,321.000,0	11,321.000,0	11,321.000,0	11,321.000,0	11,321.000,0

第六章　終極股權結構、直接股權結構與資本成本關係分析

著的相關關係。那麼第一大股東持股比例是否也可以得出一致的結論呢？在選用直接股權結構特徵變量時，首先選擇第一大股東持股比例。第一大股東持股比例與股權制衡度、國家持股比例和管理人員持股比例均中度或弱度相關，所以都可以作為自變量進行進一步的迴歸分析。因為第一大股東持股比例與終極控制權顯著強相關，所以，這兩個變量不能同時作為股權結構變量研究其對資本成本的影響研究。

那麼，假設我們選取第一大股東持股比例、股權制衡度、國有股比例、管理人員持股比例作為直接股權結構變量，進一步研究這些變量與前文選定的控制變量和因變量的相關關係。而保留的具有全部變量相應數據的樣本數只有 1,471 個，表 6.18 即描述各直接股權結構變量與控制變量、因變量之間的相關關係。因為前文研究已經表明總資產增長率和淨資產收益率強相關，所以去掉了總資產增長率這一指標，從相關性分析結果來看，平均股權資本成本與第一大股東持股比例、股權制衡度、國有股比例、管理人員持股比例均沒有呈現顯著的相關關係。同時，第一大股東持股比例雖然與帳面市值比、資產負債率、公司規模、總資產週轉率、前十大股東的赫菲德爾指數、換手率、經營槓桿率、流動比率在 0.05 或者 0.1 的顯著性水平上顯著相關，但是相關係數絕對值均小於 0.7，屬於中度或者弱度相關，故從第一大股東持股比例來講可以保留這些控制變量。同時，第一大股東持股比例與股利支付率、財務槓桿率、資本保值增值率、淨資產收益率、淨資產收益率不顯著相關，所以這幾個控制變量暫時可以保留。緊接著看股權制衡度指標，它和帳面市值比、資產負債率、財務槓桿率、經營槓桿率、流動比率、淨資產收益率和淨資產收益率不相關，同時，儘管股權集中度與股利支付率、公司規模、總資產週轉率、前十大股東的赫菲德爾指數、換手率在 0.01 或者 0.1 的顯著性水平上顯著相關，但是相關係數均小於 0.7，說明屬於

表 6.18 直接股權結構變量與因變量和各控制變量的相關性分析

項目		平均股權資本成本(R)	股權集中度	股權制衡度	國有股比例(GP)	管理人員持股比例(MP)	股利支付率(DIV)	帳面市值比(B/M)	資產負債率(DR)
平均股權資本成本(R)	Pearson 相關性	1.00							
	顯著性（雙側）								
第一大股東持股比例	Pearson 相關性	0.02	1.00						
	顯著性（雙側）	0.34							
股權制衡度	Pearson 相關性	0.03	-0.43	1.00					
	顯著性（雙側）	0.30	0.00						
國有股比例(GP)	Pearson 相關性	-0.02	0.46	-0.14	1.00				
	顯著性（雙側）	0.37	0.00	0.00					
管理人員持股比例(MP)	Pearson 相關性	0.00	-0.22	0.19	-0.20	1.00			
	顯著性（雙側）	0.97	0.00	0.00	0.00				
股利支付率(DIV)	Pearson 相關性	-0.03	0.02	0.03	0.05	-0.01	1.00		
	顯著性（雙側）	0.24	0.48	0.25	0.06	0.79			
帳面市值比(B/M)	Pearson 相關性	-0.06	0.25	0.03	0.06	-0.18	0.06	1.00	
	顯著性（雙側）	0.03	0.00	0.34	0.00	0.00	0.03		
資產負債率(DR)	Pearson 相關性	0.04	-0.08	-0.01	0.00	-0.06	0.02	0.37	1.00
	顯著性（雙側）	0.09	0.00	0.70	0.00	0.00	0.36	0.00	

（表頭其餘欄位：公司規模(SIZE)、總資產週轉率(AT)、股權制衡率(H10)、換手率(TR)、財務槓桿率(DFL)、經營槓桿率(DOL)、流動比率(CR)、股東權益增長率(RCA)、淨資產收益率(ROE)）

第六章 終極股權結構、直接股權結構與資本成本關係分析

表6.18(續)

項目		平均股權資本成本	股權集中度	股權制衡度	國有股比例	管理人員持股比例	股利支付率(DIV)	帳面市值比(B/M)	資產負債率(DR)	公司規模(SIZE)	總資產週轉率(AT)	股權制衡度(H10)	換手率(TR)	財務槓桿率(DFL)	經營槓桿率(DOL)	流動比率(CR)	股東權益增長率(RCA)	淨資產收益率(ROE)
公司規模(SIZE)	Pearson 相關性	0.07	0.26	−0.07	0.17	−0.20	0.06	0.42	0.29	1.00								
	顯著性(雙側)	0.01	0.00	0.01	0.00	0.00	0.03	0.00	0.00									
總資產週轉率(AT)	Pearson 相關性	0.07	0.07	−0.12	0.07	−0.06	0.00	−0.06	0.04	−0.04	1.00							
	顯著性(雙側)	0.01	0.01	0.00	0.01	0.03	0.98	0.03	0.13	0.16								
前十大股東的赫非德爾指數	Pearson 相關性	−0.06	0.83	−0.30	0.43	−0.15	0.02	0.22	0.00	0.39	0.03	1.00						
	顯著性(雙側)	0.02	0.00	0.00	0.00	0.00	0.55	0.00	0.96	0.00	0.21							
換手率(TR)	Pearson 相關性	0.14	−0.34	−0.10	−0.23	0.05	−0.04	−0.43	−0.11	−0.34	0.01	−0.41	1.00					
	顯著性(雙側)	0.00	0.00	0.00	0.00	0.04	0.17	0.00	0.00	0.00	0.63	0.00						
財務槓桿率(DFL)	Pearson 相關性	0.01	−0.01	0.03	−0.03	−0.01	0.17	0.04	0.04	0.05	−0.01	0.00	0.00	1.00				
	顯著性(雙側)	0.57	0.78	0.27	0.31	0.79	0.00	0.11	0.10	0.04	0.82	0.97	0.88					
經營槓桿率(DOL)	Pearson 相關性	−0.09	−0.05	0.01	−0.05	−0.03	0.10	0.02	0.07	−0.12	0.31	−0.09	0.10	−0.01	1.00			
	顯著性(雙側)	0.00	0.06	0.69	0.08	0.27	0.00	0.49	0.01	0.00	0.00	0.00	0.00	0.57				
流動比率(CR)	Pearson 相關性	−0.04	−0.08	−0.04	−0.09	0.14	−0.01	−0.22	−0.29	−0.24	−0.02	−0.10	0.12	−0.03	0.01	1.00		
	顯著性(雙側)	0.18	0.00	0.15	0.00	0.00	0.66	0.00	0.00	0.00	0.52	0.00	0.00	0.19	0.85			
股東權益增長率(RCA)	Pearson 相關性	0.20	−0.04	0.03	−0.01	0.05	−0.06	−0.10	−0.14	0.03	−0.04	−0.02	0.00	−0.02	−0.12	0.12	1.00	
	顯著性(雙側)	0.00	0.15	0.27	0.61	0.04	0.02	0.00	0.00	0.20	0.11	0.34	1.00	0.53	0.00	0.00		
淨資產收益率(ROE)	Pearson 相關性	0.21	0.03	0.01	0.01	0.05	−0.12	−0.31	−0.02	0.07	0.17	0.06	−0.15	−0.07	−0.27	0.04	0.15	1.00
	顯著性(雙側)	0.00	0.28	0.63	0.73	0.07	0.00	0.00	0.49	0.00	0.00	0.01	0.00	0.01	0.00	0.10	0.00	

243

中度或弱度相關，所以可以保留這些變量。國有股比例與部分控制變量呈顯著相關屬於弱度或中度相關，與部分控制變量之間不顯著相關，所以，根據國有比例、管理人員持股比例與各控制變量的相關性，不影響各控制變量的取捨。股利支付率、財務槓桿率、流動比例與平均股權資本成本沒有顯著的相關關係，所以在後續迴歸分析中去掉這三個控制變量。

6.5.2 直接股權結構變量與三模型估算的股權資本成本的迴歸分析

若考察直接股權結構變量與三模型估算的股權資本成本的關係，只能用1,471個有效樣本進行檢驗，表6.19是對1,471個樣本基本情況的描述。第一大股東持股比例均值為0.381,8，股權制衡度均值為0.180,3，國有股比例均值為0.237,7，管理人員持股比例為0.112,0，相較於11,321個樣本中各直接股權結構變量的均值0.400,8、0.228,9、0.220,2和0.0420，有一定差距，管理人員持股比例差距較大。

表6.19　　直接股權結構變量的基本情況描述

連續直接股權結構變量	有效樣本個數	極小值	極大值	均值	標準差
第一大股東持股比例	1,471.000,0	0.016,4	0.864,2	0.381,8	0.170,8
股權制衡度	1,471.000,0	0.000,0	1.899,0	0.180,3	0.308,8
國有股比例	1,471.000,0	0.000,0	0.862,9	0.237,7	0.248,3
管理人員持股比例	1,471.000,0	0.000,0	0.502,8	0.011,2	0.049,6

前文已經將因變量、自變量和控制變量進行了討論，下面模型是對前文模型的修改，因為自變量由原來的終極股權結構變量換成了直接股權結構變量。

$$R_i = \lambda_0 + \lambda_1 FCC + \lambda_2 FCP + \lambda_3 SPR + \lambda_4 GP + \lambda_5 MP + \lambda_6 B/M + \lambda_7 DR \\ + \lambda_8 SIZE + \lambda_9 AT + \lambda_{10} H10 + \lambda_{11} TO + \lambda_{12} DOL + \lambda_{13} RCA \\ + \lambda_{14} ROE + \varepsilon \tag{6.2}$$

第六章　終極股權結構、直接股權結構與資本成本關係分析

其中，R_i 表示不同估算方法估算的股權資本成本，FCP 表示第一大股東持股比例，SPR 表示股權制衡度，GP 表示國有股比例，MP 表示管理人員持股比例，B/M 表示面值市值比，DR 表示資產負債率，SIZE 表示上市公司規模，AT 表示總資產週轉率，H10 表示前十大股東的赫菲德爾指數，TR 表示換手率，DOL 表示經營風險系數，RCA 表示股東權益增長率，ROE 表示淨資產收益率，ε 表示剩餘項，λ_i 表示不同變量與股權資本成本之間的相關係數，λ_0 表示截距。在自變量中，將第一大股東性質設置成虛擬變量，以國家是第一大股東的上市公司為參照變量，將第一大股東性質是國有法人、境內法人、境內自然人、境外法人的設置成四個虛擬變量。

採用 SPSS 中的線性迴歸模型，對上述模型進行迴歸分析，具體分析結果如表 6.20 所示。首先，在 0.01 的顯著水平上，模型是顯著的，並且所有的自變量和控制變量可以解釋 17.25% 的平均股權資本成本。其中，第一大股東性質的不同並沒有對平均股權資本成本產生顯著影響，顯著性水平均大於 0.1；第一大股東持股比例和股權制衡度都對平均股權資本成本產生顯著影響，係數分別是 -0.111,8 和 0.021,0，說明第一控股股東持股比例越高，平均股權資本成本越低，股權制衡度越好，平均股權資本成本越高；國有股比例、管理人員持股比例、帳面市值比與平均股權資本成本不顯著線性相關。在 0.01 的顯著性水平上，資產負債率、公司規模、總資產週轉率、股權制衡度、換手率、經營槓桿率、股東權益增長率、淨資產收益率均與平均股權資本成本顯著線性相關。同時檢驗各變量發現所有變量的共線性係數均小於 10，說明各變量之間不存在嚴重的共線性問題。

表 6.20　直接股權結構變量與平均股權資本成本的迴歸模型 1 的迴歸結果

變量	非標準化系數 B	標準誤差	t	Sig.	共線性統計量 容差	VIF	模型顯著性	模型 R 方
（常量）	-0.035,4	0.025,2	-1.403,7	0.160,6				
第一大股東是國有法人	-0.008,0	0.005,9	-1.362,3	0.173,3	0.177,0	5.650,6		
第一大股東是境內法人	-0.006,1	0.006,6	-0.923,4	0.355,9	0.179,9	5.558,5		
第一大股東是境內自然人	-0.015,9	0.010,0	-1.588,1	0.112,5	0.388,1	2.576,9		
第一大股東是境外法人	-0.011,6	0.011,7	-0.991,2	0.321,8	0.710,3	1.407,9		
第一大股東持股比例	0.111,8	0.013,5	8.305,9	0.000,0	0.233,0	4.291,6		
股權制衡度	0.021,0	0.004,3	4.872,6	0.000,0	0.692,3	1.444,5		
國有股比例	-0.003,5	0.005,9	-0.588,6	0.556,2	0.566,8	1.764,3		
管理人員持股比例	0.034,7	0.029,0	1.198,0	0.231,1	0.594,5	1.682,0		
帳面市值比（B/M）	0.004,6	0.006,4	0.712,7	0.476,2	0.439,9	2.273,4	0	0.172,5
資產負債率（DR）	0.021,0	0.006,6	3.159,1	0.001,6	0.699,8	1.429,0		
公司規模（SIZE）	0.004,9	0.001,1	4.376,3	0.000,0	0.590,7	1.692,9		
總資產週轉率（AT）	0.005,9	0.002,3	2.599,6	0.009,4	0.807,2	1.238,9		
前十大股東的和菲德爾指數（H10）	-0.110,4	0.017,0	-6.488,7	0.000,0	0.246,3	4.059,9		
換手率（TR）	0.005,8	0.000,7	8.773,9	0.000,0	0.601,2	1.663,3		
經營槓桿率（DOL）	-0.002,1	0.000,9	-2.444,1	0.014,6	0.772,9	1.293,3		
股東權益增長率（RCA）	0.023,7	0.003,3	7.116,2	0.000,0	0.933,8	1.070,9		
淨資產收益率（ROE）	0.125,2	0.018,9	6.617,5	0.000,0	0.647,2	1.545,1		

進一步結合行業作為控制變量，構建直接股權結構變量與

平均股權資本成本的迴歸模型2,

$$R_i = \lambda_0 + \lambda_1 FCC + \lambda_2 FCP + \lambda_3 SPR + \lambda_4 GP + \lambda_5 MP + \lambda_6 B/M + \lambda_7 DR + \lambda_8 SIZE + \lambda_9 AT + \lambda_{10} H10 + \lambda_{11} TO + \lambda_{12} DOL + \lambda_{13} RCA + \lambda_{14} ROE + \lambda_{15} IN + \varepsilon \tag{6.3}$$

其中,R_i表示不同估算方法估算的股權資本成本,FCP表示第一大股東持股比例,SPR表示股權制衡度,GP表示國有股比例,MP表示管理人員持股比例,B/M表示面值市值比,DR表示資產負債率,$SIZE$表示上市公司規模,AT表示總資產週轉率,$H10$表示前十大股東的赫菲德爾指數,TR表示換手率,DOL表示經營風險係數,RCA表示股東權益增長率,ROE表示淨資產收益率,IN表示行業,ε表示剩餘項,λ_i表示不同變量與股權資本成本之間的相關係數,λ_0表示截距。在自變量中,將第一大股東性質設置成虛擬變量,以國家是第一大股東的上市公司為參照變量,將第一大股東性質是國有法人、境內法人、境內自然人、境外法人的設置成四個虛擬變量,行業變量中以工業類上市公司樣本作為參照變量,將房地產、商業、綜合和公用事業設置成四個虛擬變量。

進一步進行線性迴歸分析,具體分析結果如表6.21所示。首先,模型本身是顯著的,並且可以解釋20.48%的因變量的變化,相較於沒有增加控制變量行業時,增加了3.23%,主要是因為房地產、商業、綜合和公用事業這四個虛擬變量,在0.01的顯著水平上,均與平均股權資本成本顯著相關,說明了不同行業的平均股權資本成本差異顯著。同時,第一股東持股比例、股權制衡度仍然與平均股權資本成本呈顯著的正向線性關係,第一大股東性質和管理人員持股比例仍然沒有和平均股權資本成本呈現顯著的線性相關關係,帳面市值比和平均股權資本成本沒有顯著的線性相關關係。同時所有變量的共線性係數均小於10,所以各變量之間不存在嚴重的共線性。

表 6.21 直接股權結構變量與平均股權資本成本的迴歸模型 2 的迴歸結果

變量	非標準化系數 B	標準誤差	t	Sig.	共線性統計量 容差	VIF	模型顯著性	模型 R 方
（常量）	-0.023,9	0.024,9	-0.962,2	0.336,1				
第一大股東是國有法人	-0.009,1	0.005,8	-1.572,1	0.116,1	0.174,6	5.728,7		
第一大股東是境內法人	-0.009,4	0.006,6	-1.425,8	0.154,1	0.174,8	5.721,7		
第一大股東是境內自然人	-0.019,0	0.010,0	-1.909,8	0.056,4	0.378,4	2.642,9		
第一大股東是境外法人	-0.016,5	0.011,5	-1.433,8	0.151,8	0.700,4	1.427,8		
第一大股東持股比例	0.111,0	0.013,2	8.399,6	0.000,0	0.232,9	4.293,7		
股權制衡度	0.020,3	0.004,3	4.758,7	0.000,0	0.681,7	1.466,9		
國有股比例	-0.003,7	0.005,9	-0.626,1	0.531,3	0.562,1	1.779,1		
管理人員持股比例	0.025,1	0.028,5	0.880,2	0.378,9	0.591,0	1.692,1		
帳面市值比（B/M）	0.000,0	0.006,4	-0.001,7	0.998,7	0.430,4	2.323,6		
資產負債率（DR）	0.015,9	0.006,6	2.391,8	0.016,9	0.675,1	1.481,3	0.000,0	0.204,8
公司規模（$SIZE$）	0.004,9	0.001,1	4.420,8	0.000,0	0.587,9	1.701,1		
總資產週轉率（AT）	0.006,3	0.002,4	2.639,8	0.008,4	0.686,6	1.456,5		
前十大股東的和菲德爾指數（$H10$）	-0.107,1	0.016,8	-6.368,4	0.000,0	0.242,8	4.118,5		
換手率（TR）	0.005,4	0.000,7	8.221,4	0.000,0	0.594,3	1.682,7		
經營槓桿率（DOL）	-0.001,6	0.000,9	-1.818,8	0.069,1	0.745,9	1.340,7		
股東權益增長率（RCA）	0.021,9	0.003,3	6.677,0	0.000,0	0.925,7	1.080,2		
淨資產收益率（ROE）	0.125,4	0.018,5	6.676,6	0.000,0	0.632,6	1.580,8		
房地產	0.017,0	0.004,8	3.567,5	0.000,4	0.836,4	1.195,6		
商業	-0.015,1	0.004,3	-3.553,0	0.000,4	0.850,8	1.175,4		
綜合	-0.011,6	0.003,5	-3.327,8	0.000,9	0.901,0	1.109,8		
公用事業	-0.016,2	0.003,7	-4.355,5	0.000,0	0.785,5	1.273,1		

進一步加入年份這一控制變量，得到平均股權資本成本與各直接股權結構變量的新的線性迴歸模型 3，

$$R_i = \lambda_0 + \lambda_1 FCC + \lambda_2 FCP + \lambda_3 SPR + \lambda_4 GP + \lambda_5 MP + \lambda_6 B/M + \lambda_7 DR + \lambda_8 SIZE + \lambda_9 AT + \lambda_{10} H10 + \lambda_{11} TO + \lambda_{12} DOL + \lambda_{13} RCA + \lambda_{14} ROE + \lambda_{15} IN + \lambda_{15} YEAR + \varepsilon \qquad (6.4)$$

其他變量的含義同公式 6.3 中所示，此外，將年份變量設置成虛擬變量，以 2004 年為參照變量，2005—2011 年設置成七個虛擬變量，具體結果如表 6.22 所示。首先，觀察模型的共線性系數發現，第一大股東持股比例、股權制衡度和年份變量中的 2010 的虛擬變量的共線性系數均超過了 10，存在嚴重的共線性問題，所以，不能將年份這一變量引入作為控制變量。同時，因為未引入這一變量前，其他變量不存在嚴重的共線性問題，所以可以不用進一步討論在去掉共線性變量之後的迴歸結果。

表 6.22　直接股權結構變量與平均股權資本成本的迴歸模型 3 的迴歸結果

變量	非標準化系數 B	標準誤差	t	Sig.	共線性統計量 容差	VIF	模型顯著性	模型 R 方
（常量）	0.042,3	0.025,7	1.644,5	0.100,3				
第一大股東是國有法人	-0.011,3	0.005,4	-2.079,6	0.037,7	0.173,4	5.767,4		
第一大股東是境內法人	-0.010,1	0.006,1	-1.640,6	0.101,1	0.172,4	5.801,8		
第一大股東是境內自然人	-0.018,6	0.009,3	-1.995,7	0.046,2	0.371,7	2.690,1	0.000,0	0.318,7
第一大股東是境外法人	-0.016,6	0.010,8	-1.544,5	0.122,7	0.689,7	1.449,9		
第一大股東持股比例	0.040,1	0.032,2	1.243,0	0.214,1	0.033,7	29.666,9		
股權制衡度	0.010,5	0.005,1	2.061,0	0.039,5	0.414,5	2.412,8		
國有股比例	-0.000,6	0.006,1	-0.101,3	0.919,3	0.438,5	2.280,5		

表6.22(續)

變量	非標準化系數 B	標準誤差	t	Sig.	共線性統計量 容差	VIF	模型顯著性	模型 R方
管理人員持股比例	0.030,6	0.026,7	1.146,3	0.251,9	0.580,4	1.722,9		
帳面市值比(B/M)	0.020,0	0.006,7	2.974,8	0.003,0	0.332,8	3.004,7		
資產負債率(DR)	0.048,7	0.008,2	5.920,2	0.000,0	0.379,3	2.636,6		
公司規模(SIZE)	0.000,4	0.001,2	0.353,9	0.723,4	0.447,3	2.235,4		
總資產週轉率(AT)	0.005,4	0.002,2	2.428,5	0.015,3	0.681,9	1.466,4		
前十大股東的和菲德爾指數(H10)	-0.033,1	0.033,7	-0.984,3	0.325,2	0.052,2	19.173,6		
換手率(TR)	0.003,7	0.000,7	5.307,2	0.000,0	0.454,0	2.202,7		
經營槓桿率(DOL)	-0.001,3	0.000,8	-1.545,3	0.122,5	0.742,9	1.346,1		
股東權益增長率(RCA)	0.018,0	0.003,1	5.871,4	0.000,0	0.913,2	1.095,1	0.000,0	0.318,7
淨資產收益率(ROE)	0.131,0	0.017,8	7.349,7	0.000,0	0.605,1	1.652,7		
房地產	0.011,6	0.004,5	2.569,5	0.010,3	0.808,3	1.237,2		
商業	-0.017,6	0.004,0	-4.424,1	0.000,0	0.842,3	1.187,2		
綜合	-0.010,2	0.003,3	-3.146,1	0.001,7	0.898,4	1.113,1		
公用事業	-0.015,3	0.003,5	-4.384,3	0.000,0	0.767,7	1.302,6		
2005	0.009,9	0.005,9	1.678,3	0.093,5	0.435,1	2.298,3		
2006	0.044,0	0.005,7	7.691,1	0.000,0	0.362,4	2.759,3		
2007	0.053,2	0.006,5	8.134,7	0.000,0	0.190,2	5.256,9		
2008	-0.006,1	0.005,4	-1.129,0	0.259,1	0.285,6	3.501,3		
2009	0.028,2	0.006,3	4.454,1	0.000,0	0.185,6	5.388,9		
2010	0.010,6	0.009,5	1.115,6	0.264,8	0.078,8	12.689,6		
2011	0.032,4	0.005,9	5.534,5	0.000,0	0.229,1	4.364,0		

通過分析對直接股權結構中的第一大股東性質、第一大股東持股比例、股權制衡度、國有股比例及管理人員持股比例等變量對股權資本成本的影響，結果發現第一大股東性質和國有

股比例、管理人員持股比例均不能對股權資本成本產生顯著的影響，但是第一大股東持股比例和股權制衡度卻呈現出與平均股權資本成本顯著的正向線性相關關係，說明了隨著第一大股東持股比例的提高，股權資本成本呈增加的趨勢，這與文獻中部分學者的結論是一致的（田寶等，2007）。然而，股權制衡水平越高，股權資本成本越高，這與我們的理論預期是有出入的，說明了股權制衡並沒有增加投資者的信心，降低其要求的最低報酬率，換言之，有幾個大股東同時並存的股權結構，並沒有實現融資成本的降低。

第六節　小結

這一章主要進行了三方面的工作。第一，檢驗終極控制權、兩權分離度、控制層級、控股鏈條數等變量對資本成本的影響。第二，變換樣本量、增加資本成本估算方法對平均股權資本成本進行重新計算，並檢驗終極控制權、兩權分離度、控制層級、控股鏈條數與五種模型估算的平均股權資本成本的關係。第三，檢驗直接股權結構變量中的第一大股東性質、第一大股東持股比例、股權制衡度、國有股比例和管理人員持股比例等變量對資本成本的影響。

在分析第一個問題之前需要提取各控制變量的數據，結果因為數據缺失，篩掉了部分樣本，最終得到的有效樣本量為1,471個。首先，針對各自變量，本書進行了相關性分析，因終極所有權、終極控制權強相關；兩權分離度（差值）、兩權分離度（比值）中相關，綜合考慮本書研究重點及各變量自身特徵，自變量保留了三個：終極控制權、兩權分離度（差值）、控制層級，加上設置成虛擬變量的控股鏈條數，共計四個自變量。股利支付率、財務風險係數、流動比率與平均股權資本成本不顯著相關，所以捨棄這三個控制變量，股權制衡度與終極控股股權比例、終極所有權強相關，故捨棄股權制衡度指標。將平均股權資本成本與四個自變量進行多元線性迴歸，結果發現：不對控制變量進行控制時，在0.1的顯著性水平上，兩權分離度（差值）與平均股權資本成本顯著正線性相關，符合理論預期；控制層級與平均股權資本成本顯著負線性相關，不符合理論預期。在對部分控制變量進行控制的基礎上，發現：在0.1的顯著性水平上，終極控制權與平均股權資本成本不存在顯著的線性相關關係，兩權分離度（比值）與股權資本成本存在顯著的正線性相關關係，控制層級與股權資本成本不存在顯著的負線性相關關係。所有控制變量中，帳面市值比、資產負債率、總資產週轉率、換手率、股東權益增長率、總資產增長率、淨資產收益率與平均股權資本成本顯著正線性相關，經營槓桿率、流動比率與股權資本成本顯著負線性相關；2006、2007、2009和2011年的平均股權資本成本顯著高於2004年的水平。綜合考慮終極控制股東性質因素，對個人或家族終極控股的上市公司的平均股權資本成本與四個自變量進行線性迴歸，發現：兩權分離度與平均股權資本成本顯著負線性相關，控制層級與平均股權資本成本在方向上為正向關係，終極控股比例、控股鏈條數與平均股權資本成本不顯著線性相關。針對政府終極控股的樣本兩權分離度（差值）與平均股權資本成本均顯著線性相關，控制層級與平均股權資本成本呈顯著的負向相關關係，其他兩變量與平均股權資本成本的關係不顯著。

為了保障迴歸結果的穩健性，本書檢驗了第五章中2,254個樣本的平均股權資本成本與終極控制權、兩權分離度（差值）、控制層級、控股鏈條數的關係，結果發現除終極控制權外，其他三個自變量與平均股權資本成本的關係與前文模型1的分析結果基本一致。綜合考慮終極控制股東性質因素發現：

第六章 終極股權結構、直接股權結構與資本成本關係分析

個人或家族終極控股的上市公司的迴歸結果與模型 4 的迴歸結論一樣，模型本身是不顯著的。自變量與平均股權資本成本的關係在方向上存在不同，兩模型中終極控制權、控制層級的系數在方向上是一致的。模型 10 中政府控股的樣本平均股權資本成本與各自變量的關係與模型 6 的結果是基本一致的。

用 Gordon 模型和 PEG 模型分別估算 1,471 個樣本的平均股權資本成本，並與 CAPM 模型、OJ 模型、ES 模型篩選共同樣本，結果得到 1,432 個有效觀測值。檢驗五模型估算的平均股權資本成本與各變量之間的關係，得出的結論仍然是：如果不綜合考慮終極控制股東性質因素，迴歸結果與模型 1 的迴歸結果差異較大。個人或家族終極控股的上市公司的平均股權資本成本與各自變量的多元迴歸結果是不顯著的，但是從方向上看，與模型 4 的結論是基本一致的。模型 13 中，政府終極控股的上市公司的平均股權資本成本與兩權分離度顯著正線性相關，與控制層級在方向上為負向關係，這與模型 6 的迴歸結論是基本一致的。

在完成終極股權結構對股權資本成本分析的基礎上，本書首先檢驗了留存的 1,471 個樣本的直接股權結構變量和終極股權結構變量的關係，證明了終極控制權與第一大股東持股比例之間的強相關關係，同時，結果說明了各直接股權結構變量之間雖然相關，卻是非強相關，為後面進行線性迴歸分析奠定了變量選擇的基礎。根據前文對股權資本成本影響變量的分析，選擇了與終極股權結構變量基本一致的控制變量：面值市值比、資產負債率、上市公司規模、總資產週轉率、前十大股東的赫菲德爾指數、換手率、經營風險係數、股東權益增長率、淨資產收益率等作為控制變量，構建了股權資本成本與各直接股權結構變量的線性迴歸模型，之後增加控制變量行業，構建了線性迴歸模型 2，得出的結論與模型 1 基本一致，即股權資本成本與第一大股東持股比例和股權制衡度均存在顯著的正向

線性相關關係。

　　通過上述分析，本書認為：在分析終極股權結構特徵變量：終極控制權、兩權分離度、控制層級、控股鏈條數與平均股權資本成本的關係時，應該按照終極控制股東性質進行分類討論，這樣的結論才是穩健的。通過迴歸分析和穩健性檢驗，本書認為：終極控制權、控股鏈條數與平均股權資本成本間不存在顯著的相關關係，這與朱武祥（2003）用國內數據檢驗的股權結構與公司價值相關關係的結論基本一致。個人或家族終極控股的上市公司的控制層級與平均股權資本成本是正向關係，兩權分離度與平均股權資本成本是負線性相關關係。政府終極控股的上市公司的平均股權資本成本與控制層級呈顯著的負向相關關係、與兩權分離度呈顯著的正線性相關關係，並且省級政府終極控股的上市公司的平均股權資本成本顯著高於中央政府和市級政府。第一大股東的持股比例會對股權資本成本產生顯著的正向影響，所以從提升企業融資效率、降低融資成本的角度考量，應該適度控制第一大股東的持股比例，然而股權制衡度，即存在多個大股東相互制衡的上市公司的股權資本成本反而高於一股獨大的情況，這說明了中國上市公司的股權制衡並未發揮實際的監管效用，這與監管費用高可能存在一定關係，有待深入研究。

第七章
股權結構與公司價值關係分析

第一節　公司價值的界定

　　依據第七章的研究結論，本章將分析股權結構與公司價值之間的關係，因為本書第一章已經對終極控制股東性質、控制層級等相關概念進行了介紹，所以這一章節，本文只對公司價值等相關概念進行界定。

　　目前對於公司價值的衡量方式差異較大，較典型的觀點包括：第一，依據 MM（Modigliani and Miller）理論可以界定為公司未來所創造的現金流量的現值，一般用息稅前利潤與綜合資本成本之比來計量。但是也有觀點認為是未來淨收益的貼現價值，取決於稅後淨收益、折現率以及收益產生時間的長度。但是因為參與計算的各指標都需要估算，所以，這個方法的實用性略遜一籌。1958 年的 MM 理論認為企業價值等於按其與之風險程度相適合的折現率對預期盈利進行貼現的資本化價值。按照 MM 理論思路，就貼現率和預期盈利估算問題成為了焦點，針對貼現率發展出了以資本成本為核心的理論及估算技術。連接預期盈利主要包括企業價值的衡量指標、估算及有關價值創造理論。A. Nicholas Filippello 提出採用淨收益進行企業價值評估。實證研究表明，EVA（Economic Value Added，經濟附加值）是一個體現企業價值創造能力的公司績效評價指標，定義為公司稅後淨營運利潤與其債務和權益成本的差[①]。EVA 模式由斯特恩（Stern）於 1989 年提出並被斯特恩·斯圖爾特（Stern Stewart）公司推廣應用。雖然 EVA 模式的實施步驟沿襲了 SVA（Shareholder Value Analysis，股東價值分析）模式，但是 EVA 模式考慮了資本成本，同會計利潤指標相比，以 EVA 指標設計的管理層紅利計劃可以達到公司董事會考慮的利益協同、財富槓桿、挽留員工和降低股東成本的目標。儘管後來劉星和安靈（2010）提出了邊際 Q 值方法來衡量企業的價值創造能力，但是 EVA 作為一種綜合的價值創造評估指標，地位不可動搖，不僅國外多個國家採用了它，從 2010 年開始中國國資委也採用 EVA 考核央企的價值創造能力。

斯特恩·斯圖爾特公司（Stern Stewart）經濟增加值的計算公式為：EVA=稅後淨營業利潤+ Stern Stewart 對會計營運收益的調整項-K*（負債和權益資本+Stern Stewart 對會計資本成本的調整項），K 是 Stern Stewart 公司對加權平均資本成本率的估計值。EVA 表示公司經調整後的稅後營業淨利潤（NOPAT）減去公司現有資產的經濟價值的機會成本之後的餘額。從經濟學角度看，只有當公司的投資收益大於它的資本成本才能為投資者創造價值。所以，EVA 是對真正"經濟"利潤的評價，它表示淨營運利潤與投資者用同樣資本投資其他風險相近的有價證券的最低回報相比，超出或低於後者的計量。具體計算公式為：EVA=NOPAT-TC×WACC，其中 NOPAT 是經過會計調整以及稅收調整以後的營業利潤，是公司在稅後、在

[①] Young S. D., Stephen F. EVA and Value‒Based Management [M]. Columbus: McGraw_ Hill, 2000.

扣除融資成本和非現金攤銷之前的營業利潤。WACC 是指加權平均資本成本率，WACC=[（股本權數×股本平均成本率）+（債務權數×債務平均成本率）]×(1-Tc)，Tc 表示企業所得稅率。這只是 EVA 的一種典型思路，另一思路為 EVA_2=淨利潤-股權資本的資本成本，本書採用第二種方法估算 EVA。國資委規定的經濟附加值採用的是百分比數值，所以，按照 EVA_2=淨利潤-股權資本的資本成本的方法，等式左右兩邊同除以年淨資產總額即可，即 EVA=淨資產收益率-股權資本成本。

　　第二，依據公司股票的市場價值來估算，部分是採用 IPO 上市後股票的收盤價來表示市場價值的，但是這忽略了長期債務給企業帶來的價值，而且股票的市場價值與股票的市場價格緊密相關，股票價格的易變性導致公司價值估算的不穩定性。一些學者採用股票市場價格相關的指標，如 Tobin's Q（以下簡稱托賓 Q）值來衡量公司價值。托賓認為公司的市場價值與其重置成本之比可作為衡量企業是否要投資的標準，企業的重置資本是指新建該企業所需要的資本，企業的市場價值是在金融市場收購該企業所需要的費用，也就是股票市場中的企業的總體市場價值。若托賓 Q 值大於 1，表明資本的市場價值高於重置資本，企業可以從投資者處獲得收益，因為購買新資產的成本低於新資本的市場價值，這是應該進行投資，若托賓 Q 值小於 1，那麼企業將不願意進行實體投資。但是，有學者指出 Tobin's Q 指標不適用於中國（Lang and Stulz, 1994[1]；徐麗萍等，2006），因為 Tobin's Q 可以被用作衡量公司績效的前提條件是：資本市場是有效的，因此公司的市場價值可以是其未來現金流量現值的無偏估計，但中國股票市場存在由於股權分置導致的非流通股定價難題，僅僅就流通股的定價來說，學術界

---

[1] Lang, H. P. Larry, Rene M. Stulz. Tobin's Q, Corporate Diversification, and Firm Performance [J]. Journal of Political Economy, 1994, 102 (6).

和實務界的一致看法恐怕都是認為中國股票市場的有效性程度是非常之低的，遠遠低於成熟市場經濟的資本市場有效性水平。同時，轉型經濟中股票價格的高度波動和高換手率無疑會導致 Tobin's Q 指標中存在著嚴重的潛在偏差。Tobin's Q 存在的另一個問題是可能會高估私有產權控股的上市公司績效，原因在於這類公司可能會面臨著在私有產權控股股東鼓勵下更多莊家參與和市場炒作，有時控股股東自己甚至會直接參加到對其股票的炒作之中，從而使股價虛高不下。相對來說，控股上市公司的國有產權股東要這樣做會受到很多的限制。儘管如此，Tobin's Q 指標仍被廣泛用來衡量公司績效。

第三，依據公司帳面價值來衡量。在 21 世紀之前，很多採用會計指標衡量公司價值，主要以利潤指標為主，如市淨率、利潤率、資產回報率、淨資產收益率、每股收益和淨資產收益率等，這些指標的增加意味著創造股東價值。曾有學者指出運用傳統的會計指標不能很好地判斷公司為股東創造價值的能力（Fisher and McGowan, 1983）。大量公司存在運用權責發生制原則下的會計方法進行操縱利潤，包括美國、中國和其他國家。

此外，還有學者認為公司價值等於其債務和股票價值之和，這個觀點符合公司價值來自多個投資主體、財務風險由多個主體共同承擔的實際，但是如何估算債務和股票價值，要麼按照市場價值，要麼按照帳面價值，所以可以將這種方法歸到第二種和第三種方法中。本書在計算公司價值過程中，選用 EVA 和 Tobin's Q 值衡量公司價值。

第二節　文獻回顧

7.2.1　資本成本與公司價值的相關關係

根據前文對資本成本的界定：資本成本是投資人對公司要求的報酬率，或者說是公司為取得資金使用權而付出的代價。按照 MM 資本結構無關論理論，認為企業價值是按其與之風險程度相適合的折現率對預期盈利進行貼現的資本化價值，這裡求公司價值的方式就是將公司的自由現金流量折現或者說將股利進行折現的方式，那麼很顯然，資本成本與公司價值之間是倒數關係，所以可以說假設它們之間的負向關係。同時，依據公司理財理論，在保證其他因素不變條件下，資本成本越小，公司價值應該越大。

7.2.2　股東性質與公司績效的相關關係研究

中國以往文獻中對股東性質的劃分，有很多分類方式，一種典型方式分為了國家股、法人股、流通股。另有更加具體的分類方式是按照國有股和境內法人股進行劃分，其中，國有股份為國家持有和國有法人持有，境內法人股份為境內非國有法人持股、境內自然人持股。這種分類方式是針對其直接持股人而言的，這裡面我們看不清法人股的股權屬性，同時不能明確這些上市公司最終被什麼類型的控股股東控制。這些不同性質的終極控制股東對企業價值創造會不會產生影響。無論這些企業的最終持股人是國家還是個人，這些企業處於最終持股人控制的第多少個層級，處於最終持股人不同控制層級的企業的價值創造是否存在差異，尤其是國有企業，國家直接控股與國家間接控股有無差異，我們都不能考察，就像 La Porta 等

（1999）所言："對於大多數國家來說對終極控制權和終極所有權的研究是理解所有權和控制權的唯一途徑。"正是基於這些原因，La Porta、朱武祥（2001）、夏立軍等（2003）、劉芍佳等（2003）、葉勇等（2005a）、甄紅線等（2008）、劉星和安靈（2010）學者都提出了相應的股權分類方式，如：La Porta將終極所有者分為家族或個人、政府、股權分散的金融機構、股權分散的公司和雜項五類。劉芍佳等（2003）則將其分為國家和非國有終極控股股東，並按照經濟屬性及其終極產權所有者類型將中國上市公司的股權結構分為政府控股的上市公司、國有獨資公司、政府控制的非上市公司、非政府控股的上市公司、未上市的集體企業與鄉鎮企業、未上市的國內民營企業、外資企業。葉勇等（2005a）將中國上市公司的終極控制股東分為三種：國家作為終極控制股東、非國家作為終極控制股東、無法確認終極控制股東的一般法人，其中國家這個終極控制股東內部又細分為政府部門或機構、政府控股的上市公司、國有獨資公司、事業單位等。非國家作為終極控制股東內部分為非政府控股的上市公司、未上市的集體企業和鄉鎮企業、未上市的國內民營企業和外資企業[①]。甄紅線和史永東（2008）將最終所有者分為自然人、外資企業和國家，國家這一終極所有者分為國務院國資委、國有企業、地方國資委、機關事業單位。夏立軍和方軼強（2003）將上市公司按照所有權性質分為國有和非國有兩類，國有上市公司按照終極控制人的不同，又分為中央部委最終控制和地方政府最終控制（省級、市級、縣級）。劉星和安靈（2010）延續採用了夏立軍等的終極所有者身分的分類方法。終極控制股東應該是有支配能

[①] 葉勇等的研究是借鑑劉芍佳的方法基礎上展開的，他們在這裡的觀點主要體現在他們2005年在《管理科學》雜誌發表的文章：上市公司終極控制權、股權結構及公司績效。

力的個人、家族、集體、國家，但這僅限於國內研究，如果跨國研究，應該對包含外資企業並對其進行細分。本書這一部分將終極控制股東分為政府（全民、國家所有）和非政府（個人、家族、集體所有）。

按照前文所述的終極控制股東身分的劃分方法，檢驗終極控制股東性質與公司業績關係的研究很多，主要分為兩類。一類認為兩者緊密相關，McConnell 和 Servaes（1990）發現 Tobin's Q 與機構投資者的份額正相關，即機構投資者對上市公司的監督作用比個體投資者更有效。許小年和王燕（2000）的實證結果支持了上述觀點。鄧德軍和周仁俊（2007）認為大股東身分不同，其目標函數就不同，進而對管理層的監督能力不同。在其文章中歸納了大量有關控股股東性質與公司價值相關的實證研究成果。施東暉（2000）也通過驗證法人控股與國有控股公司業績的差別程度，得出了法人控股型公司的績效顯著優於國有控股型公司。另一類認為終極控制股東的身分對企業的經營業績缺乏影響力（朱武祥和宋勇，2001）。持類似觀點的還有趙中偉（2008）。同時，結合前文研究結論，按照上市公司的終極控制股東的性質不同，分為政府終極控股和個人或家族終極控股，政府控股上市公司又根據政府層級的不同分為：中央政府、省級政府、市級政府、縣級及以下政府，終極控制股東性質不同，導致股權資本成本的顯著差異。但是第一大股東性質沒有對資本成本產生顯著影響。

據此提出假設：

假設1，終極控制股東性質對公司價值產生顯著影響。

假設2，第一大股東性質不會對公司價值產生顯著影響。

7.2.3 股權集中度與公司績效的相關關係研究

有關所有權集中度的研究，主要觀點有：第一，所有權[①]是分散的；第二，所有權是集中的。第一種觀點主要代表人物是 Berle 和 Means（1932），提出公司的所有權大部分分散於中小股東間。它國外的主要支持者包括 Jensen 和 Meekling（1976）、Grossman 和 Hart（1988），第二種觀點的主要代表人物是 La Porta 等（1999），他通過對 27 個國家的上市公司進行研究得出：除部分股東利益保護好的國家的所有權相對分散外，其他國家的股權相對集中，且存在終極控制股東。這種觀點的主要支持者包括：Demsets（1985）、Shleifer 和 Vishny（1986），他們通過論證得出美國及其他西方發達國家、日本的許多大公司也存在所有權集中的情況。所有權集中容易產生"大股東控制"。有關股權結構對公司績效影響的研究，可以大致分為兩種觀點。第一種觀點即股權結構無關論，這一觀點的代表人物之一是 Fama（1980）。他指出，企業所有權控制權的分離導致的代理問題，只能通過外部的勞動力市場的完善來約束經理人的行為，股權結構調整是無效的。Demsetz（1980）的實證結果證明，股權集中度與股票的收益率不顯著相關。在國內實證結果與之相似的有：朱武祥（2003）。第二種觀點是股權結構相關論，主要以 Grossman 和 Hart（1980）為代表，其主要觀點是當股權結構相對分散時，小股東缺乏對公司管理層進行監督的動力和財力，按照經濟人的假設，因為監督的成本過高，導致股東放棄對經理層的監督，但是一旦控股股東擁有超過一定閾值的控股權，那麼股東在權衡收益大於成本的前提下，會對管理層進行監督，保障公司價值最大化（Shleifer and Vishny，1986）。1999 年 La Porta 等對全球多國企業終極控

[①] 在企業當中，一般股權就代表了股權所有者對企業擁有的資產的所有權。

制權問題的研究，得出大部分公司控股股東擁有終極控制權，這打破了以往研究格局，開啓了有關代理問題研究的一個新的層面——控制性股東與小股東之間的代理問題。大多數學者對於這一層面的代理問題研究成果是：上市公司的終極控制性股東通常採用金字塔持股方式、交叉持股、發行雙重投票權股票等股權結構安排或者指定管理等方式來強化對上市公司的控制，使得控股股東的控制權超出其現金流權，進一步控股股東有可能利用其控制權侵害中小股東的利益並給企業帶來損失（Demsetz，1985）。Haw等（2004）的研究發現，終極控制人對上市公司的現金流權越高，那麼內部人進行盈餘管理的動機更強。國內學者，許小年和王嚴（1999）通過對中國上市公司的數據進行研究發現：股權集中度和法人持股比例與公司績效正相關，但是法人股比例、國家股比例、流通股比例與公司績效之間的關係不一致。為解決管理層股權與公司業績之間的關係，有學者（Coles et al.，2006）嘗試用結構模型來解決，但是結論卻是非常嚴酷的，即代理變量、工具變量、股東效應等均不能解釋同時偏差。李增泉（2000）發現，中國上市公司經理人員的年度報酬並不與公司績效相關聯。根據前文第六章的研究結果：股權資本成本與終極控制權不顯著線性相關，與第一大股東持股比例顯著線性相關，國有股比例和管理人員持股比例與資本成本不顯著相關。

基於以上分析及前文結論，本書提出如下假設：

假設3，終極控制權與公司價值不顯著相關。

假設4，第一大股東持股比例與公司價值顯著正線性相關，但是國有股比例和管理人員持股比例與公司價值沒有顯著相關關係。

7.2.4　股權制衡度與公司價值的相關關係研究

陳德萍和陳永聖（2011）以中國中小企業板塊公司為樣

本證明了股權制衡度有助於改善公司績效。很多學者的研究得出了基本一致的結論。如：唐睿明和邱文峰（2014）通過實證檢驗證明了股權制衡度與公司績效的正相關關係；劉際陸和劉淑蓮（2012）通過實證檢驗證明了股權制衡度與公司績效之間的正向線性相關。然而，本書前文的研究證明：股權制衡度與股權資本成本之間的正向線性相關關係。

於是提出假設5，股權制衡度與公司價值正線性相關。

7.2.5 控制層級與公司績效的相關關係研究

控制層級與公司價值的相關關係方面的研究，郎咸平（2004）曾指出金字塔層級越多，終極控制股東的隱蔽性越高，上市公司的控制集團結構可能越複雜，可能發生的利益輸送行為就越不容易被發現。其實，這一說法在1998年La Porta也曾提出：在終極控制股東保有終極控制權的情況下，現金流權可以無限小，造成了兩權之間的分離。金字塔層級越多，金字塔越高，終極股權結構的長度越長，越會助長現金流權與控制權之間的分離，最終利於終極控制股東利用兩權分離的控制權槓桿效應，降低自身侵占中小股東成本。朱松（2006）曾經提出通過金字塔控制上市公司的主體的初衷不同，金字塔層級對企業的影響不同，他提出國有上市公司的企業價值（用 Tobin's Q 衡量）隨著金字塔層級的增多而提高，但是民營企業上市公司，企業價值與金字塔層級的負相關不顯著，同樣，控制層級越多，代理問題也越多，上市公司的信息披露質量就越低。從文獻來看，有關金字塔層級的研究，主要圍繞金字塔層級與過度投資的關係。夏冬林等（2008）將上市公司分為國有和非國有上市公司，因為終極控制股東性質的不同，得出了不同的結論：國有上市公司的企業價值隨著金字塔層級的增多而提高，這是因為通過控制層級的增加，可以減少政府對上市公司的干預，保證上市公司的經營免受政府的影響（程仲鳴，

2010）；民營企業上市公司隨著金字塔層級越多，代理成本越高，對上市公司的經營更加不利。集團內部資本市場理論的發展，為終極股權結構的複雜化與股權資本成本之間的負向關係提供了理論支撐。本書前文得到了類似的結論：個人或家族終極控股的上市公司的控制層級與平均股權資本成本是正向關係，兩權分離度與平均股權資本成本是負線性相關關係。政府終極控股的上市公司的平均股權資本成本與控制層級呈顯著的負向相關關係、與兩權分離度呈顯著的正線性相關關係，並且省級政府終極控股的上市公司的平均股權資本成本顯著高於中央政府和市級政府。

目前，對控制鏈條長度與公司價值之間的關係研究相對較多，但是有關金字塔結構寬度與公司價值之間的關係研究較少。邵麗麗（2007）通過金字塔控股的鏈條數與終極控制股東的現金流權正相關，但是對其與公司價值的關係研究沒有涉及，毛世平等（2008）提出控制鏈條數影響兩權分離度，進一步影響公司價值。梁彤纓等（2012）的研究認為層級主導型的終極股權結構，對高級管理人員的監管更加不利，容易造成增加代理成本的後果，而鏈條主導型的上市公司，層級對於代理成本的影響並不顯著。

於是，提出如下假設：

假設6，個人或家族終極控股的上市公司，公司價值與控制層級呈負向關係。

假設7，政府終極控股的上市公司，公司價值與控制層級呈正向關係。

假設8，控股鏈條數不會對公司價值產生顯著影響。

第三節　數據來源及研究設計

7.3.1　數據來源

參照前面章節數據的梳理方法，我們選用 2004—2011 年終極控股比例超過 20% 的，即終極控制股東擁有終極控制權的上市公司作為研究樣本，前文已經表述過在求股權資本成本過程中，因為數據要求較高，所以導致很多樣本不符合本研究要求，主要是因為缺少數據或者數據畸高或畸低，同時因為求股權資本成本過程中要求至少三種模型求得的股權資本成本進行平均計算出股權資本成本，所以，剔除掉了不能用 OJ、ES 和 CAPM 三種模型計算股權資本成本的樣本，此時得到的樣本總量為 2,254 個。EVA 數值的計算需要淨資產利潤率指標和三模型估算的平均股權資本成本，淨資產利潤率來自於國泰安數據庫，同時托賓 Q 值取自國泰安數據庫。

7.3.2　變量及研究方法

終極控制股東性質、第一大股東性質對經濟增加值（EVA）和托賓 Q 的影響分析採用採用單因素方差分析方法，將第一大股東持股比例、終極控股比例、控制層級與經濟增加值（EVA）、托賓 Q 的進行 Pearson 相關關係分析。此外，在相關性分析的基礎上，本書構造線性迴歸模型，確認各自變量與公司價值之間的關係。

第四節　實證研究

7.4.1　不同性質終極控制股東的公司價值差異的顯著性檢驗

首先，根據我們計算的平均股權資本成本推算的 EVA，2,254 個樣本的均值為 -1.90%，說明中國上市公司的價值創造能力相對較低，其中，縣級及以下政府終極控股的上市公司的 EVA 最低，為 -3.24%，個人或家族的 EVA 值，最高為 -1.28%，其餘部分，EVA 值從小到大，依次是中央政府、省級政府和市級政府終極控股的樣本。但是，不同性質終極控制股東的托賓 Q 值均大於 1，即企業的市價高於了企業的重置資本，其中，個人或家族終極控股的上市公司的托賓 Q 值最大，省級政府終極控股的上市公司的托賓 Q 值最小，居中的托賓 Q 值從小到大依次是市級政府、中央政府和縣級及以下政府終極控股的上市公司樣本。

表 7.1　不同性質終極控制股東控股的上市公司的公司價值基本情況描述

終極控股股東性質		EVA（%）	托賓 Q
個人或家族	均值	-1.275,2	2.169,8
	N	520.000,0	520.000,0
	標準差	8.730,7	1.417,6
	極小值	-41.302,7	0.836,0
	極大值	24.340,9	10.244,0

表7.1(續)

終極控股股東性質		EVA（%）	托賓 Q
中央政府	均值	-2.320,4	1.660,3
	N	538.000,0	538.000,0
	標準差	13.403,6	1.032,1
	極小值	-170.944,6	0.618,0
	極大值	38.887,0	10.831,0
省級政府	均值	-2.042,9	1.579,4
	N	655.000,0	655.000,0
	標準差	10.304,2	0.937,6
	極小值	-44.572,6	0.721,0
	極大值	67.923,7	8.870,0
市級政府	均值	-1.792,6	1.642,9
	N	493.000,0	493.000,0
	標準差	9.843,2	1.022,5
	極小值	-59.961,4	0.720,0
	極大值	30.635,9	9.973,0
縣級及以下政府	均值	-3.237,5	2.020,3
	N	48.000,0	48.000,0
	標準差	7.882,3	1.053,9
	極小值	-20.616,8	0.864,0
	極大值	16.803,7	6.032,0
總計	均值	-1.902,7	1.758,2
	N	2,254.000,0	2,254.000,0
	標準差	10.669,3	1.130,7
	極小值	-170.944,6	0.618,0
	極大值	67.923,7	10.831,0

通過對不同性質終極控制股東控股上市公司的公司價值的差異顯著性檢驗發現，不同性質終極控制股東控股的上市公司

的 EVA 是沒有顯著差別的，同時，在 0.01 的顯著性水平上，不同終極控制股東控股的上市公司的托賓 Q 值是具有顯著差異的。結合基本情況描述表，我們可以認為個人或家族終極控股的上市公司的公司價值高於其他類型的公司。

表 7.2　不同性質終極控制股東控股的上市公司的公司價值差異的顯著性檢驗

項目			平方和	df	均方	F	顯著性
EVA * 終極控股股東性質	組間	（組合）	402.988, 6	4.000, 0	100.747, 1	0.884, 8	0.472, 1
	組內		256,066.444, 8	2,249.000, 0	113.857, 9		
	總計		256,469.433, 4	2,253.000, 0			
托賓 Q 值 * 終極控股股東性質	組間	（組合）	124.026, 3	4.000, 0	31.006, 6	25.297, 3	0.000, 0
	組內		2,756.566, 7	2,249.000, 0	1.225, 7		
	總計		2,880.593, 0	2,253.000, 0			

按照前文對第一大股東性質的劃分，2,254 個保留的樣本中，沒有境外自然人是第一大股東的情況，在國家股、國有法人、境內法人、境內自然人、境外法人是第一大股東的樣本中，境內自然人是第一大股東的上市公司的 EVA 最高，為 1.24%；國有法人是第一大股東時，上市公司的 EVA 最低，為 -2.25%；國家股、境外法人、境內法人是第一大股東時，相應上市公司的 EVA 值分別為 -0.94%、-1.47% 和 -1.55%。首先，無論第一大股東的性質是什麼，他們的托賓 Q 均值均大於 1，境內自然人的托賓 Q 值達到最高，為 2.83；境外法人是第一大股東時，托賓 Q 值最低，為 1.42，居中的從小到大依次是國有法人、國家股、境內法人是第一大股東的情況。於是，可以認為，境內自然人是第一大股東時，公司價值最高。

表 7.3 不同性質第一大股東的上市公司的公司價值基本情況描述

第一大股東性質		EVA（%）	托賓 Q
國家股	均值	-0.942,4	1.706,6
	N	91.000,0	91.000,0
	標準差	9.741,6	0.996,4
	極小值	-34.935,6	0.770,0
	極大值	29.154,3	7.840,0
國有法人	均值	-2.253,2	1.632,0
	N	1,578.000,0	1,578.000,0
	標準差	11.364,4	1.003,2
	極小值	-170.944,6	0.618,0
	極大值	67.923,7	10.831,0
境內法人	均值	-1.549,0	2.009,1
	N	462.000,0	462.000,0
	標準差	8.467,5	1.234,7
	極小值	-41.302,7	0.796,0
	極大值	26.367,3	10.244,0
境內自然人	均值	1.236,8	2.826,4
	N	92.000,0	92.000,0
	標準差	8.755,8	1.910,0
	極小值	-24.826,5	0.921,0
	極大值	24.340,9	9.838,0
境外法人	均值	-1.468,1	1.425,4
	N	31.000,0	31.000,0
	標準差	9.969,6	0.462,7
	極小值	-27.147,8	0.838,0
	極大值	23.940,6	3.019,0
總計	均值	-1.902,7	1.758,2
	N	2,254.000,0	2,254.000,0
	標準差	10.669,3	1.130,7
	極小值	-170.944,6	0.618,0
	極大值	67.923,7	10.831,0

進一步以第一大股東性質作為單一因素對 EVA 和托賓 Q 進行方差分析，具體分析結果如下表所示，在 0.05 的顯著性水平下，不同性質第一大股東的上市公司的 EVA 和托賓 Q 值均是有顯著差異的。說明第一大股東性質可以對公司價值進行有效區分，儘管 EVA 和托賓 Q 值得出的結論略有差異，但是仍然可以說明，境內自然是第一大股東的上市公司的公司價值更高，這也印證了前文有關終極控制股東是個人或家族時，公司價值更高的結論。

表 7.4　不同性質第一大股東的上市公司的公司價值差異的顯著性檢驗

項目		平方和	df	均方	F	顯著性
EVA * 第一大股東性質	組間（組合）	1,248.252,3	4.000,0	312.063,1	2.749,9	0.026,8
	組內	255,221.181,1	2,249.000,0	113.482,1		
	總計	256,469.433,4	2,253.000,0			
托賓 Q * 第一大股東性質	組間（組合）	162.862,4	4.000,0	40.715,6	33.693,3	0.000,0
	組內	2,717.730,6	2,249.000,0	1.208,4		
	總計	2,880.593,0	2,253.000,0			

很顯然前文的結論和假設 1，2 是有部分差異的，不同性質終極控制股東控制的上市公司的 EVA 是沒有顯著差異的，但是托賓 Q 值是有顯著差異的，第一大股東性質不同，上市公司的 EVA 和托賓 Q 值都是有顯著差異的。所以，得出的結論與假設 1，2 並不完全吻合。

7.4.2　終極控股權、第一大股東持股比例、國有股比例和管理人員持股比例與公司價值的相關性檢驗

為了確認終極控股權比例、第一大股東持股比例、股權制衡度、國有股比例、管理人員持股比例與公司價值的關係，進行了 Pearson 相關性檢驗，檢驗結果如表 7.5 所示，首先 EVA

和托賓 Q 值是顯著相關的，但是相關係數小於 0.3，所以屬於弱度相關。在 0.01 的顯著性水平上，終極控股權比例與 EVA 顯著相關，第一大股東持股比例和國有股比例與 EVA 不顯著相關，股權制衡股、管理人員持股比例與 EVA 顯著正相關。在 0.01 的顯著性水平上，終極控股權比例、第一大股東持股比例、股權制衡度、國有股比例和管理人員持股比例與托賓 Q 呈顯著的相關關係，其中終極控股權比例、第一大股東持股比例與國有股比例與托賓 Q 呈顯著的負向相關關係，股權那制衡度、管理人員持股比例與托賓 Q 呈顯著的正向相關關係。

上述結論與理論預期也是有一定的差異的，首先，終極控股權比例與 EVA 和托賓 Q 的相關關係雖然是顯著的，但是方向上是不一致的，這與假設 3 的結論是不一致的。同時，第一大股東持股比例雖然與 EVA 和托賓 Q 在方向上呈負向關係，但是 EVA 與第一大股東持股比例不顯著相關，所以這與假設 4 是有部分衝突的。同時，國有股比例與 EVA 在方向是正向關係，但是卻不顯著相關，國有股比例與托賓 Q 在方向上是負向關係，但是相關關係顯著。管理人員持股比例與 EVA 和托賓 Q 都是顯著的正向關係，這與假設 4 是有出入的。股權制衡度與 EVA 和托賓 Q 都呈顯著的正向關係，這是符合假設 4 的理論預期。

表 7.5　不同性質第一大股東上市公司的公司價值差異的顯著性檢驗

	項目	EVA	托賓 Q	終極控股權比例	第一大股東持股比例	股權制衡度	國有股比例	管理人員持股比例
EVA	Pearson 相關性	1.00						
	顯著性（雙側）							
	N	2,254.00						

表7.5(續)

項目		EVA	托賓Q	終極控股權比例	第一大股東持股比例	股權制衡度	國有股比例	管理人員持股比例
托賓Q	Pearson 相關性	0.29	1.00					
	顯著性（雙側）	0.00						
	N	2,254.00	2,254.00					
終極控股權比例	Pearson 相關性	0.08	-0.11	1.00				
	顯著性（雙側）	0.00	0.00					
	N	2,254.00	2,254.00	2,254.00				
第一大股東持股比例	Pearson 相關性	-0.01	-0.22	0.75	1.00			
	顯著性（雙側）	0.69	0.00	0.00				
	N	2,254.00	2,254.00	2,254.00	2,254.00			
股權制衡度	Pearson 相關性	0.06	0.11	-0.31	-0.43	1.00		
	顯著性（雙側）	0.00	0.00	0.00	0.00			
	N	2,254.00	2,254.00	2,254.00	2,254.00	2,254.00		
國有股比例	Pearson 相關性	0.01	-0.24	0.40	0.47	-0.15	1.00	
	顯著性（雙側）	0.71	0.00	0.00	0.00	0.00		
	N	2,254.00	2,254.00	2,254.00	2,254.00	2,254.00	2,254.00	
管理人員持股比例	Pearson 相關性	0.07	0.20	-0.08	-0.20	0.19	-0.20	1.00
	顯著性（雙側）	0.00	0.00	0.00	0.00	0.00	0.00	
	N	2,254.00	2,254.00	2,254.00	2,254.00	2,254.00	2,254.00	2,254.00

7.4.3 控制層級、控股鏈條數對公司價值的影響

不同控制層級的樣本的 EVA 值分佈情況如下表所示，首先，無論是政府還是個人或家族終極控股的上市公司的控制層級，隨著控制層級的增加呈下降趨勢，但是在層級為 5 的時候，EVA 值又出現了上升趨勢，個人或家族終極控股的上市公司的控制層級的變化趨勢與總樣本的變化趨勢一致，但是政府終極控股的上市公司與它們的變化趨勢略有差異，因為政府控股的上市公司在控制層級為 1 時，EVA 並不是取最大值，但是，隨著控制層級的責任個人或家族終極控股的上市公司的 EVA 值並不是和政府終極控股的 EVA 的變化趨勢完全相反，

這與假設 6 和假設 7 不一致。

表 7.6　不同控制層級樣本的 EVA 的分佈情況

政府或非政府	控制層級 5	均值	N	標準差	極小值	極大值
個人或家族	1	1.306,9	117.000,0	8.143,1	-24.826,5	24.340,9
	2	-1.139,4	264.000,0	8.645,3	-40.762,7	19.643,1
	3	-2.635,5	106.000,0	7.925,0	-27.147,8	20.959,6
	4	-7.408,4	30.000,0	10.562,1	-41.302,7	16.768,0
	5	-4.537,8	3.000,0	10.979,1	-16.914,3	4.029,0
	總計	-1.275,2	520.000,0	8.730,7	-41.302,7	24.340,9
政府	1	-2.418,0	80.000,0	10.113,8	-34.935,6	29.154,3
	2	-1.993,7	1.027.000,0	12.029,8	-170.944,6	67.923,7
	3	-2.079,6	465.000,0	9.485,9	-64.919,4	35.181,8
	4	-3.073,8	135.000,0	10.168,4	-61.068,1	26.942,7
	5	-0.098,3	27.000,0	12.739,8	-45.829,5	16.985,8
	總計	-2.090,9	734.000,0	11.180,8	-170.944,6	67.923,7
總計	1	-0.205,8	197.000,0	9.156,2	-34.935,6	29.154,3
	2	-1.819,0	1.291.000,0	11.421,8	-170.944,6	67.923,7
	3	-2.182,8	571.000,0	9.212,2	-64.919,4	35.181,8
	4	-3.861,9	165.000,0	10.345,1	-61.068,1	26.942,7
	5	-0.542,2	30.000,0	12.476,4	-45.829,5	16.985,8
	總計	-1.902,2	1.254.000,0	10.669,3	-170.944,6	67.923,7

進一步檢驗不同控制層級的 EVA 差異的顯著性，顯著性結果如下表所示，在 0.05 的顯著性水平上，不同控制層級的 EVA 值是有顯著差異的。

表 7.7　不同控制層級樣本的 EVA 的差異的顯著性

項目		平方和	df	均方	F	顯著性
EVA * 控制層級	組間（組合）	1,310.013,0	4.000,0	327.503,2	2.886,6	0.021,3
	組內	255,159.420,4	2,249.000,0	113.454,6		
	總計	256,469.433,4	2,253.000,0			

為保證結論的嚴密性，進一步檢驗不同控制層級的托賓 Q 值的差異，首先對於個人或家族控股的上市公司，隨著控制層級的增加，托賓 Q 的均值呈遞減趨勢，政府終極控股的上市公司的托賓 Q 隨著控制層級的增加先遞減後遞增，所有樣本的托賓 Q 隨著控制層級的增加同樣呈先降後升的趨勢。

表 7.8　　不同控制層級樣本的托賓 Q 的分佈情況

政府或非政府	控制層級	均值	N	標準差	極小值	極大值
個人或家族	1	2.710,4	117.000,0	1.750,8	0.921,0	9.838,0
	2	2.127,1	264.000,0	1.380,7	0.836,0	10.244,0
	3	1.825,8	106.000,0	0.939,5	0.898,0	5.557,0
	4	1.740,1	30.000,0	1.147,5	0.838,0	6.794,0
	5	1.287,0	3.000,0	0.250,5	1.034,0	1.535,0
	總計	2.169,8	520.000,0	1.417,6	0.836,0	10.244,0
政府	1	1.769,1	80.000,0	1.130,1	0.770,0	7.840,0
	2	1.614,2	1,027.000,0	0.985,5	0.720,0	9.973,0
	3	1.596,0	465.000,0	0.903,0	0.721,0	10.831,0
	4	1.790,2	135.000,0	1.021,5	0.837,0	8.418,0
	5	1.907,9	27.000,0	1.957,8	0.618,0	9.371,0
	總計	1.634,8	1,734.000,0	0.997,1	0.618,0	10.831,0
總計	1	2.328,1	197.000,0	1.594,9	0.770,0	9.838,0
	2	1.719,1	1,291.000,0	1.097,3	0.720,0	10.244,0
	3	1.638,7	571.000,0	0.913,4	0.721,0	10.831,0
	4	1.781,1	165.000,0	1.042,0	0.837,0	8.418,0
	5	1.845,8	30.000,0	1.864,6	0.618,0	9.371,0
	總計	1.758,2	2,254.000,0	1.130,7	0.618,0	10.831,0

那麼，托賓 Q 值隨著控制層級的變化表現出的差異是否是顯著的呢？進一步進行方差分析，發現不同控制層級的托賓 Q 值有顯著差異。

表 7.9　不同控制層級樣本的托賓 Q 的分佈情況

	平方和	df	均方	F	顯著性
組間	74.428,6	4.000,0	18.607,2	14.912,7	0.000,0
組內	2,806.164,4	2,249.000,0	1.247,7		
總數	2,880.593,0	2,253.000,0			

儘管前文描述了隨著控制層級的增加 EVA 和托賓 Q 的變化，但是控制層級與 EVA 和托賓 Q 之間是否是相關的，表 7.10 進行了雙變量相關分析。分析結論是：在 0.05 的顯著性水平上，控制層級與 EVA 和托賓 Q 有顯著的相關關係。

表 7.10　控制層級與 EVA 和托賓 Q 的相關性分析

	項目	EVA	托賓 Q	控制層級
EVA	Pearson 相關性	1.000,0		
	顯著性（雙側）			
	N	2,254.000,0		
托賓 Q	Pearson 相關性	0.286,3	1.000,0	
	顯著性（雙側）	0.000,0		
	N	2,254.000,0	2,254.000,0	
控制層級	Pearson 相關性	-0.053,4	-0.081,7	1.000,0
	顯著性（雙側）	0.011,2	0.000,1	
	N	2,254.000,0	2,254.000,0	2,254.000,0

從控制層級與 EVA 和托賓 Q 值的相關係數來看，控制層級與公司價值之間都是負向關係，但是根據以往研究結論，即政府控股的上市公司的控制層級與公司價值之間正相關，個人或家族控股的上市公司的控制層級與公司價值之間負相關，所以進一步分別進行相關關係檢驗。

政府終極控股的樣本的控制層級與 EVA 和托賓 Q 值沒有表現出明顯的相關關係，因為在 0.1 的顯著水平上，控制層級與 EVA 和托賓 Q 的關係均不是顯著的，具體結果如表 7.11 所示。

表 7.11　政府終極控股樣本的控制層級與 EVA 和托賓 Q 的相關性分析

項目		EVA	托賓 Q	控制層級
EVA	Pearson 相關性	1.000,0		
	顯著性（雙側）			
	N	1,734.000,0		
托賓 Q	Pearson 相關性	0.220,9	1.000,0	
	顯著性（雙側）	0.000,0		
	N	1,734.000,0	1,734.000,0	
控制層級	Pearson 相關性	-0.004,9	0.015,6	1.000,0
	顯著性（雙側）	0.838,7	0.515,8	
	N	1,734.000,0	1,734.000,0	1,734.000,0

個人或家族終極控股的樣本的控制層級與 EVA 和托賓 Q 值之間的相關關係分析如表 7.12 所示，結果顯示，在 0.01 的顯著水平上控制層級與 EVA 顯著負相關，但是與托賓 Q 不存在顯著的相關關係。

表 7.12　個人或家族終極控股樣本的控制層級與 EVA 和托賓 Q 的相關性分析

項目		EVA	托賓 Q	控制層級
EVA	Pearson 相關性	1.000,0		
	顯著性（雙側）			
	N	520.000,0		
托賓 Q	Pearson 相關性	0.072,6	1.000,0	
	顯著性（雙側）	0.098,3		
	N	520.000,0	520.000,0	
控制層級	Pearson 相關性	-0.222,5	-0.012,5	1.000,0
	顯著性（雙側）	0.000,0	0.776,0	
	N	520.000,0	520.000,0	520.000,0

那麼反應上市公司終極股權結構的控股鏈條數是否會對公司價值產生顯著影響呢？從表 7.13 的結果來看，單鏈條的 EVA 均值為-1.96%，多鏈條的 EVA 均值為 1.70%；單鏈條的托賓 Q 值為 1.74，多鏈條為 1.81，均大於 1。

表 7.13 單鏈條和多鏈條的 EVA 和托賓 Q 的分佈情況

是否為多鏈條結構		EVA	托賓 Q
單鏈條	均值	-1.962,7	1.743,9
	N	1,744.000,0	1,744.000,0
	標準差	11.090,2	1.136,9
	極小值	-170.944,6	0.720,0
	極大值	67.923,7	10.831,0
多鏈條	均值	-1.697,6	1.807,2
	N	510.000,0	510.000,0
	標準差	9.091,0	1.108,9
	極小值	-45.829,5	0.618,0
	極大值	29.775,9	10.244,0
總計	均值	-1.902,7	1.758,2
	N	2,254.000,0	2,254.000,0
	標準差	10.669,3	1.130,7
	極小值	-170.944,6	0.618,0
	極大值	67.923,7	10.831,0

通過單因素方差分析，在 0.1 的顯著水平上，發現單鏈條和多鏈條的 EVA 均值和托賓 Q 均值均不存在顯著差異，具體結果如表 7.14 所示。這一結果印證了假設 8：控股鏈條數不會對公司價值產生顯著影響。

表 7.14　單鏈條和多鏈條的 EVA 和托賓 Q 差異的顯著性

項目			平方和	df	均方	F	顯著性
EVA * 是否為多鏈條結構	組間	（組合）	27.746,8	1.000,0	27.746,8	0.243,7	0.621,6
	組內		256,441.686,6	2,252.000,0	113.872,9		
	總計		256,469.433,4	2,253.000,0			
托賓 Q * 是否為多鏈條結構	組間	（組合）	1.581,3	1.000,0	1.581,3	1.236,9	0.266,2
	組內		2,879.011,7	2,252.000,0	1.278,4		
	總計		2,880.593,0	2,253.000,0			

7.4.4　迴歸分析

通過前文分析可以發現不同性質終極控制股東控股的上市公司的 EVA 是沒有顯著差別的，同時，在 0.01 的顯著性水平上，不同終極控制股東控股的上市公司的托賓 Q 值是具有顯著差異的。所以，將在因變量是托賓 Q 的模型中保留這一變量。不同性質第一大股東的上市公司的 EVA 和托賓 Q 值均是有顯著差異的，所以，在因變量是 EVA 和托賓 Q 值的模型中保留這一變量。終極控制股東控制權比例與 EVA 和托賓 Q 的相關關係方向上是不一致的，第一大股東持股比例雖然與 EVA 和托賓 Q 在方向上呈負向關係，但是 EVA 與第一大股東持股比例不顯著相關，因為第一大股東持股比例與終極控制權呈強相關關係，所以在因變量是托賓 Q 的線性迴歸模型中，去掉變量終極控制權，但是在因變量是 EVA 的模型中去掉變量第一大股東持股比例。同時，國有股比例與 EVA 在方向是正向關係，但是卻不顯著相關，國有股比例與托賓 Q 在方向上是負向關係，相關關係顯著，所以在因變量是托賓 Q 的迴歸模型中保留國有股比例這一變量。管理人員持股比例與 EVA 和托賓 Q 都是顯著的正向關係，在因變量是 EVA 和托賓 Q 的模型中，均保留這一自變量。股權制衡度與 EVA 和托賓 Q 都呈顯著的正向關係，所以在因變量是 EVA 和托賓 Q 的方程中，這一變量也將保留。通過前文分析控制層級與托賓 Q 和 EVA 均沒有顯著的相關關係，所以，在迴歸分析中去掉這一變量，同時控股鏈條數不能對 EVA 和托賓 Q 進行顯著區分，所以在進行迴歸分析過程中不保留這一變量。

因為影響公司價值的因素包括了內部因素和外部因素，內部因素包括企業人力資源、物力資源、技術資源、信息資源、治理機制、管理制度等方面，外部因素則包括政策法規、宏觀經濟環境、市場結構，技術進步，行業競爭程度、行業成熟度等等因素，很難把控制變量概括完備，所以這一部分，只建立自變量和因變量之間簡單的線性迴歸方程，不對部分變量進行控制。

於是構建的線性迴歸模型 1 和 2 分別是：

$$EVA = \lambda_0 + \lambda_1 FCC + \lambda_3 UCP + \lambda_4 SPR + \lambda_5 MP + \varepsilon \tag{7.1}$$

$$TobinQ = \lambda_0 + \lambda_1 CC + \lambda_2 FCC + \lambda_3 FCP + \lambda_4 SPR + \lambda_5 GP + \lambda_6 MP + \varepsilon \tag{7.2}$$

其中，EVA 表示的是經濟增加值，TobinQ 表示公式的市場價值與重置成本之比，CC 表示終極控制股東性質，FCC 表示第一大股東性質，UCP 表示終極控股權比例，FCP 表示第一大股東持股比例，SPR 表示股權制衡度，GP 表示國有股比例，MP 表示管理人員持股比例，ε 表示剩餘項，λ_i 表示不同變量與公司價值衡量指標 EVA 和托賓 Q 之間的相關係數，λ_0 表示截距。在自變量中，將第一大股東性質設置成虛擬變量，以國家是第一大股東的上市公司為參照變量，將第一大股東性質是國有法人、境內法人、境內自然人、境外法人的設置成四個虛擬變量，終極控制股東性質以個人或家族終極控股的上市公司樣本作為參照變量，將中央政府、省級政府、市級政府、縣級及以下政府設置成四個虛擬變量。

運用 SPSS 分析軟件，對模型 1 的分析結果如表 7.15 所示，首先模型本身在 0.01 的顯著性水平上是顯著的，但是這些自變量只能解釋 0.19% 的因變量的變化。從反應共線性的 VIF 值可以發現所有值均小於 10，不存在嚴重的共線性。在 0.05 的顯著性水平上，只有終極控制權和股權制衡度與 EVA 顯著相關，在方向上都是正向關係，第一大股東性質的四個虛擬變量與 EVA 顯著相關，管理人員持股比例與公司價值在方向上是正向關係，即第一大股東是國家的上市公司的 EVA 與第一大股東是國有法人、境內法人、境內自然人和境外法人的 EVA 值是沒有顯著差別的。

表 7.15　　　　　　　　模型 1 的迴歸結果

變量	非標準化系數 B	標準誤差	標準系數 試用版	t	Sig.	共線性統計量 容差	VIF
（常量）	-4.801,3	1.323,7		-3.627,2	0.000,3		
第一股東是國有法人	-1.696,4	1.143,2	-0.072,9	-1.483,9	0.138,0	0.181,0	5.524,0
第一大股東是境內法人	-1.020,5	1.222,1	-0.038,6	-0.835,0	0.403,8	0.204,1	4.899,1
第一大股東是境內自然人	0.731,0	1.783,7	0.013,6	0.409,8	0.682,0	0.398,8	2.507,3
第一大股東是境外法人	-1.432,3	2.212,5	-0.015,6	-0.647,4	0.517,5	0.748,2	1.336,6
終極控制權比例	0.085,6	0.016,8	0.112,9	5.082,1	0.000,0	0.884,3	1.130,9
股權制衡度	2.625,3	0.757,5	0.078,5	3.465,9	0.000,0	0.851,7	1.174,1
管理人員持股比例	7.181,3	5.576,4	0.033,7	1.287,8	0.197,9	0.637,0	1.569,8

通過對模型 2 的迴歸分析，可以發現，模型 2 也是顯著的，並且自變量可以解釋 10.32% 的因變量托賓 Q 值的變化。共線性統計量指標 VIF 均小於 10，說明各自變量之間不存在顯著的線性相關。在 0.1 的顯著性水平上，第一大股東是境內自然人和境外法人的托賓 Q 值與第一大股東是國家的上市公司存在顯著差別，第一大股東是境內自然人的托賓 Q 值顯著

高於國家是第一大股東的上市公司，第一大股東是境外法人的托賓 Q 值顯著低於國家是第一大股東的上市公司。終極控股是個人或家族的上市公司的托賓 Q 值與中央政府、省級政府、市級政府和縣級及以下政府終極控股的上市公司的該值沒有顯著差異。在 0.01 的顯著性水平上，第一大股東持股比例和國有股比例與托賓 Q 值有顯著的線性相關關係，並且都是顯著的負向線性相關關係。國有股比例與托賓 Q 值不存在顯著的線性相關關係，在方向上是負向的關係。管理人員持股比例與托賓 Q 值不存在顯著的線性相關關係，方向上是正向的關係。

表 7.16　　　　　　　　　模型 2 的迴歸結果

模型	非標準化系數 B	標準誤差	標準系數 試用版	t	Sig.	共線性統計量 容差	VIF
（常量）	2.381,5	0.170,5		13.966,3	0.000,0		
第一股東是國有法人	-0.106,1	0.120,0	-0.043,0	-0.884,4	0.376,6	0.169,2	5.911,4
第一大股東是境內法人	-0.099,9	0.161,5	-0.035,7	-0.618,6	0.536,2	0.120,3	8.310,4
第一大股東是境內自然人	0.378,2	0.214,7	0.066,2	1.761,8	0.078,2	0.283,4	3.528,3
第一大股東是境外法人	-0.531,9	0.236,5	-0.054,8	-2.248,6	0.024,6	0.673,8	1.484,1
中央政府終極控股	-0.098,1	0.120,0	-0.037,0	-0.817,3	0.413,8	0.195,5	5.115,3
省級政府終極控股	-0.163,4	0.121,5	-0.065,6	-1.345,4	0.178,6	0.168,2	5.946,3
市級政府終極控股	-0.183,7	0.122,1	-0.067,2	-1.504,4	0.132,6	0.200,8	4.979,7
縣級以下政府終極控股	0.072,4	0.200,0	0.008,7	0.362,1	0.717,3	0.699,4	1.429,7
第一大股東持股比例	-0.821,4	0.170,5	-0.121,6	-4.817,2	0.000,0	0.627,5	1.593,6
股權制衡度	-0.012,8	0.081,1	-0.003,6	-0.157,6	0.874,7	0.764,3	1.308,4
國有股比例	-0.577,7	0.117,3	-0.126,3	-4.924,6	0.000,0	0.608,4	1.643,7
管理人員持股比例	1.812,8	0.570,3	0.080,3	3.178,5	0.001,5	0.626,9	1.595,2

第五節　小結

　　按照上一章終極股權結構變量、直接股權結構變量與股權資本成本的關係結論，這一部分首先通過理論梳理了公司價值與資本成本之間的負向關係，然後根據以往文獻中有關公司績效與終極控制股東性質、終極控制權、第一大股東性質、第一大股東持股比例、股權制衡度、國有股比例、管理人員持股比例的結論，歸納出：假設1，終極控制股東性質對公司價值產生顯著影響。假設2，第一大股東性質不會對公司價值產生顯著影響。假設3，終極控制權與公司價值不顯著相關。假設4，第一大股東持股比例與公司價值顯著正線性相關，但是國有股比例和管理人員持股比例與公司價值沒有顯著相關關係。假設5，股權制衡度與公司價值正線性相關。假設6，個人或家族終極控股的上市公司，公司價值與控制層級呈負向關係。假設7，政府終極控股的上市公司，公司價值與控制層級呈正向關係。假設8，控股鏈條數不會對公司價值產生顯著影響。

　　選取 EVA 作為公司價值的衡量指標，同時為保證結論穩妥，以托賓 Q 值作為公司價值的檢驗指標，用前文 2004—2011 年 2,254 個樣本作為對象，用單因素方差分析終極控制股東性質對 EVA 和托賓 Q 的影響，結論是：不同性質終極控制股東控制的上市公司的 EVA 是沒有顯著差異的，但是托賓 Q 值是有顯著差異的，所以，以托賓 Q 作為公司價值的衡量指標，我們的實證結論是符合假設1的理論預期，但是以 EVA 作為公司價值的衡量指標，結論是不符合假設1的理論預期。不同性質第一大股東的上市公司的 EVA 和托賓 Q 值均是有顯著差異。說明第一大股東性質可以對公司價值進行有效區分，實證結論與理論預期是相悖的。為了確定終極控股權比例、第一大股東持股比例、股權制衡度、國有股比例、管理人員持股比例與 EVA 和托賓 Q 的相關關係，進行了相關分析。終極控股權比例與 EVA 顯著正相關，與托賓 Q 顯著負相關，雖然方向上不一致，但是否定了假設 3。第一大股東持股比例與 EVA 和托賓 Q 在方向上呈負向關係，但是 EVA 與第一大股東持股比例不顯著相關，這是與假設 4 相悖的。國有股比例與 EVA 在方向是正向關係，但是卻不顯著相關，國有股比例與托賓 Q 在方向上是負向關係，但是相關關係顯著，這是與假設 4 不相符的。管理人員持股比例與 EVA 和托賓 Q 都是顯著的正向關係。股權制衡度與 EVA 和托賓 Q 都呈顯著的正向關係，這是符合假設 4 的理論預期。

　　進一步，構造了因變量分別是 EVA 和托賓 Q 的線性迴歸模型 1 和模型 2，首先當因變量是 EVA 時，終極控制權和股權制衡度與 EVA 顯著正線性相關，與相關性分析結論一致。管理人員持股比例均不與 EVA 顯著相關，管理人員持股比例與 EVA 在方向上是正向關係，這與相關分析結論有差異，第一大股東是國家的上市公司的 EVA 與第一大股東是國有法人、境內法人、境內自然人和境外法人的 EVA 值是沒有顯著差別的，這與方差分析的結論是有出入的。托賓 Q 值為因變量時，第一大股東是境內自然人和境外法人的托賓 Q 值與第一大股東是國家的上市公司存在顯著差別，第一大股東是境內自然人的托賓 Q 值顯著高於國家是第一大股東的上市公司，第一大股東是境外法人的托賓 Q 值顯著低於國家是第一大股東的上市公司。終極控股是個人或家族的上市公司的托賓 Q 值與中央政府、省級政府、市級政府和縣級及以下政府終極控股的上市公司的該值沒有顯著差異，這與單因素方差分析的結果是有差異的。第一大股東的持股比例與托賓 Q 值呈顯著的負相關關係，國有股比例與托賓 Q 值有顯著的線性相關關係，管理人員持股比例與托賓 Q 值是顯著的正線性相關關係，這和相關關係分析的結論是一致的。股權制衡度與托賓 Q 值不顯著線性相關，這與前文的相關分析結論不同。

　　首先，從實證結論看，選用不同的公司價值評價指標，結論差異特別大，所以這可以部分解釋為什麼目前的研究結論差異大，這與部分學者的結論是一致的（龔曉瑾，2011）。以 EVA 作為衡量公司價值的主要指標可以發現：終極控制權與 EVA 顯著正相關，但是第六章的結果表明終極控股權與平均股權資本成本沒有顯著相關關係，這說明了即使終極控制股東持股比例越高，越利於公司價值創造，終極控制股東的存在沒有侵犯中小股東利益，股東沒有因此提升其要求的回報率；個人或家族終極控股的上市公司的控制層級與 EVA 顯著負相關，這與第六章中個人或家族終極控股的上市公司的控制層級與資本成本顯著正相關的結論是相呼應的。股權制衡度越高，EVA 值越高，但是股權資本成本也越高，這說明高股權制衡度可以增加公司價值，但是並沒有因此降低資本成本。儘管公司價值的影響因素眾多，但是可以肯定的是企業的股權結構會對公司價值產生顯著影響。

第八章
企業股權結構的影響因素分析

前文對股權結構的研究主要是將股權結構作為外生變量，研究其內部指標對資本成本和公司價值的影響，這類研究我們可以稱之為股權結構的效率研究，但是同時存在另一類將股權結構作為內生變量的研究，主要是研究股權結構形成及演進的影響因素。最優的股權結構是控制性股東在引入外部所有帶來的收益和分散股東在公共關係投入上搭大股東便車所造成的成本的兩難衝突中選擇的結果（鄭志剛，2007）。

中國的國有企業改革是由政府的相關規則確定的，對國有股、公眾股和職工股都有嚴格規定，不是企業可以決定和選擇的。

第一節　企業股權結構影響因素研究的背景

黨的十六屆三中全會指出大力發展國有資本、集體資本和非公有資本等參股的混合所有制經濟。第十七大報告提出以現代產權制度為基礎，發展混合所有制經濟。十八屆三中全會提出積極發展國有資本、集體資本、非公有資本等交叉持股、相互融合的混合所有制經濟。2014年《政府工作報告》進一步提出優化國有經濟佈局和結構，加快發展混合所有制經濟，建立健全現代企業制度和公司法人治理結構。混合所有制就是企業投資主體的多元化，並且這些投資主體的性質不同，這裡投資主體性質不同就是資金的來源不同，即確定究竟是國有資本、集體資本還是民營資本進行資金投入，國有資本和民營資本都可以按照不同標準進行細分。國企的混合所有制改革是手段並不是改革的目的，目前國家可以通過產權轉讓、增資擴股、新設企業和併購投資等進行企業的混合化。20世紀90年代以來，中國國企的混合所有制改制分為三大類：第一類是國有企業上市實現混合所有制，第二類是職工持股，第三類是引入民間資本或外資設立新的合資企業。國有企業改革是為了增強國企的活力和競爭力，發展混合所有制，淡化所有制的標籤，促進市場公平競爭。

我們國家強調混合所有制改革堅持以公有制經濟為主體，國有經濟主導發展混合所有制（劉鳳儀，2014）。黨的十八大報告也提出國有企業要把大門敞開，民營資本可以進來，國有企業要改組為混合所有制經濟。現代企業制度的建立要靠法人治理結構的完善，混合所有制建立的過程中實際上就是把法人治理結構真正完善，完善企業制度。儘管中國經濟取了巨大發展，但是國企改革仍然面臨巨大考驗，到了"四個分離"的關鍵時期。一是兩權分離，即所有權和經營權分開，但目前我們很多行政部門還在把持著國有企業的一些經營權，仍然存在著內部治理外部化問題；二是政企分離，我們的政府部門還是習慣把企業當做一個行政部門、把企業高管當做官員來對待；三是社企分離，政府還是習慣讓企業承擔政府或社會組織應承擔的社會職能，仍然存在外部治理內部化問題；四是黨企分離，目前國企黨組織和法人治理結構的職能分工還在被人為模糊著。

目前，中國的各級政府機構都在探索如何對國企進行混合所有制改革，基本是按照國企的功能提出分類概念。國務院國有資產監督管理委員會副主任、黨委副書記黃淑和（2014）提出：第一，涉及國家安全的少數國有企業和國有資本投資公司、國有資本營運公司，可以採用國有獨資的形式。第二，涉及國民經濟命脈的重要行業和關鍵領域的國有企業，可以保持國有絕對控股。第三，涉及支柱產業、高新技術產業等行業的重要國有企業，可以保持國有相對控股。第四，國有資本不需要控制、可以由社會資本控股的國有企業，可以採取國有參股的形式，或者是可以全部退出。財政部會計司、企業司原司長也在2014年混合所有制與資本高峰論壇上提出國有企業的混合所有制改革，需要對國有企業按照功能進行分類，這與十八屆三中全會《中共中央關於全面深化改革若干重大問題的決定》中的精神是一致的。部分混合所有制企業試點提出了政策型國企、平臺型國企以及競爭型國企。競爭型國企，國家可以考慮參股或者相對控股的形式，政策型國企和平臺型國企採用絕對控股的形式。如：中國建材在混合所有制改革過程中，母公司改革方向是國有資本投資公司，子公司則瞄準實業投資。對於公益保障類的國有化在國際上也是趨勢。這類企業不必政企分開，也分不開。而在競爭性領域，應該採取混合所有制的形式，不再以國企的形式存在（宋志平，2014），應該放開國有股比例，完善法人治理結構，形成公開市場化的資本交易機制（劉樹豔，2014）。在企業混合所有制改革過程中，需要對原來的企業契約理論和所有權理論進行合理的揚棄，引入集體選擇理論，這樣每一次集體都是混合所有制組織，是投入社會資本的政府和其他資本投資者的一種集體選擇，混合所有制改革不僅僅應該是共同享有企業的所有權，每一個企業都是人力資本、物質資本和社會資本的相融合併進一步依據各自提供資源進行控制權分配的過程（王竹泉，2014）。中國目前混合所有制企業改革動力不足的原因在於，國有資本與民營資本目標不一致。

中國目前已經逐步實現向市場經濟的轉軌，同樣，中國的國企治理需要實現從行政性治理向經濟型治理轉換，經濟型治理的依據就是按照市場規律辦事。李維安（2014）[①]認為，當前國有企業改革與治理存在四大現實背景：一是第五個現代化——國家治理能力現代化的提出。二是網絡的發展催生網絡化治理。三是混合所有制要成為基本經濟制度。四是治理流程的改革。國企改革在具體操作層面上，如防止國有資產流失、完善產權保護制度、員工持股與管理層激勵等實質性問題。

厲以寧（2014）認為，首先要明確地看到，國有資本的力量不在於現有資本的多少，控制的多少，而是在能夠控制的究竟有多大。那麼控股多少就可以認為實現了對上市公司的控制，同時，不同類型的公司混合所有制程度是否應該是有差異的，這一章將討論相關內容。

第二節　企業股權結構相關文獻迴歸

國企混合所有制改革的理論基礎是產權結構理論，所以深化國有企業改革的關鍵和前提是必須進行產權改革。1932年Berle和Means提出了由於企業內部產權分散，所以廣泛存在所有權與控制權之間的分離。在20世紀初，在美國家族制企業中，家族成員直接控制公司。然而，在之後的30年，股權逐漸分散，職業經理出現，進而引出了公司治理問題。在隨後的30年，隨著公司規模的擴大，股權分散的情況進一步發展，

[①] 李維安. 深化國企改革與發展混合所有制［J］. 南開管理評論，2014（3）.

以至於沒有任何一個股東或家族可以實現對公司的控股。但是股權結構對公司決策和股權價值的影響一直沒有確定的結論（Holderness，2003；Denis and McConnell，2003）。儘管股權是分散的，但21世紀以來的研究證明大部分公司存在控股股東（Holderness，2009；Gadhoum et al.，2005），控股股東通過39%實現控股，但是也有部分研究者分別採用5%（Holderness，2009）、10%（Gadhoum，2005）和20%（La Porta et al.，1999）作為實現控股的界閾。大股東在公司治理中是否會發揮作用又是如何對公司產生影響的呢？大股東花費很少的金錢用於維護自身權益，即使是機構股東（Black，1998；Karpoff，2001），並且大股東的公司治理沒有對公司業績產生顯著影響。對沖基金激進行為可以有效的影響公司價值（Brav et al.，2008，Boyson and Mooradian，2012）。終極控制股東的性質是否可以影響公司價值呢、除了要區分機構股東和個體股東外，機構股東可以按照其激勵機制進行劃分，也可以按照投資機構的自我維護情況進行劃分。經研究發現，企業存在大股東而且存在多個大股東（Holderness，2009；Dlugosz et al.，2006），那麼這些大股東之間是相互合作還是爭權奪利，需要用相應的理論模型來描述這一狀況。然而如何設定變量來衡量股東之間的相互作用呢？這是一個難點。對於家族企業的公司價值好於非家族企業，因為家族企業由家族成員管理，相較於由職業經理人管理的情況，他們的目光更長遠（Villalonga and Amit，2006）。有學者認為股權結構和企業價值之間沒有因果關係，他們都是有看不到的市場因素驅動的。

　　多元化企業的組織結構通常構成金字塔結構形式，國內學者從直接控股股東的類型和最終控制人的類型，以及他們的持股方式、股權比例等方面研究了股權結構，以上是從股權結構的縱向對股權結構的刻畫，這也是書中採用的對股權結構刻畫的方式。橫向股東之間的關係本書只涉及了股權制衡度的概念，但是股權關係仍然是近期的一個研究熱點，如：股東之間的關係網絡的構建（依賴親緣、地緣、師生緣，承銷保薦等等），以往研究結論是終極控制股東是公司的內部人，中小股東的利益經常遭受侵占，但是一旦中小股東與內部人建立起網絡關係，那麼中小股東可以實現從外部人到內部人的轉換[①]。

中國進行國企股權改革的目的是提升企業的經營業績，提高資產配置效率。但是，目前已有的研究結果卻是不統一的，因為有結論證明股權結構與公司業績無關，無關論的代表人物有 Hoderness 和 Shwwhan（1988）。同時，有部分結論證明了他們之間的相關性，Coase（1960）在《社會成本問題》中提出"產權的經濟功能在於克服外在性，降低社會成本，從而在制度上保證資源配置的有效性"。將其概括為科斯定理二：在交易費用不為零的情況下，不同的產權配置界定會帶來不同的資源配置，所以有必要對產權制度進行選擇（Stigler，1966）。有學者（Modigliani and Miller，1963）從融資成本角度論證了企業可選擇最優資本結構使加權資本成本最低。之後，主要圍繞企業股權結構特徵（Fama and Jensen，1983；La porta et al.，1999）、股權結構對代理成本的影響（Faccio et al.，2002）；股權結構與企業業績之間的關係（Jensen et al.，1976；Shleifer et al.；1986）等方面展開研究，其研究的核心問題是解決最優股權結構的問題。股權結構影響公司績效，這是基於一個假設：只要存在特定的股權結構，就能自動生成相關決策，進而對應一定的公司績效。上述過程中，將股東大會的意志與決策過程視為論一個"黑匣子"，將股權—決策—績效的影響流程直接簡化為股權—績效流程。儘管寬泛的研究股權結構與公司價值之間的關係沒有確定的結論，主要原因之一在於不同研究

---

① 魏明海，程明英，鄭國堅. 從股權結構到股東關係 [J]. 會計研究，2011 (1).

之間對控制的界定差異顯著。20世紀末，很多研究集中在企業管理者的股權對公司價值的影響（Short，1994；Morck et al.，1988；McConnell and Servaes，1990），結果發現隨著管理者所有權與公司價值之間存在凹函數關係，主要因為當管理者擁有的所有權在較低水平時，管理者的財富基本不受公司業績的影響，隨著管理者所有權的增加，管理者與股東的利益趨於一致，但是當管理者股權大到一定程度，市場規則等約束對他基本不起作用，這時，管理者容易獲取私有利益，最終導致公司價值下降。

　　最優股權結構包括股權集中度、股東性質和股權制衡等問題，股權集中度涉及直接控股和終極控股，從1999年（La Porta et al.）以來，在終極控股方面取得了較大突破。證實了全球範圍內，存在終極控制股東通過金字塔股權結構對上市公司進行控制（Claessens et al.，2002；Holderness，2009），金字塔股權結構一方面可以緩解因為外部資本市場不完善帶給集團公司的籌資困難（Bena et al.，2013），另一方面控股股東通過複雜的金字塔結構實現所有權和控制權的分離，增加了其對中小股東的利益侵占的可能性，所以，大股東持股比例與公司價值之間的關係沒有確定結論（Basu，2014）。股東性質主要是從直接大股東或者終極控制股東的身分特徵進行區分，檢驗其對公司價值的影響，結論是肯定的（Dasgupta and Piacentino，2013）。股權制衡主要得出了多個大股東共存對公司價值的保障作用（Attig et al.，2008；Attig et al.，2013）。所以，大股東持股比例問題是值得探討的。

　　在股權結構影響公司績效的前提下，通過博弈模型——Banzhaf權力指數模型、Cubbin和Leech的概率投票模型、Shapley-Shubik權力指數模型、Johnston指數、Milnor-Shapley的海洋博弈模型、MSR指數模型（Freixas and Kaniovski，2014）——可以求得最優的控股比例。（Zwiebel，1995；

Bennedsen and Wolfenzon，2000）通過構建 B-W 股東合作博弈模型，證明最優的股權結構是以下兩種股權結構：僅存在一個大的控制性股東或是存在多個相同大小的大股東。Saha 和 Sensarma（2004）構建了銀行競爭的混合寡占模型對商業銀行股份制改革進行研究並得出如下結論：國有銀行的控股比例與社會福利是正相關的，當假定國有銀行利潤為定值時，存在唯一的最優國有控股比例。José 和 Gilberto（2006）運用 Shapley-Shubik 權力指數模型估算得出只有當控股達到 34% 時，才認為公司存在控股股東。近幾年，指數模型的研究集中在對各模型適用性的比較以及對原有模型的完善（Leech，2011）。

在中國，對於不同股權制衡與合謀行為的研究集中在經驗分析階段。如：採用 Cubblin 和 Leech 的概率投票模型估算控制權，並得出 1997—2000 年所有上市公司的控股閾值均值為 42.07%（蒲自立和劉芍佳，2004），採用 Milnor-Shapley 的海洋博弈模型證明企業不同的股權結構影響股東的控制權（安靈等，2008）和公司的過度投資（常瑩瑩和杜興強，2013）。此外，還有很多學者（許小年等，2000；朱武祥等，2001；吳淑琨，2002；施東暉，2003；徐莉萍等，2006；沈藝峰等，2011）就股權結構與公司業績之間的關係展開實證研究。近年，對股權結構的研究，不再局限於從垂直方向上以股東或最終控制人的類型、持股方式和股權比例對股權結構進行刻畫，而是在產權關係的基礎上，加上股東關係去透視股權結構（魏明海等，2011）。針對企業混合所有制改革，國有股比例過高不利於鼓勵投資積極性，反而可能造成壟斷，而國有股比例過低可能導致國有資產流失，忽視社會目標（陳釗等，2010；劉鳳義，2014）。有建議提出，企業混合所有制改革過程中需要結合企業所在行業特徵（李維安，2014；黃淑和，2014），這為國企混合所有制改革提供了一個可參照視角。

首先，產權結構理論支持了國有企業的混合所有制改革，通過改革可以增強企業資源配置效率。那麼,企業有沒有最優的股權結構呢?通過實證檢驗和合作博弈模型構建證實了上述猜想,然而實踐操作性仍然需要推敲。中國學者對股權結構的相關研究基本停留在對國外模型的實證檢驗階段,所以儘管實證得出最優股權結構和最合適的控股比例,但是在對模型在中國的適用性方面還有深入的空間;另外,目前估算的最優控股比例,給人以放之四海而皆準之感,然而,現實是不同的國企有其自身特徵,如何根據其特徵找到匹配的股權結構似乎更具有實用性。基於此,課題的研究集中在:假設國企股權結構內生的情況下,根據國企的目標,並結合國企改革的影響因子,決定適合國企的混合所有制模式及相應的國有股界閾等方面。

前文本書的研究結論證明部分股權結構變量是可以對公司價值及企業的資本成本產生顯著影響的,這為企業混合所有制改革提供了實證基礎。那麼哪些因素會影響企業的混合所有制改革呢?

第三節　股權結構的影響因素

世界上沒有一成不變的優勢,也沒有永遠先進的制度,企業應該隨著市場環境和時代條件改變企業股權結構。股權結構設計涉及不同性質股東持股及其持股比例。

企業股權結構的決定因素理論目前有四種解釋:第一,經濟因素決定理論。主要得益於 Demsetz 和 Lehn(1985)在《公司所有權的結構:原因與結果》中的研究結論:影響公司股權結構的變動因素取決於外部因素,而不是股東。外部因素主要體現在:公司規模、公司的控制力潛力、管製作用。公司規模越大,對於厭惡風險的大股東而言,只有在較低的可以補償風險的價格前提下持有大部分股權。公司的控制性潛力,是

第八章　企業股權結構的影響因素分析

指大股東通過股權結構對經理人進行控制的潛力。管理作用是指有關公司控制權及股權結構的法律規範。第二，政治因素。Mark J. Roe 在其著作《強管理者、弱所有者——美國公司財務的政治根源》中指出美國高度分散的股權結構是有由美國的政治傳統決定的。第三，市場結構決定理論。Hansmann（1988，1996）、Steen Thommsen 和 Torben Pedersen（1998）等人提出股權結構很大程度上受市場結構的影響，不同產業或行業有著不同的市場簽約成本和股東間的交易成本，從而不同的企業類型、不同的行為特徵決定著企業所採用的股權結構。第四，生命週期決定理論，公司的股權結構受制於公司的生命週期，在不同的生命週期階段有不同的股權結構（王斌，2001）[1]。

根據胡潔的研究（2002），影響股權結構的主要因素包括四類：法律與制度、金融環境、股東屬性、偏好及持股動機和企業規模和行業性質[2]。其中法律與制度主要是指一國對投資者持有私人公司的股權和債券的管制、對股東權益的保護力度、稅收政策、執法與行政質量等；金融環境主要指融資體制和資本市場的發育水平。張學平（2007）[3] 概括股權結構的影響因素包括法律、法規、規制、控制權偏好及社會信用基礎、企業生命週期、市場結構和行業特徵等（王斌，2001）。有學者將上市公司的股權結構影響因素歸納為一般上市公司情況和中國的特殊情況。上市公司股權結構的一般影響因素包括：企業規模、公司成長性、企業所得稅、抵押價值、盈利能力、收入波動性、管理者的風險偏好、財務危機程度、金融機構（或信用評級機構）的態度、資產結構和企業的控制能力。同

---

[1] 王斌. 股權結構論［M］. 北京：中國財政經濟出版社，2001.
[2] 胡潔. 公司股權結構的影響因素［J］. 經濟管理，2005（23）.
[3] 張學平. 股權結構設計與調整——以高科技企業為例［M］. 北京：經濟管理出版社，2007.

時，他們認為在中國制度性因素中股權分置很顯然影響了中國上市公司的股權結構。

股權結構受很多因素影響，包括不同的政治、法律、經濟、資本市場等外部環境和企業文化、企業的生命週期、規模及行業特徵等內部因素（張學平，2007），並且經過實證檢驗發現：企業規模、產業發展階段、資金密集程度、不確定性與風險、利潤空間（競爭程度）等是顯著影響因素。

有研究（虞群娥，2004）[①]曾指出在商業銀行中制約國有股比例的因素有：社會經濟制度、經濟發展水平、金融深化度、政府質量和效率、法律和制度、國有企業的重要性程度、經濟中政治和金融危機的穩定性。此外，從商業銀行的微觀層面分析，包括銀行規模、國有股東本身的偏好和行為、銀行治理要求等。

1983年Demsets提出股權結構內生，他認為公司的股權結構是股東為了自身利益最大化進行決策的結果，與企業業績之間沒有系統關係，並在1985年和Lehn一起用美國511家上市公司為研究樣本經驗性的證明公司價值最大化規模、潛力控制、系統性管制是影響股權結構的三個主要因素。之後，有學者（Demsets and Villlalonga, 2001[②]; Thomsen and Pederson, 1998[③]）質疑了股權結構影響公司績效的說法，提出公司績效會影響股權結構。

國企混合所有制改革後，企業的股權結構將改變，與之配套的企業治理結構、經理人的選聘、考核制度都會發生改變，

---

① 虞群娥. 政府參與地方商業銀行的經濟學分析 [J]. 金融研究，2004 (7).

② Demsets, H., Lehn, K. The Structure of Corporate Ownership: Couses and Consequences [J]. Journal of Political Economy, 1985, 93 (6).

③ Thomsen, S. S., Pederson, T. Industry and Ownership Structure [J]. International Review of Law and Economics, 1998 (8).

同時，企業的考核指標及國企的股利分配制度都要相應調整，所以，改革要慎重。根據環境分析理論，從宏觀環境、微觀環境和企業內部環境提煉影響股權結構的影響因子，結合經驗研究結論確定影響股權結構的影響因素。宏觀因素主要從政府政策導向、企業的功能定位調整等角度來構建，可適度運用PEST分析模型。微觀環境可以結合波特的五力模型分析影響因子，企業內部環境分析結合平衡計分卡選擇影響因子。

影響企業混合所有制程度改革的因子很多，但是如何確定哪些因子是最重要的影響因子呢？首先中國是社會主義制度，公有制是中國的基本特徵，所以這一定程度決定著中國企業的股權結構。借鑑虞群娥（2012）對商業銀行中國有股比例決定因素觀點：國有企業的重要性程度制約國有股比例的說法，從安全性角度來考慮，對於與國防安全、社會穩定、經濟發展密切相關的行業，國家控制比重應該相對較高，國有股比重相對於前者可以略低。其次，前文說明了，不同行業的直接和終極股權結構變量的均值是有顯著差異的，同時，不同行業的股權資本成本差異顯著，行業很顯然會影響企業的股權結構，進一步影響企業的股權資本成本，所以企業在國企混合所有制改革中，必須考慮行業這一因素，結合前文對市場結構決定理論的介紹，將市場環境細分為行業競爭程度、行業成熟度等，分析不同程度下企業進行混合的可能性。借鑑王斌（2002）的企業生命週期決定理論，同時，結合前文檢驗結論，公司規模與股權資本成本存在顯著的正向相關關係，此外，反應公司經營狀況的資產週轉率、換手率、經營風險系數、股東權益增長率、總資產增長率、淨資產收益率均與股權資本成本有顯著的相關關係；此外，反應公司財務風險的資產負債率與資本成本有顯著的相關關係，這契合了文獻綜述中各變量與公司價值和資本成本相關關係的研究結論。根據企業的自身特徵：公司規模、經營現狀、財務情況、發展戰略、企業生命週期等確定適合企業的混合所有制程度，具體影響因子如表 8.1 所示。按照終極控制股東性質劃分的終極所有權比例均值、終極控制權比例均值、兩權分離度(差值)均值、兩權分離度(比值)均值、控制層級均值是有顯著區別的，而這些股權結構變量中部分變量是對股權資本成本和公司價值產生顯著影響的，所以按照終極控制股東性質顯著區分股權結構變量進一步影響股權資本成本和公司價值的思路。此外，第一大股東性質不同，其他直接股權結構變量均值是有顯著差異的，同時，其他部分股權結構變量是對股權資本成本和公司價值有顯著影響的，終極股權性質和第一大股東性質對直接股權結構變量和終極股權結構變量的影響，論證了國家進行有效的國企混合所有制改革的必要性。

表 8.1　　　企業混合所有制改革的影響因子

混合所有制改革一級影響因子	混合所有制改革二級影響因子	混合所有制改革三級影響因子
政治因子	對國防安全影響	高度影響
		有微弱影響
		沒有回應
	社會穩定	顯著影響社會穩定
		有微弱影響
		沒有影響
	社會經濟發展	決定性作用
		沒有顯著影響
行業環境	行業競爭程度	完全競爭
		壟斷
		壟斷競爭
	行業成熟度	起步期
		成長期
		成熟期
		衰退期

表8.1(續)

混合所有制改革一級影響因子	混合所有制改革二級影響因子	混合所有制改革三級影響因子
企業自身情況	企業規模	規模大
		規模適中
		規模小
	經營現狀	經營業績好
		經營業績一般
		經營業績差
	財務狀況	現金流充裕
		現金流一般
		現金流不能滿足企業發展需要
	發展戰略	擴張
		保持
		縮減
	企業的生命週期	初創期
		成長期
		成熟期
		再生期

雖然初步討論了國企業混合所有制改革的影響因子，但是，各影響因子是否可以經受實踐檢驗，進一步各因子權重比例如何分配需要大量的調研和訪談才能完成，這是未來有待完善的。以往有學者根據合作博弈模型，對企業所處的行業競爭情況進行假設並計算出了合作博弈情況下的國有股最優比例。這種方式很顯然只考慮了行業因子中的行業競爭程度，沒有更多地考慮政治環境因子和企業自身情況因子。但是，在中國的國企改革中，我們對部分企業並非絕對控股，那麼如何確定國家對公司的控制力呢？很顯然權力指數模型是一個可借鑑的有效思路。

第四節 小結

　　這一部分通過對前面章節中的研究結論的概括及企業股權結構影響因子的相關文獻回顧，梳理了企業股權結構的影響因素，並以此為基礎提出了目前國企進行混合所有制改革應考慮的影響因子。書中梳理過程按照從小到大，從外部到內部的方式，得出股權結構改革必須考慮政治、行業和企業自身狀況。之後，又對各一級影響因子進行了三級細化。

　　儘管書中做了嘗試性的探索，但是對各影響因子的權重分佈，書中並未涉及，這一定程度降低了國企混合所有制改革影響因子的實用性，但是這為未來相關研究指名了思路。除此之外，確認混合所有制改革影響因子權重不僅僅是通過調研和訪談方式完成，還應構建國有股比重與各影響因子的相關關係模型。

第九章
研究結論、局限與展望

　　近十多年以來，大量的學術成果證明公司股權不是分散的，而是趨於集中的，大多數的公司存在控股大股東，控股大股東的存在一方面被證明可以降低公司內部經理人與外部股東之間的代理成本。另一方面，控股股東往往通過不同手段參與公司的營運管理，運用其第一大股東地位，獲取對整個公司資源的控制，由於這種超額控股權的存在，使其權責不對等，基於理性人假設，其追逐自身收益最大化的結果即從公司竊取收益，損害中小股東利益。一旦公司內部中小股東意識到上述情況的存在，必將採用以腳投票的方式轉投其他公司，公司若想留住資金，必須提升支付給投資者的報酬率，增加公司的資本成本。基於上述理論推理，本書展開了對股權結構與股權資本成本之間的關係研究。

　　中國國企改革逐步進行、私營企業逐漸佔有一席之地，從上市公司的直接控股股東來看，似乎已經很多公司已不歸政府所有，股權分置改革已經見成效，各類主體已經可以與政府平分秋色，實現了上市公司控股主體的多元化。但是，按照 La Porta 等沿股權關係鏈條追溯終極控制股東的方法深入挖掘上市公司的終極控制股東。事實是否如此呢？若想剖開雲霧見彩虹，第一，有必要瞭解上市公司的終極控制股東的性質。第二，探討終極控制股東又是如何將自己隱蔽起來，遮擋大眾視線的。這就有必要瞭解終極控制股東通過何種手段實現對上市公司的實際控制。本書對中國上市公司的股權結構的分析正是沿股權關係鏈條挖掘終極控制股東；計算控制層級；理清終極控制股東實現對上市公司控股的鏈條數、終極控制股東實現控股的平均終極控制權、平均所有權比例、兩權分離度在一個什麼水平等方面展開的。全面對中國上市公司的股權情況進行介紹是本書的一個研究重點。在一個完全透明的市場裡股民應該會做出正確的選擇，但事實是目前中國的股票市場透明度低、市場機制不健全、股東保護機制不完善，那麼在這樣的市場當中，股東是否會因上市公司的終極控制股東性質不同、終極控制股東控制上市公司的手段不同而採用變化自身要求的報酬率的方式來維護個人利益，控制層級、實現控股的鏈條數是否對資本成本產生影響，是本書研究的一個重點。通過對以往文獻研究發現：在選用跨地區樣本研究終極控制股東和股權資本成本的關係時，大部分都迴避了中國市場，一來是數據獲取難度大，二來中國的上市公司大部分由國有企業改制而來，具有濃厚的政治色彩。儘管大量的研究證明金字塔結構、交叉持股可以增大兩權分離度，進而對公司價值進行侵占，終極控制股東性質、終極控制股東的持股比例會對公司價值產生影響。但是，很少有文獻分析實現控股的鏈條數、控制層級等終極控股結構特徵變量對公司價值的影響，更少的文獻分析上述兩者對股權資本成本的影響。基於上述情況，本書描述了中國股票市場中有終極控制股東的上市公司的股權結構特徵，並分析這些特徵對資本成本的影響。這為中小股東瞭解上市公司提供更多路徑，為上市公司降低資本成本提供更多手段。更重要的是瞭解中國股票市場上，是否存在終極控制股東利用超額控制權侵占中小股東利益的行為，並且中小股東通過提升其最低要求報酬率來保護個人利益。

第一節　研究結論

本書借鑑了國內外優秀的研究成果，從代理理論入手，研究終極控制股東與中小股東之間的代理問題，結合中國股權集中、股權結構複雜的情況，嘗試性的探討影響公司股權資本成本的因素，為企業降低資本成本提出合理化的建議；並對終極控制股東身分進行揭秘、對終極所有權、終極控制權及兩權分離度進行說明，爭取讓中小股東對上市公司的終極股權結構有更加清楚的瞭解。本書將從以下幾個方面歸納本書的研究結論及其指導意義：第一，用終極股權結構特徵變量對中國上市公司終極股權結構的重新界定，讓中小股東對中國上市公司的終極股權結構有一個整體把握，此外，書中還介紹了目前中國有終極控制股東的上市公司的直接股權結構；第二，整體介紹中國有終極控制股東的上市公司的資本成本水平，比較不同類型的有終極控制股東的上市公司的資本成本水平的高低；第三，終極控制股東性質、終極控制權、終極所有權、兩權分離度、控制層級、政府層級與股權資本成本和公司價值之間關係的總結、概括；第一大股東性質、第一大股東持股比例、股權制衡度、國家持股比例、管理人員持股比例與股權資本成本和公司價值之間的關係的分析、論證；第四，在上述分析基礎上，探討結論的實際意義。

9.1.1　中國上市公司的終極股權結構和直接股權結構特徵總結

本書從終極控制股東性質、終極控制權、終極所有權、是否兩權分離及兩權分離水平、實現控股的縱向鏈條長度（即本書所述的控制層級)、實現控股的橫向鏈條的條數(本書分文單鏈條和多鏈條控股兩個方面)對中國上市公司的終極股權結構情況進行介紹,從第一大股東性質、第一大股東持股比例、股權制衡度、國家持股比例、管理人員持股比例對中國上市公司的直接股權結構進行分析。

第一,有終極控制股東全部有效樣本中,一般以上的終極控制股東是政府,這符合中國上市公司大部分是由國有企業轉制而來的基本國情,政府仍然扮演著資本市場主體的角色。政府終極控股的樣本中,按照政府層級來劃分,超過95%的公司被中央政府、省級政府、市級政府所控制,而且,從省級政府到村級政府,隨著政府層級的降低,控股的上市公司數量越少。從2004年到2011年,個人或家族的控制的上市公司呈逐年遞增的趨勢,相應政府控股的上市公司從絕對數量來看,各年份變化不大,但其所占比重呈逐年遞減的趨勢。所以,單從數量而言,在2011年,個人或家族終極控股的上市公司量已超過政府終極控股的數量。儘管政府終極控股的上市公司比重從2004年到2011年呈遞減趨勢,但是由於市級政府、縣級政府、鄉鎮政府、村級政府所占比重下降造成的,中央政府、省級政府終極控股的上市公司比重從2004年到2011年是逐漸上升的,具體數據可參見表9.1。

表9.1 不同終極控制股東控股上市公司數量所占比重

年份	個人或家族	中央政府	省級政府	市級政府	縣級政府	鄉鎮政府	村級政府	政府（合計）
2004	0.238,8	0.268,2	0.326,1	0.353,4	0.038,6	0.006,8	0.006,8	0.761,2
2005	0.257,7	0.277,8	0.326,4	0.348,4	0.035,9	0.004,6	0.006,9	0.742,3
2006	0.296,2	0.298,5	0.332,9	0.317,5	0.039,2	0.007,1	0.004,8	0.703,8
2007	0.333,9	0.309,1	0.336,9	0.303,6	0.039,3	0.006,0	0.004,8	0.666,1
2008	0.347,2	0.318,2	0.347,3	0.285,7	0.039,5	0.005,8	0.003,5	0.652,8

表9.1(續)

年份	個人或家族	中央政府	省級政府	市級政府	縣級政府	鄉鎮政府	村級政府	政府（合計）
2009	0.396,0	0.326,1	0.347,7	0.280,7	0.038,6	0.004,5	0.002,3	0.604,0
2010	0.484,5	0.340,3	0.343,5	0.268,1	0.037,2	0.007,7	0.003,3	0.515,5
2011	0.541,6	0.345,4	0.339,9	0.268,9	0.035,0	0.007,7	0.003,3	0.458,4

有終極控制股東的上市公司中，有一半以上的上市公司的第一大股東是國家或國有法人，與終極控制股東是政府的樣本所占比重差別不大，並且有終極控制股東的11,321個樣本中，只有近1/3的樣本的大股東是絕對控股的，國家絕對控股的占了總樣本的10%左右。從2004年到2011年的變化趨勢發現：第一大股東持股比例最高的是2004年，之後是2005年，均在40%以上，中間2006—2010年，第一大股東持股比例均在39%左右，說明整體上樣本公司的第一大股東持股比例呈上升的趨勢，股權制衡度隨著年份的變化基本呈U型變化趨勢，國有股比例從2005年到2011年基本呈遞減的趨勢，同時，管理人員持股比例卻呈現遞增的趨勢，並且經過檢驗這種變化趨勢是顯著的。

第二，有效樣本的平均控制層級僅為2.32層，即從終極控制股東到上市公司之間平均有1.32個中間結構，縱向看，平均層級數並不多，從2004到2011年，平均控制層級從2.41層減少到2.13層。雖然有12.67%的上市公司是被終極控制股東直接控股，最多的控制層級達到了8層，有78.88%的樣本的控制層級為2層和3層。個人或家族控股的樣本的平均控制層級為2.06層，低於平均水平，2004年其控制層級為2.43層，到2005年達到最大，為2.44層，從2005到2011年，其平均控制層級呈遞減趨勢，減少到1.79層。政府終極控股的上市公司的控制層級從2004年到2011年是逐漸增加的，從

2.41層，增加到2.52層，這說明政府正逐漸退居幕後。中國79.41%的公司通過單鏈條控股，有20.59%是通過多鏈條對上市公司實現控制的。單鏈條控股的上市公司的平均控制層級為2.27層，平均兩權分離度（比值）為1.33，平均兩權分離度（差值）為4.85；多鏈條控股的上市公司的控制層級為2.50層，兩權分離度（比值）為1.55，兩權分離度（差值）為9.14，這說明相對於多鏈條控股，單鏈條控股的上市公司的控制層級相對較低，兩權分離度也相應較低。

第三，平均終極控制權、平均終極所有權從2004年至2011年呈先降低後輕微增加的趨勢，但在2006年達到最小值，這與中國的股權分置改革是緊密相連的。個人或家族終極控股的上市公司的終極控制權均值、終極所有權均值隨年份整體呈上升趨勢，而且上升幅度較大；中央政府、省級政府、市級政府、縣級政府的終極控股的各上市公司股權結構指標均值從2004年至2011年的變化趨勢基本相同，終極控制權均值、終極所有權均值呈先下降後略微上升的趨勢，但變化不大；對鄉鎮政府、村級政府終極控股的上市公司而言，上述兩指標均值隨著年份起伏較大，但整體呈下降趨勢。

上述分析說明，政府終極控股的上市公司比重已經逐漸減少，個人或家族終極控股的上市公司在2011年從數量上講已可以與政府終極控股的上市公司在股票市場中平分秋色。儘管多數上市公司並非由終極控制股東直接控股，但是控制層級近年來已經呈降低的趨勢，並不像部分研究中所講的控制鏈條逐漸增長的趨勢。中國終極控制股東大部分通過但鏈條對上市公司實現控制，但多鏈條控制的上市公司所占比例近年來增加的更多，這說明中國上市公司的終極股權結構正在橫向複雜化。而且，相對於單鏈條控股的公司，多鏈條控股的上市公司的平均控制層級多，兩權分離度大，說明樣本公司的股權結構橫向縱向均呈現複雜化特徵。個人或家族終極控股的上市公司的平均控制層級越來越少，平均兩權分離度越來越小；政府終極控股的情況卻剛好相反。個人或家族對終極控股的上市公司投入的資金越來越多，雖然控股權也增大了，但是，兩權分離度的減少了，這說明中國個人或家族控股的上市公司並沒有出現利用更少的資金獲取更多可控資源的情況。雖然從所有樣本情況來看，個人或家族的終極所有權均值相對較低，但已經開始與政府終極控股的上市公司平均水平持平；個人或家族終極控制權均值雖然呈增長趨勢，但是相比投入的資金而言，增幅小，兩權分離度小，而政府情況卻呈相反的趨勢。中國政府終極控股的上市公司的股權結構更偏向於水平結構，而個人或家族終極控股的上市公司的股權結構則傾向於選擇金字塔結構。

通過實證檢驗證明不同終極控制股東的終極所有權、終極控制權、兩權分離度（比值）、兩權分離度（差值）、控制層級均是有顯著差別的。說明了終極控制股東性質不同，其他終極股權結構變量是由顯著差別的。實現終極控股的鏈條數也可以顯著區分終極所有權、終極控制權、兩權分離度（比值）、兩權分離度（差值）、控制層級，說明終極控股的鏈條數是可以顯著影響這部分終極股權結構變量的。不同控制層級的極所有權比例、終極控制權、兩權分離度（比值）、兩權分離度（差值）也是有顯著差別的。各股權結構變量在不同年份上的取值是有顯著差異的，並且將終極控制股東性質、實現控股的鏈條數、控制層級等與年份結合起來對樣本進行分類之後，檢驗得出各類之間也是有顯著差異的。這啟示我們在以後的研究中應該將樣本進行分類後才能展開。同樣，第一大股東性質不同，相應的其他直接股權結構指標也是有顯著差異的。這說明了無論是第一大股東性質還是終極控制股東性質都可以顯著影響上市公司的股權結構。

9.1.2 對有終極控制股東的上市公司資本成本水平的解讀

根據 CAPM 模型、OJ 模型和 ES 模型估算的有終極控制股東的平均資本成本中 OJ 模型估算的結果最高，CAPM 模型估算的結果最低。CAPM 模型在 2004 年到 2011 年估算的結果變化幅度不大，OJ 模型估算的結果波動浮動相對較大。各模型之間的估算結果差別較大，為了保證估算結果不受某一種方法的限制，所以本書將三模型估算結果取均值。若取均值，必須篩取三模型的共同樣本，將 8 年數據進行篩選共獲得 2,254 個共同樣本。對比樣本篩選前後，各模型估算的股權資本成本均值，發現變化不大，最大為 0.001。通過單因素方差分析，發現各模型估算的平均股權資本成本在不同年份是有顯著差異的。

中國有終極控制股東的上市公司的平均股權資本成本水平達到十三個百分點，遠高於一年期定期存款利率。從不同年限看，2006 年的股權資本成本水平最高，2008 年最低。以 10% 的終極控制權為梯度，將樣本按照不同控股比例分為四個控股比例區間，結果發現，不同終極控股比例區間的股權資本成本是沒有顯著差別的。金字塔結構的平均股權資本成本水平儘管與水平結構的平均股權資本成本水平絕對值相差不大，但兩者之間是有顯著差異的，金字塔結構的平均股權資本成本顯著高於水平結構的平均股權資本成本。政府終極控股的樣本的平均股權資本成本高於個人或家族終極控股的股權資本成本值。但是個人或家族與政府之間的平均股權資本成本是沒有顯著差異的。政府終極控股的樣本內部，多數上市公司被中央政府、省級政府、市級政府所控制，縣級政府、鄉鎮政府和村級政府控股的樣本量之和只有 48 個。為了保證研究結果不會因樣本量過少而影響其客觀性，本書將縣級政府、鄉鎮政府和村級政府樣本合併為縣、鄉鎮和村級政府。這五類樣本的三模型估算的平均股權資本成本差異不大，省級政府的平均股權資本成本水平最高，中央政府最低。此外，本書還對政府終極控股的樣本做了單獨討論，結果得到：不同政府層級的平均股權資本成本是有顯著差異。樣本的控制層級分佈在1~8級，但是因6、7、8層級上的樣本量均不超過5，占總樣本量不及1%，故將其與控制層級為5級的樣本合併。這五類樣本中，當控制層級為2層時，平均股權資本成本水平最高；當控制層級為3層時，平均股權資本成本最小。通過方差分析發現，不同控制層級的平均股權資本成本是沒有顯著差異的。根據終極控制股東是否通過多鏈條控股，將樣本分為單鏈條控股和多鏈條控股兩類，單鏈條控股的上市公司的股權資本成本高於多鏈條，但是兩類上市公司的平均股權資本成本是沒有顯著的。

與以往對中國上市公司的平均資本成本估算結果比較，相同方法得出的結果顯示，本書估算的有終極控制股東的股權資本成本水平相對較高。政府終極控股的上市公司中，省級政府終極控股的上市公司的平均股權資本成本高於其他政府層級終極控股的水平。採用金字塔結構對上市公司進行控股需要付出比水平結構更高的資本成本。

9.1.3　終極股權結構對股權資本成本和公司價值的影響

針對各自變量，本書選取了五個變量，因終極所有權、終極控制權強相關，兩權分離度（差值）、兩權分離度（比值）中相關，綜合考慮本書研究重點及各變量自身特徵，自變量保留了三個：終極控制權、兩權分離度（差值）、控制層級。並將三變量與控股鏈條數（虛擬變量）一起與平均股權資本成本進行多元線性迴歸分析。結果發現：兩權分離度（差值）與平均股權資本成本顯著正線性相關，符合理論預期；控制層級與平均股權資本成本顯著負線性相關，因文獻中是綜合終極控制股東性質，對控制層級與公司價值之間的關係進行討論的，所以本書進一步綜合終極控制股東性質，分析各自變量與平均股權資本成本的關係，結果發現個人或家族終極控股的上市公司的平均股權資本成本與兩權分離度（差值）呈負向關係，與控制層級呈正向關係；政府終極控股的上市公司的平均股權資本成本與兩權分離度（差值）呈顯著的正線性相關關係，與控制層級呈顯著的負向線性相關關係，政府層級對平均股權資本成本是有顯著影響的，省級政府的平均股權資本成本顯著高於中央政府和市級政府；終極控制權、控股鏈條數與平均股權資本成本的關係是不顯著的，雖然這與 Berle 和 Means（1933）的觀點：股權集中度越大，股東對公司的監控能力更強進而提升公司績效的論調有所衝突，但是這與國內外許多實證研究的結論是一致的。

　　本書通過變換樣本量及增加股權資本成本的估算方法，對結果進行穩健性檢驗。結果發現，在考察平均股權資本成本與各變量關係時，應綜合考慮終極控制股東性質因素，因為個人或家族終極控股的上市公司的平均股權資本成本與兩權分離度、控制層級的關係與政府終極控股的上市公司的情況剛好相反。所以在研究股權資本成本的影響因素時，需要首先界定終極控制股東的性質，否則研究是沒有意義的。

　　不同終極控制股東控股的上市公司 EVA 沒有顯著區別，但是托賓 Q 值是有顯著差異的。終極控制權與 EVA 顯著正向相關，但是與托賓 Q 顯著負向相關。不同控制層級的 EVA 和托賓 Q 值都是有顯著差異的，但是鏈條和多鏈條的 EVA 和托賓 Q 是沒有顯著差異的。控制層級與公司價值之間存在顯著的負相關關係，即縱向股權結構越複雜，公司價值越低。

9.1.4 直接股權結構變量對股權資本成本和公司價值的影響

儘管不同第一大股東的各直接股權結構變量有顯著差異，但是不同第一大股東的股權資本成本差異不顯著。國家股不同持股比例區間和管理人員不同持股比例區間的股權資本成本沒有顯著顯著差異；第一大股東持股比例股權制衡度與平均股權資本成本顯著正線性相關。

選用 EVA 和托賓 Q 值衡量公司價值，衡量其與各股權結構變量的關係。結果表明，選用的指標不同，結論差異很大。但是，不同第一大股東性質的上市公司的公司價值存在顯著差異、股權制衡度和管理人員持股比例與 EVA 和托賓 Q 顯著正線性相關，這幾點結論是相同的。但是，第一大股東持股比例與 EVA 不存在顯著相關關係，但方向上是負向的，第一大股東持股比例與托賓 Q 值顯著負向相關。國有股比例與 EVA 不顯著相關，但是與托賓 Q 值顯著負向相關。

從上述結果可以看出，在分析的過程中選擇的公司價值評價指標不同，那麼對於股權結構與公司價值的相互關係研究差異較大。同時，通過研究發現，各股權結構變量與股權資本成本的關係和與公司價值的關係並不是完全相反的。也就是說，即使一定程度上公司價值與股權資本成本負相關，各股權結構與公司價值之間的關係，不能順推出其與資本成本的關係。

9.1.5 國企混合所有制改革需要考慮的因子

目前國企混合所有制改革如火如荼地進行，但是在考慮改變股權結構之前，更加應該瞭解哪些因子會影響到股權結構變革，根據對以往學者研究成果的歸納發現，經濟因素、政治因素、市場結構因素及企業生命週期等因素制約了企業股權結構，但是本文作者按照從宏觀到微觀的研究順序，將影響企業

311

股權結構的因子分為政治、行業環境、企業自身情況等三個，並對各因子內部的子因子進行了探索，但是本文並沒有提出各因子對股權結構影響的大小，即所占權重。

之所以要對這些影響因子進行考量，主要在於本文的研究並沒有證明以往學者偏好選用的股權集中度指標對資本成本和公司價值產生顯著影響，即目前的股權結構並不是由於企業的業績表現決定的，不是外生的，而是一定程度內生的，那麼那些變量會導致股權結構的變動是有探討的意義的，但是這從一個側面說明中國的資本市場的不完善性，沒有發揮市場無形的手的力量。

9.1.6 結論啟示和政策建議

首先，在中國的上市公司中存在著股權集中的情況，但並未因為股權集中度的提高而提升企業的資本成本水平，增加其投融資風險。在中國，有大量的上市公司存在終極控制股東，有終極控制股東的平均股權資本成本水平較整體平均資本成本水平高。所以，針對這部分有終極控股東的上市公司，國家在進行 EVA 考核時，應該區別對待有無終極控制股東的上市公司。同時，有終極控制股東的上市公司為融取資金付出的代價會更高，在選擇投資項目時應該更加謹慎。將三資本成本的估算模型的共同樣本統計得出平均 EVA 值小於 0，說明了中國上市公司給股東創造的價值增值偏低。同時得出樣本的平均托賓 Q 值大於 1，說明了中國的上市公司的目前經濟投資勢頭還相對強勁。

第二，市場主體不再是政府一枝獨秀，已在一定程度實現了市場主體的多元化。截至 2011 年，個人或家族終極控股的上市公司占了一半以上，超過了政府終極控股的比例，而且從 2004 年到 2011 年，個人或家族終極控股的上市公司比重呈遞增的趨勢，未來有望，個人或家族終極控股上市公司數量遠超過政府終極控股數量。這說明了，中國資本市場的投資主體已經很大程度實現了投資主體的多元化，政府壟斷的情況正逐步遠去，中國的市場化步伐已得到穩步推進。雖然，我們一直認為終極控制股東與第一大股東可能不一致，但是在中國，經實證檢驗，它們基本是一致的。

第三，中國上市公司中，有近一半的上市公司採用金字塔結構，這類公司的資本成本水平更高，說明這類公司的代理問題更嚴重，也從側面反應了中國的市場機制不健全、對中小股東的法律保護機制不完善。雖然從 2004 年至 2011 年中國呈金字塔結構特徵的上市公司數量有上升趨勢，但其所占比重並不呈增長趨勢。大量公司採用金字塔結構實現終極控股的原因主要在於：企業的投資規模大、預期收益率低並且對投資者的保護水平低、投資者舉債能力弱等（韓志麗，2009）[①]。韓亮亮（2008）[②] 則證明了選用金字塔結構的重要原因在於其發揮了內部資本市場的替代效應，並且間接說明了中國的投資者保護水平偏低，市場機制不健全。個人或家族終極控股相對於政府終極控股的上市公司更偏向採用金字塔結構，這與中國個人或家族終極控股的企業融資困難的現狀是相符的。中國大部分上市公司的股權結構屬於水平結構，這說明中國上市公司的終極股權結構並未如文獻中所述的那般複雜，中國部分上市公司通過金字塔結構、交叉持股實現了對上市公司的控制，對於這類公司其資本成本水平更高。中小投資者投資要求的最低報酬率應該考慮上市公司的股權結構是否為金字塔結構，上市公司因為採用金字塔結構而必須付出更多的成本，這指導終極控制股

[①] 韓志麗. 民營金字塔企業控制性少數股東代理問題研究 [M]. 上海：立信會計出版社，2009.

[②] 韓亮亮，李凱，徐業坤. 金字塔結構、融資替代與資本結構 [J]. 南開管理評論，2008（6）.

東在未來建立新公司過程中究竟是選擇水平結構還是金字塔結構。通過水平結構控股的上市公司的平均資本成本是低於通過金字塔結構和交叉持股的平均股權資本成本的，這說明中小股東對通過水平結構實現控股的上市公司更加信賴，認為其風險更小，回報更加穩定。同時，採用水平股權結構，上市公司投入的資本成本更低，更利於增加公司價值。這與以往文獻中證明的，通過金字塔結構、交叉持股實現兩權分離度，並進行隧道挖掘行為，侵占公司價值的結論是一致的。

第四，股權資本成本水平影響著公司的投融資決策、企業收益、企業資本結構決策，所以準確估算股權資本成本尤為重要，採用多種方法估算股權資本成本有助於保證結論的穩健性，未來研究者在估算資本成本過程中應採用三種以上的資本成本估算方法。本書選用的三種模型估算的資本成本，OJ模型估算的結果最高，CAPM模型估算的結果最低，ES模型估算結果居中。平均股權資本成本水平為0.137，這遠高於一年定期存款的利率，但是與國外估算的資本成本水平基本持平，與其他學者以所有上市公司為樣本進行估算的結果比較，偏高。有終極控制股東的上市公司的股權資本成本水平較高，這會對其資本結構決策造成一定的影響。

第五，中國有終極控制股東的上市公司普遍存在終極控制權和現金流權分離的情況，中國第一大終極控制股東的控股比例偏高，這容易造成董事會成為終極控制股東的"一言堂"，中小股東完全沒有話語權，這也是導致中國證券市場投資者大多為投機者的重要原因。所以，完善立法機制，使控股股東利益與公司價值緊密聯繫起來，發揮其激勵效應，規避其侵占作為等對於發展資本市場有重要意義。

第六，不同終極控制股東的終極股權結構變量對股權資本成本的影響不同，這雖然看似不能完善股權資本成本的影響因素，但是這種分析思路對國家制定政策、投資者選擇投資對象、企業新建企業選擇股權結構都非常有指導意義。終極控制股東性質、政府層級可以對股權資本成本產生顯著影響，這說明上市公司披露其終極控制股東的性質是非常有必要的。在政府控股的上市公司內部，省級政府的資本成本水平最高，市級政府次之，之後是縣、鄉鎮和村級政府、中央政府的資本成本水平最低，地方政府的資本成本水平顯著高於中央，這與地方政府官員的考核是有必然聯繫，以地方經濟發展水平作為決定地方官員升遷與否的一個重要標準，這導致了大量無效和過度投資行為的發生，這是地方政府本位主義情結造成的後果，應該逐步糾正地方政府的上述行為，建立更加完善的政府官員考核體系，實現中國上市公司資源的優化配置。同時，還說明中央政府控股的上市公司的正面激勵效應高於地方性政府。同是政府終極控股的企業，因為企業受管控的政府層級不同，資本成本差異顯著，各級政府應該反思自身行為對上市公司的影響，企業的運作是否有過多的政府行為發生作用。終極控制股東性質對資本成本的顯著性影響說明，中國上市公司在終極控制股東的利益主導下，投資行為的發生不是看是否有利於公司利益，而是看是否有利於終極控制股東利益，產生了利益偏斜。因為終極控制股東性質對股權資本成本是有顯著影響的，所以在公司治理過程中，不能一概而行，應該考慮不同企業自身特質選擇合適的治理機制。個人或家族控股的上市公司已經成為一股異常強大的經濟力量，這一群體應該獲得政府更多的重視，制定利於其發展的經濟政策，使其發揮更多的正向作用。

第七，對政府控股的上市公司而言，控制層級越多，他們對上市公司的政治干預相對就更少，公司越不易被掏空，這說明政府逐漸退居幕後是促使企業發展的正確選擇。民營企業控制層級越多，代理問題越嚴重，導致股權資本成本越高，未來一段時間，民營企業提升自身價值創造能力，降低投資者的投資風險，進而樹立其受信任的形象是民營企業獲得長足發展的必然選擇。政府終極控股的上市公司選用縱向股權結構有相對優勢，民營企業選擇水平股權結構適應其發展。

第八，採用股權資本成本衡量終極股權結構特徵變量的影響，比採用公司價值更為直接，因為股權資本成本水平指導著企業融資與否、融資水平、投資與否、投資規模，而企業的這些行為恰恰是獲取公司價值的路徑。同時，股權資本成本反應的是中小股東要求的最低報酬率，採用這一指標，更體現體現企業"股東財富最大化"的理財目標。所以，儘管本文不只研究了各直接股權結構和終極股權結構變量對資本成本的影響，還討論了它們對公司價值的影響，但是結論以各變量對股權資本成本的影響為主。

總之，從終極股權治理角度，作為資本市場秩序的監管者，需針對不同終極控制股東分析其可能會對投資者造成的風險，制定適當的法律、法規，正是因為英美等西方國家的法制體系完善，所以，投資者信賴資本市場，多進行長期投資而非投機性投資。同時，須加強對非法關聯交易等利益侵占行為的打擊力度，維護外部投資者利益。上市公司提升其價值創造能力和持續增長能力是第一選擇，這是企業生存的根本，也是企業獲取投資者信賴的根本。公司治理的範疇不僅是公司層面，終極股權結構層面也應納入治理範疇。

第二節 研究局限與未來展望

本書討論的視角是基於公司層面的，對於影響股權資本成本的因素也是從公司內部著手，並未涉及法律環境等外部因素。有效的投資者保護法律環境被 La Porta et al.（1998，2000）證明可以顯著影響控股股東侵占中小股東利益的行為，並且被 Lombardo 和 Pagano 證明好的投資者保護環境，可以有效限制個人利益被侵占，進而可以增加股東的回報率並降低股東投入的審計和強制執行成本，由於本書所有樣本都是中國國內上市公司，本書認為不同上市公司的法律環境大致相同，所以沒有測度法律環境對股權資本成本的影響。但是，通過對文獻的閱讀發現，很多文獻對中國不同地域範圍的法制環境進行打分，並證明不同地方的法制環境不同，會對公司的績效產生顯著影響。所以，在未來對股權資本成本進行研究時，可以增加考慮外部環境因素。

雖然目前股份制公司的議事規則是股東會層面擁有控制權，但是董事會層面把握著實際控制權。擁有股權，從產權角度說是擁有公司的控制權，但是是否實際掌控公司會因為實際控制權的掌控模式而有差異。控股模式對公司業績的研究也是目前研究的一個熱點。本書主要是從股權角度討論控制權、控制層級、兩權分離度與資本成本的關係，並未涉及其他掌控模式，更談不上探討不同掌控模式間的業績差異。

儘管本書在終極控股股權結構的控制層級和控股鏈條數方面進行了探索，但是，由於基礎材料的限制及作者對股權鏈條認知的局限性，本書並不能準確獲得終極控制股東實現對上市公司控股的鏈條數，只能判斷是否為多鏈條控制。更談不上討論終極股權結構的股權制衡，因為第二大終極控制股東的數據都無從獲得。同樣，因為數據的限制，本書只選用了三種資本成本估算模型，以後有待數據完善後，採用其他模型估算結果來檢驗本書得出的結論。因為信息的缺失，我們的研究尚不可進行，對投資者而言，他們可以把握的有效信息量更少，所以，建議上市公司在披露股權資料過程中，從終極控制的角度進行完善，不僅要披露終極控制股東的信息，對可以與其制衡的大股東的信息也應進行披露，這樣可以讓投資者在擁有足夠的信息情況下，區分上市公司擁有控股股東究竟正向效應更多，還是侵占意圖更濃，以便做出更為理性的投資決策。

此外，我們討論的控股既包括直接控股也包括通過超長控制鏈間接控股，我們假設無論是直接還是間接控股，控制力是一致的，但是根據俄國著名數學家列昂惕夫的投入產出分析法運用矩陣運算證明直接控股和間接控股的控制力是有差異的。所以，在未來終極股權制衡的研究中這是應該考量的一部分內容。

參考文獻

[1] Aouna, D., Heshmati, A. International Diversification, Capital Structure and Cost of Capital: Evidence from ICT Firms Listed at NASDAQ [J]. Applied Financial Economics, 2008 (18).

[2] Attig, N., Gadhoum, Y., Lang, H. P. L. Bid-Ask Spread, Asymmetric Information and Ultimate Ownership [D]. Saint Mary's University, University of Quebec in Montreal and Chinese University of Hong Kong, 2003.

[3] Attig, N. Excess Control and the Risk of Corporate Expropriation: Canadian Evidence [J]. Journal of Administrative Sciences, 2007, 24 (2).

[4] Attig, N., Guedhami, O., Mishra D. Multiple Large Shareholders Control Contests and Implied Cost of Equity [J]. Journal of Corporate Finance, 2008 (14).

[5] Ball, R., Brown, P. An Empirical Evaluation of Accounting Income Numbers [J]. Journal of Accounting Research, 1968.

[6] Banz, R. W. The Relationship between Return and Market Value of Common Stocks [J]. Journal of Financial Economics,

1981 (9).

[7] Barelay, M. J., Holderness, C. G. Private Benefits from Control of Public Corporation [J]. Journal of Financial Economics, 1989, 25 (12).

[8] Bebchuk, L. A., Kraakman, R., Triantis, G. G. Stock Pyramids, Cross-ownership and Dual Class Equity. [M]. Chicago: University of Chicago Press, 2000.

[9] Berle, A., Means, G. The Modern Corporation and Private Property [M]. New York: MacMillan, 1932.

[10] Bertrand, M., Mehta. P., Mullainathan S. Ferreting Out Tunneling : An Application to Indian Business Groups [J]. The Quarterly Journal of Economics, 2002, 117 (1).

[11] Black, F., Jensen, M. C., Scholes, M. The Capital Asset Pricing Model: Some Empirical Tests, Michael C. Jensen [M]. STUDIES IN THE THEORY OF CAPITAL MARKETS, Praeger Publishers Inc. 1972. http://papers.ssrn.com/sol3/papers.cfm? abstract_id=908569.

[12] Botosan, C. A., Plumlee, M. A Re-examination of Disclosure Level and the Expected Cost of Equity Capital [J]. Journal of Accounting Research, 2002, 40 (1).

[13] Brennan, M. J., Chordia, T., Subrahmanyam, A. Alternative Factor Specifications, Security Characteristics, and the Cross-section of Expected Stock Returns [J]. Journal of Financial Economics, 1998, 49 (3).

[14] Brockman, P., Chung, D. Y. Investor Protection and Firm Liquidity [J]. Journal of Finance, 2003, 58 (2).

[15] Chang, S. J. Ownership Structure, Expropriation and Performance of Group-affiliated Companies in Korea [J]. Academy of Management Joural, 2003, 46 (2).

[16] Cho, M. Ownership Structure, Investment and The Corporate Value: An Empirical Analysis [J]. Journal of Financial Econonics, 1988, 47 (1).

[17] CHU, Sin Yan Teresa. Ultimate Ownership and The Cost of Capital [D]. Hong Kong: The Chinese University of Hong Kong, 2008.

[18] Claessens, S., Djankov, S., Lang, P. H. L. The Separation of Ownership from Control of East Asian Firms [J]. Journal of Financial Economics, 2000, 58 (1-2).

[19] Claessens, S., Joseph, P. H., Lang, P. H. L. The Benefits and Costs of Group Affiliations Evidence from East Asia [J]. Emerging Markets Review, 2006 (7).

[20] Claus, J., Thomas, J. Equity Premia as Low as Three Percent? Evidence from Analysts' Earnings Forecasts for Domestic and International Stock Markets [J]. Journal of Finance, 2001, 56 (5).

[21] Cronqvist, H., Nilsson, M. Agency Costs of Controlling Minority Shareholders [J]. Journal of Financial and Quantitative Analysis, 2003, 38 (12).

[22] Cubbin, J., Leech, D. The Effect of Shareholding Dispersion on the Degree of Control in British Companies: Theory and Measurement [J]. Economic Journal, 1983 (93).

[23] Damodaran, A. Estimating Risk Free Rates [R]. Stern School of Business, 2008 (12).

[24] Daniel, K., Titman, S. Evidence on The Characteristics of Cross-section Variation in Common Stock Returns [J]. Journal of Finance, 1997, 52 (1).

[25] Daniel, K., Titman, S., Wei, J. Explaining The Cross-section of Stock Returns in Japan: Factors or Characteris-

tics? [J]. The Journal of Finance, 2011, 56 (2).

[26] Demsets, H., Lehn, K. The Structure of Corporate Ownership: Causes and Consequences [J]. Journal of Political Economy, 1985, 93 (6).

[27] Denis, D. K., McConnell, J. J. International Corporate Governance [J]. Journal of Financial and Quantitative Analysis, 2003, 38 (1).

[28] Dyck, A., Zingales, L. Private Benefits of Control: An International Comparison [J]. Journal of Finance, 2004, 59 (2).

[29] Easley, D., and O'Hara, M. Information and the Cost of Capital [J]. Journal of Finance, 2004, 59 (4).

[30] Eston P. PE Ratios, PEG Ratios and Estimating The Implied Expected Rate of Return on Equity Capital [J] The Accounting Review, 2004, 79 (1).

[31] Faccio, M., Lang, L. H. P. The Ultimate Ownership of Western European Corporations [J]. Journal of Financial Economics, 2002, 65 (3).

[32] Fama, E. F., Jensen, M. C. Separation of Ownership and Control [J]. Journal of Law and Economics, 1983, XXVI (6).

[33] Fama, E. F., French, K. R. The Cross-section of Expected Stock Returns [J]. Journal of Finance, 1992, XLVII (2).

[34] Fan, J. P. H., Wong, T. J. Corporate Ownership Structure and the Informativeness of Accounting Earning in East Asia [J]. Journal of Accounting and Economics, 2002 (33).

[35] Fan, J. P. H., Wong, T. J. Do External Auditors Perform A Corporate Governance Role in Emerging Markets? Evi-

dence from East Asia [J]. Journal of Accounting Research, 2005 (43).

[36] Gebhardt, W. R., Lee, C. M. C., Swaminathan, B. Toward An Implied Cost of Capital [J]. Journal of Accounting Research, 2001, 39 (1).

[37] Goldenberg, D. H., Robin, A. J. The Arbitrage Pricing Theory and Cost-of-capital Estimation: The Case of Electric Utilities [J]. Journal of Financial Research, 1991 (14).

[38] Gordon, J. R., Gordon, M. J. The Finite Horizon Expected Return Model [J]. Financial Analysts Journal, 1997, 53 (3).

[39] Gordon, M., Shapiro, E. Capital Equipment Analysis: The Required Rate of Profit Management [J]. Science, 1956, 3 (10).

[40] Grossman, S. J., Hart O. D. One Share-one Vote and The Market for Corporate Control [J]. Journal of Financial Economics, 1988 (20).

[41] Hail, L. The Impact of Voluntary Corporate Disclosures on The Ex-ante Cost of Capital for Swiss Firms [J]. The European Accounting Review, 2002, 11 (4).

[42] Hail, L., Leuz, C. International Differences in Cost of Capital: Do Legal Institutions and Securities Regulation Matter [D]. University of Zurich, University of Pennsylvania, 2003.

[43] Hail, L., Leuz, C. Cost of Capital Effects and Changes in Growth Expectations around U.S. Cross-listings [J]. Journal of Financial Economics, 2009, 93 (3).

[44] Holderness, C. G. A Survey of Blockholders and Corporate Control [J]. Economic Policy Review, 2003, 9 (1).

[45] Jensen, M. C., Meckling, W. H. Theory of the Firm:

Managerial Behavior, Agency Cost and Ownership Structure [J]. Journal of Financial Economics, 1976, 3(4).

[46] Johnson, S., La Porta, R., Lopez-De-Silanes, F., Shleifer, A. Tunneling [J]. American Economic Review, 2000 (90).

[47] La Porta, R., Lopez-de-Silanes, F., Shleifer A., Vishny, R. W. Law and Finance [J]. Journal of Political Economy, 1998 (106).

[48] La Porta, R., Lopez-de-Silanes, F., Shleifer, A. Corporate Ownership around The World [J]. Journal of Finance, 1999, LIV (2).

[49] La Porta, R., Lopez-de-Silanes, F., Shleifer, A., Vishny, R. Investor Protection and Corporate Governance [J]. Journal of Financial Economics, 2000 (58).

[50] La Porta, R., Lopez-de-Silanes, F., Shleifer, A., Vishny, R. Investor Protection and Corporate Valuation [J]. Journal of Finance, 2002, LVII (3).

[51] Lins, K. V. Equity Ownership and Firm Value in Emerging Markets [J]. Journal of Financial and Quantitative Analysis, 2003, 38 (1).

[52] Lintner, J. The Valuation of Risk Assets and The Selection of Risky Investments in Stock Portfolios and Capital Budgets [J]. Review of Economics and Statistics, 1965, 47 (1).

[53] Lombardo, D., Pagano, M. Legal Determinants of the Return on Equity [D]. Stanford Law and Economics Olin Working Paper; University of Salerno Working Paper, 1999 (10). http://ssrn.com/abstract = 209310 or http://dx.doi.org/10.2139/ssrn.209310.

[54] Mehran, H. Executive Compensation Structure, Owner-

ship and Firm Performance [J]. Journal of Financial Economics, 1995, 38 (2).

[55] Mendelson, A. Y. Asset Pricing and The Bid-ask Spread [J]. Journal of Financial Economics, 1986, 17 (2).

[56] Miller, M. H., Modigliani F. Some Estimates of The Cost of Capital to the Electric Utility Industry [J]. The American Economic Review, 1966 (6).

[57] Modigliani, F., Miller, M. H. The Cost of Capital, Corporation Finance and the Theory of Investments [J]. American Economic Review, 1958 (48).

[58] Mossin, J. Equilibrium in A Capital Asset Market [J]. Econometrica, 1966, 34 (4).

[59] Ohlson, J. A., Juettner-Nauroth, B. E. Expected EPS and EPS Growth as Determinants of Value [J]. Review of Accounting Studies, 2005, 10 (2-3).

[60] Ross, S. A. The Arbitrage Theory of Capital Asset Pricing [J]. Journal of Economic Theory, 1976 (13).

[61] Sharpe, W. F. Capital Asset Prices: A Theory of Market Equilibrium under Conditions of Risk [J]. Journal of Finance, 1964, 19 (3).

[62] Shleifer, A., Vishny, T. W. A Survey of Corporate Governance [J]. Journal of Finance, 1997 (52).

[63] Singh, M., Mathur, I., Gleason, K. C. Governance and Performance Implications of Diversification Strategies: Evidence from Large U. S. Firms [J]. The Financial Review, 2004, 39 (4).

[64] Solomon, E. Leverage and The Cost of Capital [J]. Journal of Finance, 1963 (18).

[65] Wippen, R. Financial Structure and The Value of the Firm [J]. Journal of Finance, 1966 (4).

［66］安青松，祝曉輝. 民營企業控股多家上市公司的問題探討［J］. 證券市場導報，2004（12）.

［67］安燁，鐘廷勇. 股權集中度、股權制衡與公司績效關聯性研究——基於中國製造業上市公司的實證分析［J］. 東北師大學報：哲學社會科學版，2011（6）.

［68］彼得·紐曼等. 新帕爾格雷夫貨幣金融大辭典［M］. 胡堅，等，譯. 北京：經濟科學出版社，2000.

［69］陳浪南，屈文洲. 資本資產定價模型的實證研究［J］. 經濟研究，2000（4）.

［70］陳曉，單鑫. 債務融資是否會增加上市企業的融資成本［J］. 經濟研究，1999（9）.

［71］程仲鳴. 制度環境、金字塔結構與企業投資——來自中國資本市場的經驗證據［M］. 北京：經濟科學出版社，2010.

［72］鄧德軍，周仁俊. 公司最終所有權結構與績效關係研究綜述［J］. 外國經濟與管理，2007，29（4）.

［73］丁新婭. 民營上市公司終極控制權與財務決策［M］. 北京：對外經濟貿易大學出版社，2009.

［74］董飛，黃國良，劉建勇. 上市公司股權資本成本影響因素研究［J］. 財會通訊，2010（9）.

［75］馮日欣. 基於資本成本的股利決策分析［J］. 中央財經大學學報，2007（3）.

［76］關鑫，高闖，吳維庫. 終極股東社會資本控制鏈的存在與動用——來自中國60家上市公司［J］. 南開管理評論，2010（6）.

［77］韓亮亮，李凱，徐業坤. 金字塔結構、融資替代與資本結構［J］. 南開管理評論，2008（6）.

［78］韓錄. 基於資本成本的中國企業股東利益保護研究［D］. 北京：首都經濟貿易大學，2011.

[79] 韓志麗. 民營金字塔企業控制性少數股東代理問題研究 [M]. 上海：立信會計出版社, 2010.

[80] 何威風. 政府控股、控制層級與代理問題的實證研究 [J]. 中國軟科學, 2009 (2).

[81] 賀勇, 劉冬榮. 終極產權、股權結構與財務履約差異——基於利益相關者的實證研究 [J]. 審計與經濟研究, 2011, 26 (3).

[82] 姜付秀, 陸正飛. 多元化與資本成本的關係——來自中國股票市場的證據 [J]. 會計研究, 2006 (6).

[83] 角雪嶺. 中國上市公司金字塔持股結構特徵研究 [J]. 會計之友, 2007 (12).

[84] 郎咸平. 公司治理 [M]. 北京：社會科學文獻出版社, 2004.

[85] 李壽喜. 產權、代理成本和代理效率 [J]. 經濟研究, 2007 (1).

[86] 李亞靜, 朱宏泉, 黃登仕, 周應峰. 股權結構與公司價值創造 [J]. 管理科學學報, 2006, 9 (5).

[87] 林建秀. 第一大股東性質、控制模式與公司業績 [J]. 證券市場導報, 2007 (10).

[88] 劉立燕, 熊勝緒. 金字塔結構、法律環境與超控制權收益——來自中國上市公司的經驗證據 [J]. 商業經濟與管理, 2011 (8).

[89] 劉星, 安靈. 大股東控制、政府控制層級與公司價值創造 [J]. 會計研究, 2010 (1).

[90] 劉運國, 吳小雲. 終極控制人、金字塔控制與控股股東的"掏空"行為研究 [J]. 管理學報, 2009 (12).

[91] 劉芍佳, 孫霈, 劉乃全. 終極產權論、股權結構及公司績效 [J]. 經濟研究, 2003 (4).

[92] 陸丁. 尋租理論（載現代經濟學前沿專題第二集）

［C］．北京：商務印書館，1993．

［93］馬磊，徐向藝．兩權分離度與公司治理績效實證研究［J］．中國工業經濟，2010（12）．

［94］毛世平，吳敬學．金字塔結構控制與公司價值——來自於中國資本市場的經驗證據［J］．經濟管理，2008（14）．

［95］蒲自立，劉芍佳．論公司控制權對公司績效的影響分析［J］．財經研究，2004，30（10）．

［96］邵麗麗．民營企業金字塔控股結構對 IPO 抑價的影響——兩種理論的檢驗［J］．山西財經大學學報，2007（10）．

［97］沈紅波．市場分割、跨境上市與預期資金成本——來自 Ohlson—Juettner 模型的經驗證據［J］．金融研究，2007（2）．

［98］沈藝峰，江偉．資本結構、所有權結構與公司價值關係研究［J］．管理評論，2007（11）．

［99］施東暉．轉軌經濟中的所有權與競爭：來自中國上市公司的經驗證據［J］．經濟研究，2003（8）．

［100］施東暉．股權結構、公司治理與績效表現［J］．世界經濟，2000（12）．

［101］蘇坤，楊淑娥，楊蓓．終極控制股東超額控制與資本結構決策［J］．統計與決策，2008（22）．

［102］孫永祥，黃祖輝．上市公司的股權結構與績效［J］．經濟研究，1999（12）．

［103］唐宗明，蔣位．中國上市公司大股東侵害度實證分析［J］．經濟研究，2002（4）．

［104］汪平，李光貴，鞏方亮．資本成本、股東財富最大化及其實現程度研究［J］．中國工業經濟，2008（4）．

［105］汪平．股權資本成本性質與估算技術分析［J］．財會通訊，2011（28）．

［106］汪平，王雪梅，李陽陽．國家控股、控制層級與股

權資本成本［J］．經濟與管理評論，2012（3）．

［107］汪煒，蔣高峰．信息披露、透明度與資本成本［J］．經濟研究，2004（7）．

［108］王力軍．金字塔結構控制、投資者保護與公司價值——來自中國民營上市公司的經驗證據［J］．財貿研究，2008（4）．

［109］王力軍，童盼．民營上市公司控制類型、多元化經營與企業績效［J］．南開管理評論，2008（5）．

［110］王雪梅．終極控股權、控制層級與經濟增加值——基於北京上市公司數據［J］．軟科學，2012（2）．

［111］王志亮，牛如海．"啄序理論"的資本成本視角［J］．財會通訊：學術版，2006（3）．

［112］魏卉，楊興全．終極控股股東、兩權分離與股權融資成本［J］．經濟與管理研究，2011（2）．

［113］吳世農，許年行．資產的理性定價模型和非理性定價模型的比較研究——基於中國股市的實證分析［J］．經濟研究，2004（6）．

［114］吳淑琨．股權結構與公司績效的U型關係研究——1997—2000年上市公司的實證研究［J］．中國工業經濟，2002（1）．

［115］夏冬林，朱松．金字塔層級與上市公司業績［J］．管理學家：學術版，2008（2）．

［116］夏立軍，方軼強．政府控制、治理環境與公司價值——來自中國證券市場的經驗證據［J］．經濟研究，2005（5）．

［117］肖珉．中小投資者法律保護與權益資本成本［D］．廈門：廈門大學，2007．

［118］許小年，王燕．中國上市公司的所有制結構與公司治理［M］//梁能．公司治理結構：中國的實踐與美國的經

驗. 李玲, 譯. 北京: 中國人民大學出版社, 2000.

[119] 徐星美. 金字塔結構、輿論監督與權益資本成本 [J]. 學海, 2010 (5).

[120] 許永斌, 彭白穎. 控制權、現金流權與公司業績——來自中國民營上市公司的經驗研究 [J]. 商業經濟與管理, 2007 (4).

[121] 楊德勇, 曹永霞. 中國上市銀行股權結構與績效的實證研究 [J]. 金融研究, 2007 (5).

[122] 楊聖宏, 楊全. 關於加權平均資本成本最低與企業價值最大的一致性 [J]. 地方政府管理, 2001 (11).

[123] 葉勇, 胡培, 何偉. 上市公司終極控制權、股權結構及公司績效 [J]. 管理科學, 2005 (4).

[124] 葉勇, 胡培, 黃登仕. 中國上市公司終極控制權及其與東亞、西歐上市公司的比較分析 [J]. 南開管理評論, 2005, 8 (3).

[125] 鬱光華, 伏健. 股份公司的代理成本和監督機制 [J]. 經濟研究, 1994 (3).

[126] 俞紅海, 徐龍炳, 陳百助. 終極控股股東控制權與自由現金流過度投資 [J]. 經濟研究, 2010 (8).

[127] 餘明桂, 夏新平, 潘虹波. 控股股東與小股東之間的代理問題: 來自中國上市公司的經驗證據 [J]. 管理學報, 2007, 19 (4).

[128] 張祥建, 徐晉. 大股東控制的圍觀結構、激勵效應與塹壕效應——國外公司治理前沿研究的新趨勢 [J]. 證券市場導報, 2007 (10).

[129] 趙中偉. 股權結構、控制權的分配與公司價值 [J]. 首都經濟貿易大學學報, 2008 (2).

[130] 甄紅線, 史永東. 終極所有權結構研究——來自中國上市公司的經驗證據 [J]. 中國工業經濟, 2008 (11).

［131］朱寶憲，何志國. β 值和帳面/市值比與股票收益關係的實證研究［J］. 金融研究，2002（4）.

［132］朱明秀. 第一大股東性質、股權結構與公司治理效率研究［J］. 統計與決策，2005（12）.

［133］朱武祥. 資本成本理念及其在企業財務決策中的應用［J］. 投資研究，2000（1）.

［134］朱武祥，宋勇. 股權結構與企業價值——對家電行業上市公司實證分析［J］. 經濟研究，2001（12）.

國家圖書館出版品預行編目(CIP)資料

終極控制權、股東性質與資本成本 / 王雪梅 著.
-- 第一版. -- 臺北市：財經錢線文化出版：崧博發行, 2018.10

面 ； 公分

ISBN 978-986-97059-8-1(平裝)

1.上市公司 2.成本管理 3.中國

553.9　　　　　107017682

書　名：終極控制權、股東性質與資本成本
作　者：王雪梅 著
發行人：黃振庭
出版者：財經錢線文化事業有限公司
發行者：崧博出版事業有限公司
E-mail：sonbookservice@gmail.com
粉絲頁　　　　　　網　址：
地　址：台北市中正區延平南路六十一號五樓一室
8F.-815, No.61, Sec. 1, Chongqing S. Rd., Zhongzheng
Dist., Taipei City 100, Taiwan (R.O.C.)
電　話：(02)2370-3310 傳　真：(02) 2370-3210
總經銷：紅螞蟻圖書有限公司
地　址：台北市內湖區舊宗路二段 121 巷 19 號
電　話:02-2795-3656　傳真:02-2795-4100　網址：
印　刷 ：京峯彩色印刷有限公司（京峰數位）

　　本書版權為西南財經大學出版社所有授權崧博出版事業有限公司獨家發行電子書及繁體書繁體版。若有其他相關權利及授權需求請與本公司聯繫。

定價：650元

發行日期：2018 年 10 月第一版

◎ 本書以POD印製發行